戦間期日本外交と国際機構

多国間外交の可能性と限界

番定賢治
Kenji BANJO

JAPAN'S FOREIGN POLICY AND
INTERNATIONAL ORGANIZATIONS
IN THE INTERWAR PERIOD

東京大学出版会

Japan's Foreign Policy and International Organizations in the Interwar Period:
Potential and Limitations of Multilateralism
Kenji BANJO
University of Tokyo Press, 2025
ISBN 978-4-13-036295-5

目次

凡例

＊

一、本文中の表記については、以下のように統一する。
一、中国の地名「満洲」については、原文において「満州」と表記されている場合を除き、「満洲」に表記を統一する。
一、スイスの都市名「ジュネーブ」（Genève, Geneva）については、原文において「ジュネーヴ」と表記されている場合を除き、「ジュネーブ」に表記を統一する。

＊

引用史料の表記については、以下のように統一する。
一、カタカナでの表記については、原則として原文のままカタカナで表記する。
一、歴史的仮名遣いでの表記については、原則として原文のまま歴史的仮名遣いで表記する。
一、旧漢字や異体字については、原則として当用漢字に改める。

＊

本書で参照される未刊行史料のうち、以下のものについては、特筆がない限り、国立公文書館アジア歴史資料センターにおいてデジタル公開されているものを参照した。なお、資料番号については、現所蔵館における請求番号を付した。

国立公文書館
　御署名原本
外務省外交史料館
　戦前期外務省記録
防衛省防衛研究所

陸軍省大日記
陸軍省雑文書
海軍省公文備考

序章　多国間外交の時代としての戦間期と日本

第一節　本書の問題関心

国際関係において、国際機構が果たす役割とはどのようなものだろうか。国際政治学者の高坂正堯（京都大学法学部教授）はその著書の終章において、ロシア皇帝アレクサンドル一世による軍縮提案に対するカースルレーの返答を引きつつ、国際機構に関して以下のように述べている。

「たしかに、国際社会には各国の重要な関心事項について、一般的な答えを与える能力はないのである。各国は利害や意見の相違を前提にし、その限度内なら協力するだろう。しかし、それを越えて協力する信頼関係は、お互いにも、また国際機構に対しても持てない。それを無理強いしようとすることは、結局、一国の利益への重大な干渉となる。ルソーが、世界政府は理論的にはありえても、現実には一大強国による押しつけによるものでしかないと述べたのは、まことに示唆に富んでいる。」(1)

また、二〇〇四年四月から二〇〇六年九月まで日本政府国連代表部次席代表を務めた北岡伸一（東京大学法学部教授、日本政治外交史）は、自らの国連代表部での経験を振り返り、国際連合の特質を以下のように説明している。

「重要なのは、国連がそれ自体、一つの国際政治の場であるということである。国連の諸決定は、加盟国の間の協議、取引、妥協によって行われる。国連がいかなる決定を行うときも、加盟国はそれがどのように自国の利害に影響するかを真剣に検討する。国連が何か立派な決定を行い、実施に移すときでも、加盟国は自国の負担を最小限にすることを目指す。また、自国の貢献については、それがなるべく世界に知られ、評価されるように努力する。つまり、国連における平和と安全、貧困撲滅、人権の向上といった崇高な理想の追求も、加盟国にとっては同時に、国際政治上のゲームでもあるのである(2)。」

他にも例を挙げよう。二〇一二年六月、劇作家の山崎正和は雑誌『中央公論』の「会議の政治学」と称する特集に国際会議を題材とした小論を寄せ、一八一五年のウィーン会議を引き合いに出しつつ、国際会議、ないし会議外交の特質を以下のように論じている。

「けだし国際会議は二国間交渉とは違って、必ず第三国をも巻き込んでそれを納得させる言葉を必要とする。しかもその言葉はたんに当事者の利益を表現するだけではなく、各国の見栄や面子を擽る美辞麗句の要素を含まねばならない。国際会議は舞台上に繰り広げられる演劇であって、参加国はその役者であるとともに観客でもあるからである。会議の裏ではもちろん二国間の密議が交わされるが、それがあまり露骨に利己的なものであれば、第三国の猜疑を誘ったり、ときに侮辱の目を向けられるだろう。そこにはおのずから普遍的な原理の粧いが必要になり、大義名分が生まれる必然性が立ち現れるのである(3)。」

以上の高坂、北岡、山崎の指摘は、国際機構や国際会議といった多国間外交の場に国家が参加する際に伴う独特の難しさを的確に言い当てている。国際機構や国際会議における多国間外交は単純に崇高な理想を現実化する過程ではなく、参加する諸国家がそれぞれの利益を実現するための過程である。一方で、国際機構や国際会議においては二国間外交のように自国の利益を率直に表現することはできず、大義名分を掲げる中で自国の利益を語らなければならない。多国間外交において、参加国は普遍的な原理の実現を目標として訴えつつ、その目標の実現の過程で可能な限り自国の利益を最大化するという、難しい舵取りを求められることになる。

近代日本外交において、このような国際会議や国際機構における多国間外交は、どれだけの意義を持っていたのだろうか。日本外交を特徴づける理念の一つとして「国連中心主義」という言葉が広く知られる一方、第二次世界大戦後の日本外交において最も重視されてきたのはあくまで日米関係であり、国連中心主義と言えるような政策の実態はなかったとする見方もある(4)。また、日本の国際連合加盟以降、日本政府は国際機構に対する財政拠出を増やすことに大きな関心を示した一方、国際機構の事業活動に対してあまり強く関与してこなかったと指摘する研究もある(5)。確かに米ソ冷戦終結後における自衛隊の国連ＰＫＯ派遣開始や二〇〇五年における安保理改革案提出（いわゆるＧ４案）などを踏まえてこのような評価は再検討されるべきだが、日本政府による国際機構への関与の実態についての理解が十分に広がらないまま日本の国際機構への関与に対する期待だけが広がっているという傾向は、日本国内に今も根強く残っていると思われる。

もっとも、第二次世界大戦後の日本政府による国際機構への関与が長らく消極的だったことの背景には、歴史的経緯がある。現存する国際機構の多くが創設され、現在に至る国際社会の秩序を基礎づける原則が定められた過程（例えばダンバートン・オークス会議やサンフランシスコ会議）において、日本は敵国ないし敗戦国としてそこから除外されていた。その後日本が主権を回復し一九五六年に国際連合に加盟した際には、既に米ソ冷戦は深刻化しており、国際連合の活動の前提となる大国間の協調は失われていた。第二次世界大戦後の日本外交における国際機構への関与の過程は、機構の形成への関与ではなく既に形成された機構への加入という形で始まり、かつ始まった時点で早くも行き詰まりに直面していたのである(6)。

それでは、第二次世界大戦以前において、日本が国際機構や多国間会議に関与し、それを通じて国際秩序の基本的原則を定める過程に関与したことはあっただろうか。歴史を遡れば、日本政府は一八八四年の第三回会議から赤十字国際会議に代表を派遣し、一八九九年と一九〇七年に開かれたハーグ万国平和会議にも参加するなど、早い段階から全世界的な多国間会議に参加していた(7)。しかし、国際秩序の基本的原則を定めるような多国間会議に日本政府が本格的に参加した初の機会として広く知られているのは、一九一九年のパリ講和会議だろう。同会議を経て世界史上初の普遍的国際機構である国際連盟が創設され、日本がその常任理事国の一つになったこと、日本政府が同会議において国際連盟規約における人種の平等を定める条項（以下、人種平等提案）を提案しそれが廃案になったことは、日本政府が満洲事変を経て一九三三年二月の国際連盟総会において満洲国を不承認とする決議に対して唯一反対票を投じ国際連盟からの脱退を宣言したこととともに、広く知られている。第二次世界大戦後の場合と異なり、日本は国際連盟をはじめとする第一次世界大戦後に創設された多くの国際機構に対しては、創設の段階で既に関与していたのである。

もっとも、第一次世界大戦後の国際秩序は、パリ講和会議によって完全に作り上げられたものではなかった。同会議を経てもヨーロッパの国際関係はなお不安定であり、それは一九二四年九月のドーズ案成立と一九二五年一二月のロカルノ条約締結によりようやく安定の兆しを見せた。また、パリ講和会議における中華民国代表が日本による山東半島権益の継承に異を唱えヴェルサイユ条約への調印を拒んだことにより、パリ講和会議後にはアジアの国際関係においても不安定要因が残り、その解決はワシントン会議を経た一九二二年二月の九カ国条約調印と山東半島返還合意を待たなければならなかった。これらのような第一次世界大戦後の国際関係の安定は一九三〇年代以降に徐々に失われることになるが、これらの安定はパリ講和会議終了の時点で自明だったものではなく、一九二〇年代を通じて長期間にわたり繰り返された会議外交を経て作り上げられたのである。

このように、パリ講和会議終了後から第二次世界大戦勃発に至るまでのいわゆる戦間期を通して、国際連盟や国際機構の活動、さらに多国間会議の開催により、国際秩序は徐々に変化していった。この変化は、主に三種類の変化として分類することができると考えられる。

まず重要なのは、国際連盟を始めとする国際機構を通して国家間の紛争を平和的に解決するための仕組みがパリ講和会議の段階で完成したわけではなく、それが後の国際機構の活動やいくつもの多国間会議を経て徐々に形成されていったという変化である。確かに、パリ講和会議において起草された国際連盟規約では、国家間の紛争を国際連盟理事会に付託しその勧告を得るための手続きが定められた（第一五条）。[8] また、国際連盟理事会とともに国家間の紛争を平和的に解決するための裁定を行う機関として、一九二〇年一二月に常設国際司法裁判所が創設された。[9] しかし、当初の国際連盟規約はどのような武力行使を侵略と見なすかについて明確な規定を欠いたものであり、また、常設国際司法裁判所規程は同裁判所における原告からの訴えに応じる義務（応訴義務）を各加盟国に課すものではなく、各加盟国が同義務を受諾するかどうかは同裁判所規程の署名議定書における選択条項の受諾によるものとされた。このような第一次世界大戦後の国際機構による国際紛争の平和的解決の仕組みの不備は国際連盟創設当初から指摘されており、以後第二次世界大戦の勃発により国際連盟の機能が停止するまでの間、これらの不備を克服するための様々な制度設計の取り組みが、国際連盟総会を始めとする多くの多国間会議の場において、度々議論されるようになった。[10] 一九二三年の第四回国際連盟総会で採択された相互援助条約案、一九二四年の第五回国際連盟総会で採択されたジュネーブ平和議定書、一九二八年に調印された不戦条約は、このような経緯から生み出されたものだったと言えるだろう。

次に重要なのは、この時代に、国際連盟をはじめとする国際機構の活動が、国際紛争の平和的解決に直接関わる活動にとどまらず、経済・社会問題などの幅広い問題が国際機構と国際会議を通して議論されるようになったという変化である。例えば、国際連盟規約第二三条（イ）では公平で人道的な労働条件の確保が目標に掲げられ、これに対応するための国際機構として国際労働機関が創設された。規約第二三条（ロ）では国際連盟各加盟国の管理下にある土着住民の公正な待遇の確保が目標に掲げられ、これに対応する制度として国際連盟委任統治制度が設けられた。規約第二三条（ハ）では国際連盟によるアヘン取引の監視が定められ、これに対応するべく国際連盟にアヘン問題諮問委員会が設けられるとともに、一九二四年に国際連盟アヘン会議が開かれた。規約第二三条（ホ）では国際連盟加盟国間の通商の衡平を確保するという目標が掲げられ、これに対応する機関として国際連盟経済委員会・財政委員会が設けられた。規約第二三条（ヘ）では疾病の予防と撲滅が目標に掲げられ、これを実現するための機関として国際連盟保健機関が設けられた[11]。また、国際連盟規約に明文化された規定はないものの、一九二二年に国際連盟知的協力委員会が設けられたことで国際連盟による知的協力事業が立ち上げられるとともに、一九二四年には国際連盟において国際法典編纂に向けた事業が立ち上げられ、その呼びかけに応じて一九三〇年に国際法典編纂会議が開かれた。第一次世界大戦後の時代は、平和の問題だけでなく、あらゆる分野の問題が国際機構をはじめとする多国間会議の場において議論され始めた時代でもあったのである。

三番目に重要なのは、この時代に現在で言うところの国際人道法の形成が改めて進められるようになったという変化である。国際人道法の形成は、第一次世界大戦開戦以前から国際赤十字運動の活動やハーグ万国平和会議による戦時法規の採択といった多国間会議の形で進められていたが、第一次世界大戦とその後の国際連盟創設を経て、これらのような多国間会議による国際人道法の形成はさらに活発化した。国際連盟規約第二五条では連盟加盟国における赤十字社の設立と各国赤十字社の国際協力の奨励が明記され、国際赤十字運動の新たな活動は一九二九年の外交会議により改正赤十字条約と捕虜条約が採択されたことに結実した。また、国際赤十字運動の外部においても、一九二五年には毒ガス・細菌兵器の使用禁止に関する国際会議により毒ガス・細菌兵器の使用禁止に関するジュネーブ議定書が採択されるに至り、一九三二年のジュネーブ一般軍縮会議では空爆に関する規制が議論されるようになった。第一次世界大戦後においては、平時の国家間関係のありかただけでなく、戦時における交戦国間の関係も、多国間会議での議論を通して再び変化していったのである。

このような、第一次世界大戦後における国際機構による国際紛争の平和的解決の制度化、幅広い分野における国際機構や多国間会議の活動の拡大、多国間会議を通じた国際人道法の発展という三つの変化は、日本の外交政策にどのような変化をもたらしたのだろうか。また、日本の外交政策に何かしらの変化が起こったか、もしくは起こらなかったとすれば、それはなぜだったのか。戦間期の日本外交史に関する研究が長年の蓄積を有するにも関わらず、上記のような問いに対する考察が検討されることは、意外にも近年まで少なかったように思われる。

戦間期における日本の外交政策と国際連盟や国際機構との関係に注目する先駆的研究はかねてより存在してきた。まず最も古典的なものとして、国際連盟の各活動に対する日本政府の関与を概説的に論じたものが挙げられる[12]。これらの研究は先駆的研究として重要であるものの、日本外交が国際連盟と関係を持ったあらゆる部分を紹介するために総花的な記述になりがちであり、各分野の活動における日本外交の関与の意思決定がどのような過程を踏まえた上で行われたかについて、踏み込んで論じていないという問題点を持っている。次にこれらに続く研究として、特定の出来事に対する関心から国際連盟や国際機構における議論と日本の外交政策との関係を論じた研究がある[13]。これらの研究において特に焦点が当てられてきたのが、パリ講和会議における人種平等提案の形成過程における日本政府の対応と、満洲事変における国際連盟の関与に対する日本政府の反応である。一方で、これまでの戦間期の日本外交と国際連盟や国際機構の関係に関する研究の関心のほとんどは、上記の二つの出来事だけに集中していたとも言える。日本外交と国際連盟との関係の起点に当たるパリ講和会議における対応とその関係の終点にあたる満洲事変における日本政府の反応のみに焦点を当てて国際連盟や国際機構の活動に対する日本外交の関与の全体像を説明しようとすれば、始点と終点の間に当たる十数年間に及ぶ日本外交における変化の可能性を見落とすことになりかねない。三番目に、上記の研究を踏まえつつ、国際連盟や国際機構において活動した日本人外交官や日本人専門家の活動に注目し、先述の起点と終点の間の十数年間の出来事を含めて国際連盟と日本外交の関係を論じた近年の研究として、バークマン、篠原初枝、柳原正治、渡邉公太の研究が挙げられる[14]。これらの研究は国際連盟や国際機構において活発に活動した日本人外交官や日本人専門家の活動を詳しく論じており、かつ先述の始点と終点の間に当たる十数年間における日本政府と国際連盟や国際機構との関係についても論じているという点で重要である。しかしこれらの研究も、特定の人物に焦点を当てているため、日本政府全体における意思決定の過程を具体的な事例に即して論じるという点では課題を残している。

言うまでもなく、戦間期の日本外交は長年にわたり大きな関心を集めてきたものであり、この時期の日本外交が次々に転換する中国の政治情勢やその中国に大きな利害を持つアメリカやイギリス、ソ連と言った大国との関係の中でどう変化していったかについては、膨大な研究の蓄積がある(15)。それにも関わらず戦間期の日本外交に関する研究の中で日本の外交政策と国際連盟や国際機構との関係が本格的に取り上げられてこなかった背景には、日本と中国の関係や日本とアメリカ、イギリス、ソ連との関係への関心といった戦間期の日本外交に関する伝統的な問題関心が、国際連盟の活動に対する関心に結びつきにくかったという問題があったと考えられる。この時代の東アジアと太平洋の国際関係の主要な担い手とされた国々のうち、アメリカとソ連は元来国際連盟の加盟国ではなかった。創設から一九二〇年代までの国際連盟の活動内容は、新たに独立した東欧諸国の少数者問題や国境紛争など、ヨーロッパの問題を扱うものがほとんどであり、国際連盟が東アジアや太平洋における国際問題に関与する事例は、太平洋島嶼国の委任統治に対する監督を除けば、明らかに少なかったとされてきた(16)。また、当時の東アジアと太平洋において大国の植民地や自治領が多く残っており独立国が日本と中国、タイといった少数に絞られていたため、東アジアや太平洋の問題は国家間ではなく帝国内の問題として扱われた。一九二一年から一九二二年にかけてワシントン会議が開かれ、これにより海軍軍縮条約や九カ国条約、四カ国条約といった成果が結実し、これらの枠組みがこの時代の東アジアと太平洋の国際関係に大きな影響を与えることになったが、ワシントン会議は国際連盟に加盟していないアメリカの呼びかけにより開催されたものであり、しかも、その成果として結実した九カ国条約などの枠組みと国際連盟規約との関係や、それと一九二八年に成立した不戦条約との関係は当初不明瞭であり、その関係性が当事者の間で明確に意識されるようになったのは、満洲事変が発生してから日本が国際連盟を脱退するに至った時期のことだった(17)。戦間期の日本外交と国際連盟や国際機構との関係に関する研究の多くがパリ講和会議や満洲事変への対応といった少数の事例にのみ関心を向けてきた背景には、このような諸々の事情があったと考えられる。

しかし、近年の研究において、国際連盟や国際機構の活動をヨーロッパの国際関係に引きつけて理解し、戦間期における東アジアや太平洋地域の国際関係史をそれとは縁遠いものとして区別する見方は、相対化されつつあるといえる。例えば帯谷俊輔は、国際連盟のヨーロッパ以外の地域における紛争への関与の過程を論じる中で、済南事件や中ソ紛争といった満洲事変以前の東アジアにおける紛争においても、国際連盟を紛争に関与させようとする構想が存在していたことを明らかにし、それらの構想に対する国際連盟事務局やイギリス政府、中国国民政府、日本政府の態度を検証している[18]。後藤春美は、国際連盟による東アジアへの関与の中でも大きな位置を占めた対中技術協力と伝染病対策事業に着目し、連盟の関与拡大を目論む中国国民政府やライヒマン連盟保健部長とそれを阻止しようと目論む日本政府、そして連盟の関与をある程度認めつつも懐疑的な目を向けるイギリス政府の目論見の相克を描き出している[19]。小野坂元は、一九三〇年代初頭から国際労働機関が太平洋問題調査会（ＩＰＲ）やキリスト教女子青年会（ＹＷＣＡ）、国際労働組合連盟（ＩＦＴＵ）といった民間団体と協力することによりアジアの労働問題への関与を強めていったことを明らかにしている[20]。このように国際連盟や国際機構の活動の影響が東アジアに及んでいたことが徐々に明らかにされてきていることを踏まえる限り、この時代の日本の外交政策を国際連盟や国際機構の存在から切り離して考えるべきではなく、両者の関係を今一度再検討する必要があると考えられる。

本書は、以上の関心に基づき、戦間期における日本の外交政策が国際連盟や各種の国際機構、多国間会議における取り組みに対して、どのような態度を示し、またどのようにその態度を変化させていったのか、またその変化があったとすれば、それはなぜ起こったのかについて、再検討するものである。そのために本書では、先述のような、国際連盟や国際機構の活動と多国間会議の開催により国際秩序が徐々に変化していった三つの変化に注目し、それぞれにおける日本政府の対応の過程について論じる。

まず注目するべき点は、国際連盟及び常設国際司法裁判所を中心とする国際紛争の平和的解決のための制度整備にむけた動きである。先述の通り、第一次世界大戦後に創設された国際機構を通して平和を確立するための仕組みはパリ講和会議の段階で完全に作られたものではなく、国際連盟創設当初から第二次世界大戦の勃発により国際連盟の機能が停止するまでの間、このような第一次世界大戦後の国際機構の仕組みの不備を克服するための様々な制度設計の取り組みが国際連盟総会を始めとする多くの多国間会議の場において度々議論されるようになった。[21] この問題と日本外交との関係については、「戦争違法化体制」という概念を用いた伊香俊哉の先行研究があるだけでなく、近年興味深い研究が発表されている。例えば種稲秀司は、一九二〇年代の国際連盟における軍縮と安全保障に関する議論に対する日本外務省の対応を検討しており、[22] 大窪有太は、一九三二年に開かれたジュネーブ一般軍縮会議に向けての日本陸軍の対応を検討している。[23] また樋口真魚は、満洲事変を契機として日本外務省が国際連盟における集団安全保障枠組みの重要性を初めて認識したと捉えた上で、以後日本が国際連盟を脱退してから日中戦争を経て国際連盟との関係を完全に解消するに至るまでの日本の外交政策における国際連盟との関わりを詳細に論じている。[24] 以上の先行研究を踏まえた上で、本書ではこの問題に対する日本政府の対応の事例の一つとして、戦間期における国際紛争の平和的解決の方法のうち、常設国際司法裁判所や仲裁裁判条約といった国際裁判に対する日本の対応を取り上げる。この時代において、国際裁判を通じた国際紛争の平和的解決のための仕組みを整備することは侵略に対する制裁や軍縮の実効性を担保するために重要な問題であると考えられており、それは常設国際司法裁判所の創設に繋がっただけでなく、多くの国々による仲裁裁判条約の締結に繋がった。一方で、日本は戦間期においてスイスとオランダの二カ国と仲裁裁判条約を締結し批准したものの、常設国際司法裁判所への応訴義務を定めた同裁判所規程選択条項を受諾することはなく、一九二八年には日米仲裁裁判条約が失効するに至った。戦間期の国際連盟や国際機構を用いた戦争を防止するための試みと日本外交との関係を考えるに当たり、本書では、これらの国際裁判に関する日本政府のこれらの対応が形成された過程を詳細に検討する。

注目するべき二つ目の点は、国際連盟の国際紛争の平和的解決以外の活動やこの時代に開かれた各種の専門的な多国間会議における日本政府の対応である。先述の通り、戦間期における国際連盟をはじめとする国際機構の活動は、国際紛争の平和的解決に直接関わる活動にとどまらず、幅広い分野へと徐々に拡大していった。これらの問題に関連して、近年、国際連盟規約第二三条（ホ）に定められた通商の衡平に注目し、これに関する国際連盟の活動において日本政府が積極的に賛同する姿勢を見せていたことを指摘する研究や、[25] 一九二九年から一九三〇年にかけて開かれたハーグ国際法典編纂会議に対する日本外務省及び国際法学会の積極的関与に着目する研究が発表されている。[26] これらの先行研究を踏まえた上で、本書は、国際連盟の国際紛争の平和的解決以外の活動の中でも、国際連盟規約第二三条（ホ）に定められた通商の衡平に関する国際連盟の活動と、これに関連する多国間会議の活動、とりわけそれらと外国人の平等待遇に関する問題との関係に注目し、同問題に関する日本政府の対応の過程を検討する。既に知られているとおり、パリ講和会議において日本政府代表が人種平等条項を提案した背景の一つには、日本から各国に渡った日系移民の待遇への懸念があった。この人種平等提案はオーストラリアとイギリスの強い反対に直面し、ついには挫折することになる。一方で、国際連盟規約第二三条（ホ）に定められた通商衡平待遇の確保は、外国人の平等待遇を保証する規定として読み替えられる可能性を含んでいた。また、国際連盟規約第二三条（ホ）と外国人の平等待遇の問題に関連する議論を扱う機会として、この時代には一九二四年の第一回国際移民会議や一九二七年のジュネーブ国際経済会議、一九二九年の国際連盟外国人待遇問題会議といった多くの多国間会議が開かれていた。さらに、外国人の待遇に関する議論は、国際紛争の平和的解決の枠組みに関する議論においても、「国内管轄事項」の除外の是非に関する議論として影を落としていた。この問題が最も顕在化した機会が、一九二四年の第五回国際連盟総会における、ジュネーブ平和議定書に対する日本政府修正案（いわゆる「安達修正」）をめぐる議論である。以上のように本書では、国際連盟の活動や関連する国際会議の活動における人種平等提案の再提案に関する日本政府の対応、国際連盟における通商衡平待遇に関する活動に対する日本政府の対応、そしてジュネーブ平和議定書における「国内管轄事項」の除外の是非に関する日本政府の対応に着目し、それらが形成された過程を明らかにしようと試みる。

注目するべき三つ目の点は、この時代における国際人道法の整備に向けた取り組みや、国際赤十字運動に対する日本の対応である。先述の通り、戦間期においては国際紛争の平和的解決のための制度設計が国際機構や多国間会議を通して議論されただけでなく、第一次世界大戦における甚大な損害に対する反省を踏まえ、様々な分野において人道主義の見地から戦時下における国家実行や武力行使を制限するための規範の形成が、多国間会議を通して進められていった。これらの問題に関連して、毒ガス・細菌兵器の禁止に向けた取り組みに対する日本政府や日本軍の対応を検討した先行研究や、[27] 一九二二年の戦時法規改正委員会と一九三二年のジュネーブ一般軍縮会議における空爆規制に関する議論における日本軍の対応を検討した先行研究の他、[28] この時期の国際赤十字運動、とりわけ一九三四年一〇月に東京で開催された第一五回赤十字国際会議と日本政府の関係に着目した先行研究がある。[29] しかし、この時代の国際赤十字運動における赤十字条約改正や捕虜条約起草といった国際人道法の整備に向けた取り組みに対する日本政府の対応を詳細に検討した研究は少ない。[30] 広く知られているとおり、赤十字国際委員会は一八六三年に創設され、赤十字運動の中心として、第一次世界大戦後に国際連盟が創設される以前から傷病軍人の救助という形で戦争の被害を抑制するための活動を続けていた。その国際赤十字運動も第一次世界大戦の経験を踏まえて自らの役割を再検討することになり、結果として一九二九年には同組織の活動の根拠となる赤十字条約の改正が実現するとともに、同時に新たに捕虜条約が起草されるに至った。日本政府はこの改正赤十字条約を一九三四年に批准したものの、捕虜条約については調印したのみで批准するに至らなかった。日本の捕虜条約未批准は、日本の常設国際司法裁判所規程署名議定書選択条項未受諾と同様に、戦間期における国際機構の活動に対する日本の消極性を表す事例と見なされうるものである。このような日本政府の国際人道法の形成に対する態度の形成過程を理解することは、日本政府の国際機構や多国間会議への対応のうち、国際連盟の活動に対する日本政府の対応に目を向けるだけでは見えてこない側面についての理解につながると考えられる。

以上の三つの事例を検討することに加え、本書は、戦間期における日本政府の国際機構への対応の決定過程の特徴をよりよく理解するため、その主要な担い手となった日本外務省の担当部局の性格がどのように変化していったかに着目する。この手がかりとなるものが、近年発表された矢嶋光の研究である。矢嶋は、芦田均の外交官時代から首相就任後に至るまでの国際関係認識の変遷と外交政策への関与を論じる中で、芦田を外務省において国際連盟に関わる役職を歴任する「連盟派」の系譜に連なる人物と位置付け、国際連盟を中心とする集団安全保障の枠組みを重視する認識が戦中と戦後を通して彼の国際関係認識に反映されていったことを詳細に論じている。[31] 矢嶋の研究は日本の外交政策と国際連盟や国際機構との関係について直接的に論じたものではないものの、外務省において条約局担当者を中心に「連盟派」と呼ぶべき一種の派閥が形成されていたとする矢嶋の考察は、日本の外交政策と国際連盟や国際機構との関係を考える上で興味深い視座を提供している。本書は、外務省の機構と人事の変化に着目するとともに、それをこの時代に日本と同様に国際連盟の創設時以来の常任理事国の地位にあった各国のそれと比較することで、「連盟派」の実態とも呼ぶべき、日本政府の国際機構への対応の過程の特徴を明らかにしようと試みる。

以上の観点から戦間期の日本の外交政策と国際機構の関係を明らかにすることは、戦間期の日本の外交政策の背景となった国際関係認識を考える上で有意義な知見をもたらすとともに、日本の外交政策における国際機構の位置付け、さらには国家と国際機構の関係を考える上で、新たな視座を提供するものとなるだろう。

第二節 本書の構成

本書は序章及び終章の他、四つの章により構成される。

第一章は、国際連盟や国際機構に関わる日本の外交政策の決定過程を理解する試みの一環として、第一次世界大戦後の日本外務省の組織改革において国際連盟や国際機構に関わる部局が整備されていく過程について、同部局の活動と大きく関わる国際法に関する部局の位置付けの変遷を交えて検討する。パリ講和会議の後、日本外務省においては条約局が設けられるとともに、国際連盟や関連する国際機構の活動に対応する部局として臨時平和条約事務局が設けられた。一九二四年一二月、臨時平和条約事務局は廃止され、条約局第三課が国際連盟や国際機構への対応を担当することになった。第一章ではこれらの組織改編がどのような意図に基づいて実現したのかを検討するとともに、日本と同様に国際連盟の創設時からの常任理事国だったイギリス、フランス、イタリアにおける国際連盟や国際機構に関わる部局や国際法に関わる部局の位置付けを検討し、比較を通して国際連盟や国際機構、国際法に関わる日本の外交政策の決定過程の特徴を明らかにする。

第二章は、戦間期における国際裁判や仲裁裁判を通じた国際紛争の平和的解決のための制度構築に対する日本政府の対応を検討する。先述の通り、戦間期において、国際裁判や仲裁裁判といった国際紛争の平和的解決のための仕組みを整備することは、国際連盟規約第一六条に定められた戦争行為に対する制裁や同規約第八条に定められた軍縮の実効性を担保するために重要な問題であると考えられていた。これに関して、戦間期の日本政府は一九二四年にスイス、一九三四年にオランダとの間で仲裁裁判条約の締結を実現させたものの、常設国際司法裁判所規程署名議定書選択条項による応訴義務を受諾することはなかったため、国際裁判や仲裁裁判の仕組みを整備することに消極的だったと考えられている。それでは、戦間期を通して日本政府の国際裁判や仲裁裁判に対する態度は変化しなかったのだろうか。この問題に答えるべく、第二章では一九二四年に調印された日本＝スイス仲裁裁判条約の締結交渉、一九二四年の国際連盟総会におけるジュネーブ平和議定書の起草過程における対応、一九二八年に失効した日米仲裁裁判条約に代わる日米仲裁裁判調停条約の締結に向けた日米交渉、一九二九年にイギリス、フランス、イタリアを含む多くの国々が一斉に常設国際司法裁判所署名議定書の選択条項を受諾した後における日本政府の同選択条項受諾にむけた試み、一九三三年の国際連盟脱退宣言後の日本と常設国際司法裁判所の関係、一九三三年に調印された日蘭仲裁裁判調停条約の締結交渉に着目し、国際裁判と仲裁裁判に対する日本政府の態度の変遷の過程を明らかにする。

第三章は、戦間期における国際連盟や各種の国際会議の活動のうち、外国人の待遇に関連する活動に対する日本政府の対応を検討する。戦間期において、日本政府はアメリカを始めとする日系移民の受け入れ国において日系移民が差別的待遇を受けるという問題に直面しており、外国人の待遇の問題は強い関心を集める問題だった。そのような中で、国際連盟規約第二三条（ホ）では連盟加盟国が通商の衡平を確保するための対策を講じることが定められ、これに基づいて国際連盟に経済財政仮委員会が設けられた。この国際連盟規約第二三条（ホ）の規定は各国における外国人の待遇の公平を求めるものと解釈される余地を残しており、外国人の待遇の問題は国際連盟で議論されうる問題だった。一方で、この時代には外国人の待遇の問題を国内管轄事項と捉える解釈も根強く残っており、加えて国内管轄事項をどのように扱うべきかという問題は、国際連盟における国際紛争の平和的解決のための制度においても影響を及ぼす問題だった。第三章では、第一回国際連盟総会、国際連盟経済財政委員会の活動、一九二四年の第一回国際移民会議、一九二四年の第五回国際連盟総会におけるジュネーブ平和議定書の起草、一九二七年のジュネーブ国際経済会議、一九二九年の国際連盟外国人待遇問題会議に着目し、戦間期の国際連盟やこれに関連する国際会議における外国人の待遇や国内管轄事項に関する議論において、日本政府がどのような対応を見せていったかを明らかにする。

第四章は、戦間期に国際赤十字運動を中心に展開した、国際人道法の整備に向けた動きに対する日本政府の態度を検討する。先述の通り、国際機構としての赤十字国際委員会及び国際赤十字運動の活動は第一次世界大戦の経験を踏まえて変化し、その成果として一九二九年には同組織の活動の根拠となる赤十字条約の改正が実現するとともに、条約改正に合わせる形で新たに捕虜条約が制定されるに至った。日本政府はこのうち改正赤十字条約を批准したものの、捕虜条約については調印したのみで批准しないままに終わった。これらの改正赤十字条約や捕虜条約の起草に向けた準備は、一九二九年の会議開催以前の一九二〇年に開かれた第一〇回赤十字国際会議の段階から行われており、かつ以後の赤十字国際会議では、上記の二条約以外についても国際人道法の整備に向けた議論が進められていた。第四章では、改正赤十字条約と捕虜条約が採択された一九二九年の赤十字条約加盟国による外交会議における議論だけでなく、第一〇回から第一六回の戦間期に開催された赤十字国際会議における議論を対象とし、日本政府がこれらの国際赤十字運動を中心とする国際人道法の整備に向けた取り組みに対してどのような態度を示し、その態度がどう変化していったか、または変化しなかったかを明らかにする。

以上の四章にわたる考察を踏まえた上で、本書の終章では、本書で取り上げた戦間期の日本の外交政策と国際機構の関わりのそれぞれの事例を比較した上で、戦間期の国際機構の活動に対する日本政府の対応の一般的な特徴を提示するとともに、日本の外交政策においてどのような条件の違いにより国際機構に対する異なる対応が現出したのかについて、若干の考察を提示したいと考える。

第一章　外務省における組織改革と国際機構

――「連盟派」の再検討――

はじめに

第一次世界大戦後、日本だけでなく世界のほとんどの国々にとって、外交をめぐる環境は大きく変化した。大戦がパリ講和会議というかつてない規模の国際会議を経て終結したことに続き、国際連盟という地域を問わず世界のほとんどの国を含んだ史上初の普遍的国際機構が誕生し、非加盟国を含めて各国はこの新たな組織の活動に対応しなければならなくなった。またこの時代には、常設国際司法裁判所や国際労働機関といったように、国際連盟以外にも多様な国際機構が創設されるとともに、平和の維持という国際連盟の目的に資するため、あらゆる地域の国の代表を集める会議が多数開催された。これらに加えて、第一次世界大戦後には独立国の数が一挙に増大するとともに、大戦後に賠償問題や戦債問題という新たな課題が発生したこともあり、これらの影響により、多くの国において、外交政策を担う外政機構が改革されることとなった。

日本の外務省においても、第一次世界大戦終結の前後において、大きな組織改革が進められた。パリ講和会議が開かれると、日本政府が講和会議に対して十分に対応できなかったことを教訓として外務省の組織改造を求める声が高まり、外務省革新同志会が結成された。このような外務省改革の声を反映したかのように、第一次世界大戦後の日本外務省の組織は大きな変化を遂げることとなった。例えば、第一次世界大戦中までは外務省内の局としては政務局と通商局の二局のみが設けられていたのに対し、一九一九年七月には条約局、一九二〇年一〇月には亜細亜局、一九二一年八月には情報部が新たに設けられ、職員数の急増も相まって、外務省の規模は一挙に拡大した。また、外務省の通常の部局以外では、国際連盟や国際労働機関、対独平和条約の実施に対応するための組織として、一九二〇年四月には臨時平和条約事務局、一九二一年八月には国際連盟帝国事務局が設けられた[32]。

これらの新しい部局のうち、条約局と国際連盟帝国事務局については、双方の部局の長を経験する職員の経歴にフランスなど欧州大陸諸国での勤務経験など重なり合う部分が多く、このような職員を中心として、外務省内に「欧米派」や「アジア派」とは別の政策派閥として「連盟派」と呼べる集団が存在していたとする見方が、近年の研究で提唱されている[33]。これを踏まえれば、第一次世界大戦後の外務省における一連の組織改革が、条約局と臨時平和条約事務局、国際連盟帝国事務局を中心とする「連盟派」の形成をもたらし、国際連盟への対応を始めとする日本の外交政策の決定過程に一定の影響をもたらすに至ったという仮説が考えられる。それでは、このように外務省における「連盟派」の中心となった部局が第一次世界大戦後に形成されるに当たり、それらをもたらした組織改革はどのような意図に基づいて行われたのだろうか。また、それらの部局の機能は、第一次世界大戦から日本の国際連盟脱退後に至るまで、外務省全体の中でどのように変化していったのだろうか。

以上の問題を検討するため、本章では、個別の政策課題に対する外務省及び日本政府の意思決定過程を検討することとは異なる方法により、外交政策の決定過程の特徴を明らかにしようと試みる。すなわち本章は、第一次世界大戦後の日本外務省における外務省条約局と臨時平和条約事務局に着目し、政策を担う部局の機構改変と人事の変遷を検討することで、日本外務省が国際連盟やそれに関連する各種の国際機構、さらにそれらと密接な関わりを持つ国際法への対応という課題に対してどのような組織的対応を行ったかを検討課題とする。先行研究においては、本章で扱う時期と同時期において日本外務省に亜細亜局が設けられたことに着目し、同局の設置が日本の対中政策に与えた影響を機構改変、人事、文書行政の面から検討した研究として、熊本史雄による研究が存在する[34]。また、本章の内容に関わる先行研究として、明治期から第二次世界大戦前までの外務省における職員のキャリアパスを網羅的に分析することにより外務省内の派閥の形成過程を再検討した種稲秀司の研究が挙げられる(35)。本章は、外務省及び日本政府の国際連盟や各種の国際機構への対応の過程を検討するために、上記の先行研究の方法を応用したものとも位置づけられる。

本章は二つの節により構成される。第一節では、一九一九年七月に外務省に条約局が設けられ、続いて一九二〇年四月に臨時平和条約事務局が創設された経緯と、その後の外務省官制や外務省分課規程の改正により条約局の所管業務の規定がどのように変化していったかについて、「戦前期外務省記録」のうち官制及び分課規程に関する文書を用いて検討するとともに、『職員録』を用いて外務省各部局の人員数の推移を検討することで、外務省における条約局の位置づけの特徴とその変化を明らかにする。第二節では、第一節で検討した戦間期の日本における国際連盟や国際機構、国際法への対応のための組織設計の特徴を明らかにするため、これと同時期の世界各国、特に日本と同様に国際連盟の創設以来の加盟国となった国々における外政機構に着目し、日本との比較事例としてイギリス外務省、フランス外務省、イタリア外務省における国際連盟や国際機構、国際法に関わる組織の変遷を検討する。

第一節　外務省条約局と臨時平和条約事務局の設置と管掌業務・人員数の変遷

一　外務省条約局と臨時平和条約事務局の設置

一九一九年七月に日本外務省に設けられた条約局と一九二〇年四月に設けられた臨時平和条約事務局は、どのような意図により設けられたのだろうか。国際機構の活動への対応では、条約の起草と解釈に関わる業務が重要になる。そこでまず、条約局創設以前の日本外務省における国際法に関わる組織について述べておきたい。

まず注目するべき点は、明治から大正にかけての長きにわたり、日本外務省における国際法に関わる業務、もしくは条約の起草や解釈に関わる業務においては、お雇い外国人のデニソン（Henry Willard Denison）が大きな役割を果たしてきたということである。デニソンは横浜でアメリカ領事代理や領事法廷での弁護士を務めた後、一八八〇年五月から外務省に法律顧問として採用され、以後一九一四年七月に在任中に死去するまで、三〇年以上の長きにわたりその地位にありつづけた。さらに、在任中には条約改正や一八九五年の下関条約、一九〇五年のポーツマス条約において条約起草作業を担当するなど、日本の外交政策を左右する最も重要な機会において大きな役割を果たしてきた(36)。デニソンは自らが日本の外交政策に関与した過程を記録に残すことを潔としなかったため、彼と外務省の関わりの全体像を把握することは難しい。しかし、デニソンのもとで外交官として経験を積んでいった石井菊次郎や幣原喜重郎の回想を踏まえる限り、デニソンが条約や国際法の起草と解釈という点において日本外務省に不可欠な存在であったことは疑いえないものである(37)。

さて、デニソンが一九一四年に死去すると、日本外務省は新たな法律顧問の採用を目論んだ。そこで新たな法律顧問として外務省に招かれたのがベイティ（Thomas Baty）である。デニソンがアメリカ領事代理や弁護士としての経験がある一方で専門的な法学者ではなかったのに対し、ベイティはオックスフォード大学とケンブリッジ大学の双方から法学博士の学位を授かった紛れもない専門的な法学者であり、法律顧問という役割にふさわしい実績を持っていた。ベイティは晴れて一九一六年五月に外務省法律顧問に就任し、以後太平洋戦争開戦後にその職を辞するまで、約四半世紀にわたりその地位にありつづけ、遂には日本でその一生を終えた(38)。しかし、ベイティがデニソンと同様に日本の外交政策の重要な場面で大きな役割を果たしたかというと、そうではなかった。外務省におけるベイティの業務は課長クラスの職員の相談相手になることや外交文書の英語の添削といった重要性の低いものにとどまっており、大臣や次官に会うことや、外交上の重要な交渉や会議に帯同することはほとんどなかったのである(39)。もっとも、外務省以外での活動に目を向ければ、ベイティは国際法協会（International Law Association, ILA）の会員として同協会の日本支部設立の発起人となった他、国際法学会と国際法協会日本支部の共同事業として国際連盟による国際法典編纂会議に向けた準備委員会を発足させ、同委員会による条約草案の起草に中心的に関わるなど、ベイティは日本における国際法研究を支援するという点では大きな役割を果たしてきた(40)。また、一九三一年に満洲事変が勃発した際には、ベイティは例外的に日本の行動を国際法に照合してその妥当性を弁明する意見書を起草していた[41]。とはいえ、その法律顧問としての長い在職期間の大半において、ベイティの役目はルーチンワークにとどまっていたのである。

これに対して、デニソン亡き後の日本外務省において、デニソンのように外交上の重要な交渉や会議に帯同して大きな役割を果たした人物として、立作太郎が挙げられる。立は留学を経て一九〇四年に東京帝国大学法学部教授に就任する以前から外務省嘱託として国際法に関する調査を度々任されており、教授就任後も一九〇八年のハーグ海戦法規会議における政府専門委員や一九一九年のパリ講和会議の随員、一九二一年のワシントン会議の随員、一九三〇年の国際法典編纂会議における帝国代表者顧問を務め、日本外務省による条約の起草や解釈において大きな役割を果たした[42]。当時においても、立を外務省における実質的に唯一の法律顧問とみなす見方が広くあったようである[43]。一方で、立の外務省における役割はあくまで臨時ないし非公式のものだったという点には注意が必要である。立は外務省における条約や国際法の起草や解釈において大きな影響を持ったと言われるものの、本職はあくまで東京帝国大学の教員であり、国際会議に随員として参加する際を除いて外務省から公式の役職を与えられることはなく、また日本外務省が専門的法律家に大学教員との兼任を前提として役職を与える制度を整備したことはなかった（後述するが、これはフランス外務省における制度と対照的である）。また、立は一九三四年に東京帝国大学を定年退職してから外務省に毎日出勤し条約や国際法の起草や解釈に従事するようになったものの、最終的に立が一九四三年にその生涯を終えるまで、立が外務省における公式の法律顧問に就任するということは遂に実現しなかった[44]。立が外務省において大きな影響力を持っていたとしても、その制度的根拠はあいまいだったのである。

ヴェルサイユ条約が調印に至って間もない一九一九年七月一日の外務省官制改正により、外務省内に政務局、通商局に加えて条約局を設けることが定められたのは、外務省における国際法に関わる政策への対応体制が以上のような形になっていたうえでのことだった。ここからは、条約局の創設の経緯とその組織の中での位置付けの変化について、国際連盟や国際機構に関わる組織の位置付けの変化を合わせながら検討していきたい。

表1　政務通商両局定員及現在執務員表（1919年6月以前）[48]

課　名	高等官定員	現執務員	過　員	判任官定員	現執務員	過　員
政務局第一課	2	6	4	5	6	1
同第二課	2	6	4	4	7	3
通商局第一課	2	6	4	4	6	2
同第二課	2	5	3	5	8	3
合　計	8	23	15	18	27	9

一九一九年七月一日の外務省官制改正において、条約局は「条約及渉外法規事項ニ関スル事務ヲ掌ル」とされ[45]、さらに続いて改正された外務省分課規程において、条約局は「条約及協定ノ起草及解釈」、「領事職務条約、犯罪人引渡条約、司法共助条約、国際紛争平和的処理条約及仲裁裁判条約ノ締結改正」、「海戦法規、陸戦法規、中立法規、赤十字其ノ他戦争ニ関連スル条約ノ締結改正」、「渉外法律事項」、「国際的法制其他之ニ関係スル各般ノ調査事項」に関する事務を所管すると定められた[46]。このように定められた条約局の所管内容を、ヴェルサイユ条約調印直後という時期に条約局が設けられたことに照らして考えると、条約局がパリ講和会議の経験や国際連盟創設という新たな状況に対応するために設けられたものであるようにも見える。しかし実際には、条約局はこれらの状況とはまた別の事情に基づいて設けられたようである。

この官制改正及び分課規程改正では、条約局の創設に加えて、既存の政務局と通商局がそれぞれ二個の課で構成されていたことを改め、各局を三課で構成することが定められた。そして、この改正に合わせて外務省で作成された「説明書」[47]には、「本改正ハ専ラ最近政務、通商両局ニ於ケル事務ノ著シキ膨張ニ適応スルヲ目的トス」と記されている。つまり、条約局の創設はパリ講和会議の経験を踏まえて決定したものというよりも、それ以前からかねてより続いていた政務局及び通商局という既存の二局における事務の膨大化に対応し、この二局の事務を肩代わりする目的で創設されたと考えられる。この事情を示すものとして、「説明書」には、政務局と通商局における定員数と実際の職員数の差を示した表（表1）が付されている。

表1が示すとおり、政務局と通商局を合わせて高等官の定員が八、判任官の定員が一八とされているのに対し、実際には両局を合わせて二三人の高等官と二七人の判任官が勤務しており、定員数と実情の乖離は甚だしかった。また、「説明書」は、このように増加した政務局と通商

局の職員は帰国した在外公館職員により臨時に充当された例が多く、外務省の業務増大により在外公館の定員充当に困難が生じているという問題も指摘していた。条約局はこのような差し迫った理由により創設されたのである。

一方で、当初からパリ講和会議の結果を踏まえて創設された組織もあった。それが一九二〇年四月に外務省の外に設けられた臨時平和条約事務局である。同事務局の創設を定めた勅令において、臨時平和条約事務局は「国際連盟其ノ他独逸国等トノ平和条約ノ実施ニ関スル事務ヲ掌ル」とされ[49]、その一ヶ月後に定められた臨時平和条約事務局事務分掌規程では、事務局第一部の所管事務として「連盟総会及連盟理事会」「連盟ニ関スル各種ノ調査殊ニ帝国政府ノ執ルヘキ方針ノ確立」「国際労働会議及国際労働理事会」「賠償」が挙げられ、事務局第二部の所管事務として「特殊財産管理」「特殊債権及特殊損害」「混合仲裁裁判所」「俘虜及抑留民ノ帰還」の他、第一次世界大戦におけるドイツ以外の交戦国との講和条約に関する事務が挙げられていた[50]。

パリ講和会議後の新たな状況に対応するための組織として臨時平和条約事務局を位置づけることは、同事務局の創設に向けた外務省内での準備段階の議論においても意識されていたようである。同事務局が設けられるのに先立つ一九一九年一二月、三局長と人事課、会計課、文書課の回覧を経た上で内田康哉外相が原敬首相に提出した文書では、「対独平和条約其ノ他帝国ノ干与スル平和条約ノ実施ニ関スル事務ハ広汎多岐ニ亘リ現在ニ於ケル外務省ノ職員ヲ以テ常務ノ傍之カ掌理ニ任セシムルハ殆ント不可能ニ属スルヲ以テ此際之カ掌理ノ為ニ臨時外務省内ニ特別機関ヲ設置スルノ必要アル」との見解が述べられていた[51]。同意見書においては「国際連盟ニ付テハ仏国等ノ例ヲ襲ヒ此ノ際取リ敢ヘス特別機関ヲ設ケテ当分之カ研究ヲ行ハシムルヲ以テ機宜ニ適スト思量セラル」と述べられており、外務省がフランスの例を引き合いに出して臨時平和条約事務局の必要性を訴えていた点が興味深い（このフランスの例の内容は後述する）。また、一九二〇年三月五日の閣議において臨時平和条約事務局設置を提案するために外務省条約局が作成した文書では、「帝国カ今回ノ講和会議ニ於テ取得シタル五大国ノ地位ヲ擁護シ国威ヲ発揚スルタメニハ国際連盟総会及理事会、国際労働総会及理事会等ニ於テ議セラルル諸案件ニ対シ常ニ充分ナル調査考究ヲ遂ケ予メ此等ノ会議開催ノ場合ニ機宜ノ措置ヲ採リ得ルノ素地ヲ作リ置クヲ以テ緊要トス〈傍線引用者〉」と述べられており、第一次世界大戦後における日本の「五大国」としての威信を保持するために、新たな組織のもとで国際連盟総会や同理事会に対して十分な準備を行うことが必要になるという目的が示されていた。[52]

とはいえ、臨時平和条約事務局が講和条約や国際連盟、国際労働機関に関するあらゆる業務を担っていたわけではない。一九二〇年四月、臨時平和条約事務局が創設された直後に次官と各局長に山川端夫臨時平和条約事務局第一部長を交えた会議により同事務局の所管業務が定められたが、その決定において、山東問題に関する事務はこれまで通り政務局第一課の所管とされた他、国際労働機関の移民委員会に関する事務は通商局第三課の所管、常設国際司法裁判所に関する事務は条約局第三課の所管、捕虜と抑留人民に関する事務は政務局の所管とされ、その他の事務に関してもしばらくの間通商局や条約局の所管とした上で臨時平和条約事務局に移行するとされたものが何種類も存在していた。[53] 臨時平和条約事務局の機能には当初から一定の限度が示されていたのである。

二　条約局第三課の創設と臨時平和条約事務局の廃止（一九二四年）

臨時平和条約事務局を中心として国際連盟に対応するというこの組織体制は、長くは続かなかった。一九二四年の行政整理に対応するため、同年一二月をもって臨時平和条約事務局が廃止され、同事務局に分掌されていた国際連盟や国際労働機関に関する事務が条約局第三課に移行したのである。[54] それまでの外務省分課規程において、条約局の所管事項として「領事職務条約、犯罪人引渡条約、司法共助条約、国際紛争平和的処理条約及仲裁裁判条約」「海戦法規、陸戦法規、中立法規、赤十字其ノ他戦争ニ関連スル条約」「前二号ニ掲ケサル条約及協定ニシテ第七条第二号〈政務局ないし亜細亜局、欧米局が所管する政治上の条約――引用者注〉又ハ第九条第二号〈通商局が所管する通商航海条約――引用者注〉ニ属セサルモノ」が列記されていたのに対して、一九二四年一二月の改正外務省分課規程においては、これに代わる条約局の所管事項として「国際紛争平和的処理ニ関スル条約、国際公法、国際私法及其ノ他類似ノ事項ニ関スル条約、国際交通、航空、郵便、電信、領事職務、著作権、工業所有権等ニ関スル条約」という項目が列挙された上で、「其ノ他第七条第二号又ハ第十一条第二号ニ属セサル一切ノ条約、国際約定」「領事裁判、犯罪人引渡、司法共助其ノ他ノ渉外法律事項及之ニ関連スル調査」が記されることになった。その上で、国際連盟、国際労働、ドイツ等との平和条約の実施に関する事項が条約局の所管事項として新たに加えられることになったのである。(55)

このように臨時平和条約事務局を解体しその機能を条約局に移行するという組織改革は、当初の計画では想定されていなかったようである。一九二四年に政府全体の行政整理に合わせて外務省の組織改革が行われる以前から、外務省の業務能率を上げるために組織を改革しようとする構想は存在しており、それは外務省内で一九二四年まで開催されていた参事官会議で度々議論されていた。(56) しかし、一九二四年七月九日の第一五五回外務省参事官会議に外務省分課改正小委員会が提出した分課規程改正案では、条約局を法務局に改称し通商航海条約をその所管に組み込む一方で、臨時平和条約事務局と同様に独立の官制を定めて設けられる部局として国際連盟事務局を置き、そこで国際連盟に関する事項を扱うとされていた。(57) その後、外務省の組織改革を行政整理に合わせる形で実行する必要が生じたとして上記の分課規程改正案が廃案となり、(58) 臨時平和条約事務局を廃止しその機能を条約局に組み込もうとする改革はその後に形になった。つまり、条約局の所管下で国際紛争の平和的処理に関する条約やその他各種の国際条約への対応に加えて国際連盟への対応を検討するという政策決定の体制は、行政整理に合わせて外務省が組織を簡素化する必要に迫られたことにより、当初想定されていなかった形で実現したものだったと言うことができるだろう。

このようにして国際連盟への対応は独立の部局ではなく条約局の下で行われるようになったが、臨時平和条約事務局の役割を引き継いだ外務省条約局は、国際連盟への対応が外交全体における重要性を増していると認識していたようである。一九二五年四月一六日に幣原外相が摂政宮に対して行った御進講のために外務省条約局が準備した文書では、条約局第三課が扱う国際連盟及び国際労働機関に関する事項について以下のような説明がなされた上で、パリ講和会議以来会議を用いて国際問題を解決しようとする傾向が強まっており、従ってそれを扱う条約局第三課の業務が大きくなってきているとの見解が述べられていた。

「……連盟関係ノ事務ハ一面理想的ノモノ多キト同時ニ頗ル多岐雑多ナリ而シテ連盟ニハ総会及理事会ヲ初メ其ノ他陸海空軍部等種々附属ノ期間アリテ之等ハ殆ト間断ナク会議ヲ開キ各般ノ問題ヲ処理シ居リ例ヘハ大正十三年ニ於ケル連盟関係会議ノ数ハ約四十回ノ多数ニ上レリ国際労働問題ヲ処理スル国際労働機関ニハ労働総会、労働理事会及附属ノ諸機関アリテ（中略）広汎ナル労働問題ノ解決ニ当リ居レリ従テ労働関係ノ事務モ相当重要且繁雑ナルモノアリ之ヲ要スルニ巴里講和会議以来国際的問題ハ会議ヲ開キ関係列国ノ了解ト協力トニ依リ之ヲ処理セムトスルノ傾向馴致セラレタルハ頗ル注目ヲ要スル処ナルト共ニ関係事務従テ亦繁多トナレルコトモ看過スルヲ得サルヘシ（傍線引用者）」(59)

三　外務省分課規程改正（一九三四年）と条約局人員数の変容

これ以後の外務省では、一九三三年一二月に調査部が設けられ(60)、一九三四年六月には亜細亜局、欧米局の二局が東亜局、欧亜局、亜米利加局の三局に再編され(61)、一九四〇年一一月には南洋局が設けられたが(62)、条約局が関わるような部局の再編は行われていない。そのことを踏まえる限り、一九二四年に形成された、条約局の所管下で各種の国際条約への対応に加えて国際連盟への対応を検討するという体制は、一九三三年三月の日本の国際連盟脱退の後も太平洋戦争開戦に至るまで維持されていたように見える。ではこの間、外務省における条約局の役割や位置づけの認識に変化はなかったのだろうか。

ここで、この時期における外務省の各部局ごとの人員の配置を比較することが、この問いの手がかりになる。以下に示すグラフは、政府が発行した各年の『職員録』をもとに、外務省の各部局ごとの人員数の変化を年度ごとに表したものである(63)。グラフの起点は亜細亜局が設置された後の一九二一年とし、終点は判任官以上の職員の配置を示した『職員録』が最後に発行された一九三八年とした。また、複数の部局を兼任する職員については重複を取り除くとともに、大臣官房の各課（人事課、文書課、会計課、電信課、翻訳課）の人員数は比較対象から除外した。このグラフから読み取れる傾向は以下の通りである。まず、通商局の人員数は一九二〇年代から一九三〇年代までを通して増減の振れ幅が大きいが、全体的な傾向として一定の範囲内に収まっている。次に、亜細亜局（東亜局）、欧米局（欧亜局）、情報部、文化事業部、調査部、亜米利加局の各部局の人員数は一九二五年以後一九三三年まで横ばいの傾向にあるが、一九三四年以降は共通して増加傾向に転じていることがわかる。これに対して、条約局の人員数は一九二〇年代から一九三三年まで全体として微増の傾向にあるが、一九三四年以降は他の部局と異なり横ばいの傾向に転じている。条約局の人員増減の傾向が一九三四年を境にして他の各部局と異なる傾向に転じていることは、一九三四年を境に外務省における条約局の役割や位置づけの認識に変化が生じたことを推測させるものである。

この推測を裏付けるものとして、一九三四年六月に改正された外務省分課規程の内容が挙げられる。先述の通り、それまでの分課規程で条約局の所管業務を定めた第一三条では、「国際紛争平和的処理ニ関スル条約、国際公法、国際私法及其ノ他類似ノ事項ニ関スル条約……」のように条約局が扱う国際条約の種類が具体的に列挙されていたのに対し、改正された分課規程で条約局の所管業務を定めた第一三条及び第一四条は、「条約局ニ於テハ条約、渉外法規事項及他部局ノ主管ニ属セサル国際会議ニ関スル事務ヲ掌ル（傍線は引用者による）」「第一課ニ於テハ条約其ノ他ノ国際約定ノ締結、解釈、批准、交付及編纂ニ関スル事務ヲ掌ル」「第二課ニ於テハ渉外法律事項及国際行政事項ニ関スル事務ヲ掌ル」「第三課ニ於テハ国際会議ニ関スル事務ヲ掌ル」という形に簡略化された(64)。

改正分課規程においては第二課の所管として「国際行政事項ニ関スル事務」という所管事項が追加されており、改正前の分課規程で「国際交通、航空、郵便、電信、領事職務、著作権、工業所有権等ニ関スル条約」というように列記されていた事項はこの部分に一本化されたと思われる。しかしここで注目されるべき所は、「国際会議ニ関スル事務ヲ掌ル」の前に「他部局ノ主管ニ属セサル」との文言が追加されていることである。この追記が意味するものを知る手がかりとして挙げられるものが、この分課規程改正以前に改正準備のために起草された「組織改造ノ大綱私案」という文書である(65)。同文書は、欧米局を欧羅巴局と亜米利加局に分割することや通商局の課を細分化することといった後の分課規程改正を先取

図1　外務省部局別人員数の推移（1921年〜1938年）

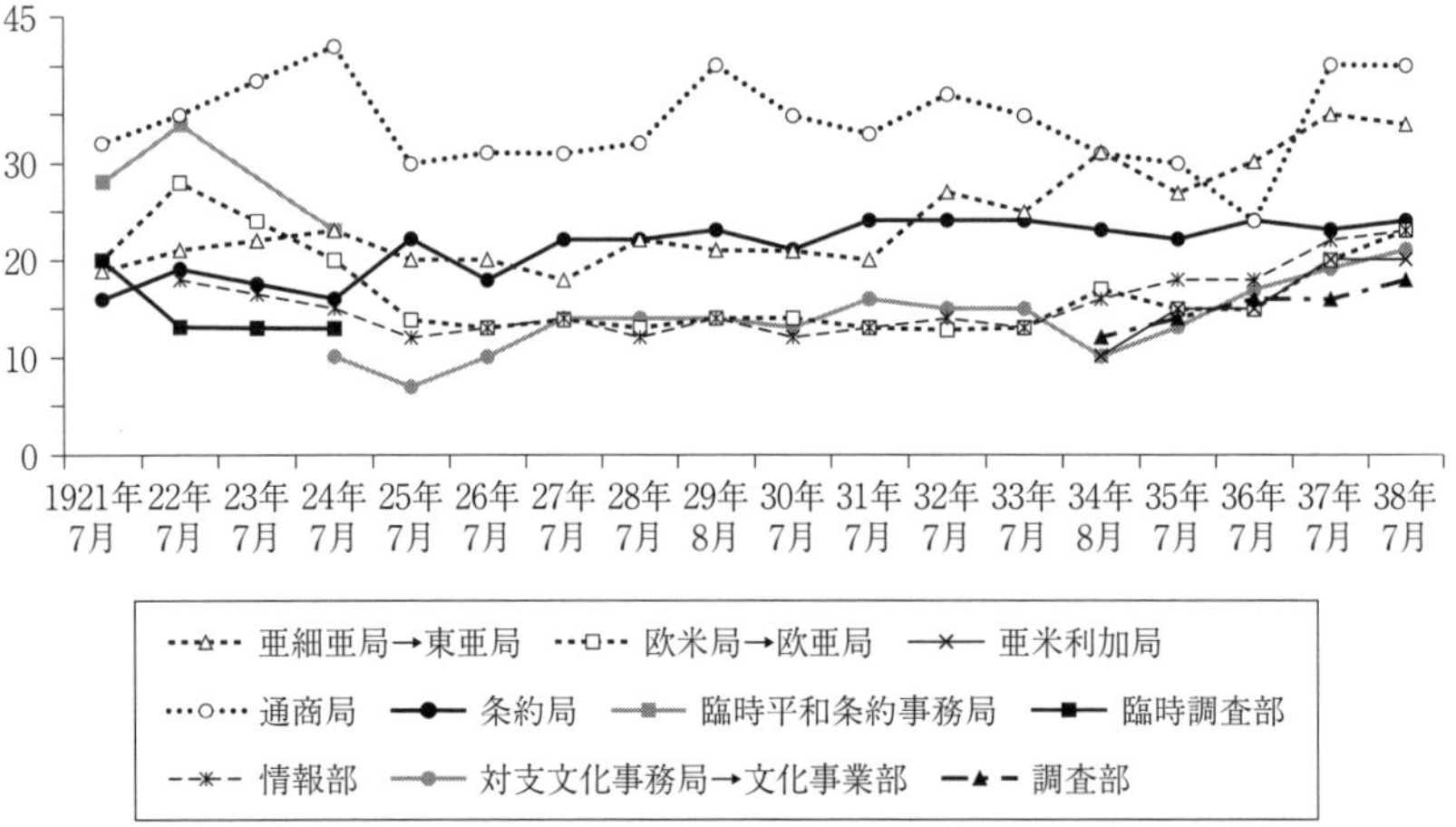

りする提案に加えて、「条約局ハ之ヲ法務局ト改メ渉外法律事項ヲ専管トシ条約ハ各其ノ地域ニ従テ関係局ノ主管トシ只不戦条約ノ如キハ開催地ニ依ルコトナク元発案国ノ属スル地域ニ依ツテ之ヲ定ム、通商航海関税ニ関スル条約ハ通商局主管トス但シ国際連盟ニ関スル事務ハ現在ノ如シ（傍線引用者）」という提案を示していた。つまり、一九三四年六月の分課規程改正において「他部局ノ主管ニ属セサル」との文言が追加されたことは、国際会議や多国間条約に関する事務を原則として東亜局、欧亜局、亜米利加局という地域ごとの局に割り振って処理するという方針を反映したものだったと解釈することができる。国際連盟や各種の国際機構への対応を各種条約への対応とともに一手に引き受ける部局としての条約局の役割は、これをもって少なからず後退したと考えることができる。

以上のように日本外務省における国際連盟や国際機構、国際法に関わる部局の位置づけの変遷を辿っていくと、以下のように結論づけることができる。まず、条約局の創設は政務局と通商局における業務と人員の急拡大という問題に対応した結果であり、国際連盟を始めとする国際会議への対応を担う機関として想定されていたものは、臨時平和条約事務局のほうだった。しかし、一九二四年一二月を境に、行政整理に伴う業務の効率化という必要に伴い、条約局が国際連盟や国際機構、国際法への対応を一手に担う体制が新たに作られた。この体制は日本が国際連盟を脱退するまで継続したが、日本が国際連盟を脱退した後の一九三四年六月になると、国際会議への対応を地域ごとの局に割り振る体制が形成され、条約局の役割が後退するに至ったのである。

第二節　各国における外政機構の組織編成と国際機構

このように、外務省条約局は政務局及び通商局の業務拡大を肩代わりするための対応策として創設された後、一九二四年の行政整理の影響により当初の想定に反して臨時平和条約事務局の業務を継承することになり、これにより条約局が国際法に関する政策と国際連盟に関する政策をまとめて統括する体制が作られた。また、条約の起草や解釈において影響力を持ちうる法律顧問としてはベイティがおり、これに準じる存在として立作太郎がいたが、法律顧問の組織的裏付けは未整備だった。このような体制は同時代の各国における組織体制とどの程度一致し、どの点で異なっていたのだろうか。それを考える上での比較対象として、日本と同様に国際連盟の創設以来の加盟国であり常任理事国だったイギリス、フランス、イタリアの外政機構における国際連盟や国際機構、国際法に関する組織の位置づけの変遷に目を向けたい。

一　イギリスの場合

まず、イギリスの例に目を向けたい。一九三三年にティリー（John Tilley, イギリス外務省主席事務官（chief clerk）、駐ブラジル大使、駐日大使を歴任）とガスリー（Stephen Gaselee, イギリス外務省図書文書室長（Librarian and Keeper of the Papers））が発表した著書 *The Foreign Office* では、一九三三年時点におけるイギリス外務省内の各部局の役割が、その時点に至るまでのイギリス外務省の組織の変遷とともに詳しく論じられている(66)。それに目を向けると、第一次世界大戦後のイギリス外務省における国際連盟や国際機構、国際法に関わる部局の位置づけが日本におけるそれとかなり異なっていることがわかる。

イギリス外務省においては、第一次世界大戦以前の段階で、国際法に関わる部局が存在していた。しかしその位置づけは、日本外務省のそれとはかなり異なっていた。イギリス外務省において国際法に関わる部局としてまず設けられたものは、一八八一年に非政務系部局（non-political departments）の一つとして設けられた条約部（Treaty Department）である。しかし、イギリス外務省条約部の所管業務は、条約等に関する手続きや外交儀礼（プロトコル）、国籍や帰化、在留邦人、犯罪者の引き渡し、捕獲審検所や領海、旅券や査証といった事務的ないし手続的なものにとどまっており、条約の起草や解釈といった事項はその所管業務に含まれていなかった[67]。イギリス外務省条約部は、日本外務省条約局に相当する部局というよりは、日本外務省で言うところの大臣官房人事課の一部[68]や通商局第三課[69]に近い役割を担う部局だったと言うこともできる。

日本外務省条約局（特に第一課）が担っていたような条約の起草や解釈という役割をイギリス外務省において担っていたのは、条約部ではなく、通常の部局とは別に事務次官（Permanent Under-Secretary of State）に直属する役職として一八九六年から（その前身となる役職も含めれば一八七六年から）設けられていた外務省法律顧問（Legal Advisers to the Foreign Office）だった。法律顧問は特定の所管を持たず、実際に政策を決定したり訓令を発したりすることはないが、複数の部下を持ち、政策の決定権を担う他のあらゆる部局に対して法的問題に関わる助言を行うものとされていた。特に戦間期以降、国際連盟のような多国間外交の機会が増加すると、法律顧問は英国代表団が会議で合意した大まかな原則を条文に具現化するという点で重要な役割を持つようになり[70]、一九一八年にハースト（Cecil Hurst）が法律顧問に就任すると、ロカルノ条約や不戦条約の締結といった外交上の重要な出来事や、一九二四年に国際連盟総会で採択されたジュネーブ平和議定書への対応や、一九二九年における常設国際司法裁判所規程選択条項の受諾といった国際連盟や国際機構への対応において大きな役割を担うことになった[71]。

国際連盟や国際機構に関わる部局の位置づけはどうだろうか。イギリス外務省の場合、国際連盟に関する業務は地域ごとに分かれている政務系部局（political departments）の一つである西方部（League of Nations and Western Department）に割り振られていた[72]。また、注意すべき点として、国際連盟に関する業務であっても、いくつかの特定分野の活動に関わる業務はその活動との関係が強い地域を担当する政務系部局に割り振られていたということが挙げられる。具体的には、軍縮についてはアメリカ部（American Department）、講和条約の実施については中央部（Central Department）、アヘン規制については極東部（Far Eastern Department）に割り振られていた[73]。また、国際会議が開かれる際には、イギリス外務省におけるその会議の所管が会議の主催国の場所に応じて地域ごとの政務系部局に割り振られることもあった。例えば、一九二四年にローマで国際移民会議が開かれた際には、イギリス外務省における同会議の所管はイタリアを扱う中央部に割り振られていた[74]。この他に、イギリス外務省に置かれた国際連盟に関わる役職としては、国際連盟担当特別顧問（special Adviser on League of Nations affairs）がある。同特別顧問はジュネーブで開かれる国際連盟総会及び同理事会における英国代表団に帯同していたが[75]、この役職が設けられたのは国際連盟が創設されてからかなり後の一九三〇年のことだった[76]。イギリス外務省の政務系部局において国際連盟や国際機構に対応するための部局は長らく一元化されていなかったのである。

加えて、イギリス外務省本省においては西方部が対国際連盟政策の主な部分を担ったとしても、西方部長の人事は流動的だった。一九二一年から一九二八年までの約七年の間、西方部長はヴィラーズ（Gerald Hyde Villiers）により担当されていたが、その後西方部長の人事は流動的となり、以後西方部が廃止される一九三九年までの一〇年余りの間に七人もの部長が交代していた[77]。これと対照的に人事の面で安定していたのが、先述の法律顧問である。一九一八年に法律顧問に就任して以来、ハーストは一九二九年に常設国際司法裁判所判事に就任するまでの一〇年以上にわたり法律顧問の地位にあり続け、その後法律顧問の地位を受け継いだマルキン（William Malkin）も、一九二九年から第二次世界大戦を経て一九四五年に在任中に死去するまで、その地位にあり続けた[78]。イギリス外務省において継続的に対国際連盟政策に対応する役割を担っていたのは、西方部というよりむしろハーストやマルキンといった法律顧問たちだったと考えられる。

二　フランスの場合

前記のように、第一次世界大戦後のイギリス外務省における国際連盟や国際機構、国際法に対応するための部局の位置づけは、日本外務省におけるそれと大きく異なるものとなっていた。それでは、日本やイギリスと同様に国際連盟の創設以来の常任理事国だったフランスの場合、国際連盟や国際機構、国際法に関わる部局の位置づけはどのようなものになっていたのだろうか。結論を先取りすれば、フランスの場合、国際連盟に関わる部局の位置づけは日本におけるそれに似ていた（もしくはその先例になった）一方、国際法に関わる部局の位置づけはイギリスにおけるそれに似ていた（もしくはその先例となった）ということができる。

フランス外務省においては、かなり早い時期から国際法に関する部局が設けられていた。フランス外務省においては渉外法務に関する事項を扱う部局が第二帝政の段階で既に設けられており、一八八〇年一月にそれを引き継いで改組する形で政治通商訟務部（direction du Contentieux politique et commercial）が設けられた。一方で、フランスにおいては議会が外務省の渉外法律業務に対して強い関心を示していたため、外務省の渉外法律業務に対して助言する組織として、訟務諮問委員会（comité consultatif du Contentieux）が設けられた。訟務諮問委員会は外務省職員に加えて内閣職員、破毀院判事、上院議員、下院議員を含めた組織であり、一八八二年にはこれにパリ大学法学部教授のルノー（Louis Renault）が加わるとともに、以後も法務省職員を加えるなどの形で拡大を続けていった[79]。

重要な点は、一八九一年にフランス外務省に省内法律家（jurisconsulte）という役職が設けられ、先述のルノーがパリ大学教授との兼任という形でこれに就任したことである。ルノーは訟務諮問委員会に出席するとともに、訟務諮問委員会の下に常設法務訟務小委員会（commission permanente des Chancelleries et du Contentieux）や国際私法小委員会（commission de Droit international privé）といった国際法を扱う小委員会が組織されるようになると、ルノーはこれらの小委員会で議長を務めるようになることで、外務省の国際法関係業務において不可欠な役割を果たすようになった。また、一九〇七年にはルノーに加えてワイス（André Weiss）が次席省内法律家（jurisconsulte adjoint）に就任し、一九一四年にはフロマジョ（Henri Fromageot）が省内法律家補佐（jurisconsulte suppléant）に就任するなど、フランス外務省における省内法律家の役割は徐々に拡大していった[80]。一九一四年に第一次世界大戦が勃発すると、外務省は占領地及び被占領地における行政上の問題や二重国籍者の動員の問題といった戦争に起因する新たな問題に対処しなければならなくなったため、既存の外務省職員や省内法律家以外にも各種の法律家を招聘するとともに、省内法律家は国際法上の問題についてより直接的に関与するようになった。一方、大戦の間、訟務諮問委員会やその下の小委員会が開かれることはなくなっていった[81]。

上記のようなフランス外務省における省内法律家を中心として国際法の問題に対応する体制は、第一次世界大戦が終結した後も維持された。終戦後、議会下院予算委員会が外務省内に渉外法務を扱う部局を復活させるとともに訟務諮問委員会を改組し権限を強化しようとする改革案をまとめたが、外務省はこの改革案により国際法業務に対する政治的な干渉が強まると考え、改革案に反対したため、同案は廃案となった。省内法律家を中心として国際法の問題に対応する体制が維持された一方で、国際連盟が創設された影響などにより、彼らはより多くの国際法問題により素早く対応しなければならなくなり、省内法律家が大学教員や判事の職を兼任することは徐々に難しくなっていった。この結果、一九三〇年頃からは次席省内法律家が外務省にほぼ常勤のような形で採用されるようになり、最終的には一九三六年五月に外務省において省内法律家と次席省内法律家に加えて常勤の法律顧問（conseillers juridiques）及び次席法律顧問（conseillers juridiques adjoints）を採用することが正式に決定された。このようにして、フランス外務省でも省内法律家及び法律顧問を中心として国際法上の問題に対応する体制が作り上げられたのである[82]。

国際連盟に関わる政務系部局の位置づけはどうだろうか。フランスの場合、国際連盟が正式に発足する前の一九一九年一二月という早い段階で、国際連盟フランス事務局（Service français de la Société des Nations）が設けられ、同事務局においてフランス政府と国際連盟との連絡、国際連盟の定例会議（理事会、総会、委員会）及びその監督下で開かれる特別会議で扱われる問題の研究、国際連盟における各種決議に対するフランス政府の対応の検討、国際連盟に関する在外公館からの情報の収集の四項目を所管することが定められた[83]。同事務局は外務省の管轄下ながら省庁をまたぐ形の組織であるとされ、事務所もフランス外務省（Quai d'Orsay）内ではなく廃兵院（les Invalides）に置かれるなど、外務省から自立した組織であることが意識されていたと窺える[84]。また、実際の政策決定の過程においても、国際連盟フランス事務局の自立性は高かったようである。例えば、軍縮問題は完全に多国間交渉の問題であると考えられており、イタリアのような大国のフランス大使館でさえ軍縮問題に関する議論の情報は国際連盟フランス事務局から伝えられていなかった。フランスの場合、国際連盟における多国間交渉の問題は大国同士の交渉における問題とは別のものであるとの意識が強かったようである[85]。

もっとも、国際連盟フランス事務局がそのように高い自立性を持っていたとしても、戦間期を通して常に同組織に対して高い重要性が認められていたわけではなかった。創設当時の同事務局が全権公使の監督下に事務局長、課長四名、課長補佐四名、事務官六名の一五名で構成されていたのに対し、一九二四年には事務局の人員は課長二名、課長補佐一名、事務官三名に陸軍省（ministère de la Guerre）からの出向者二名という八名まで削減されており、第二次世界大戦勃発直前の一九三九年には事務局代表以外に事務官が五名から七名いるだけの組織になっていた[86]。高い自立性を持つ一方で、国際連盟フランス事務局は戦間期を通して縮小し続けていたのである。とはいえ、そのような状況においても、フランスの対国際連盟政策に一貫して取り組む動きがあったことを見落としてはならない。ここで注目されるのが、マッシグリ（René Massigli）の存在である。マッシグリは国際連盟と関わりが強かった大使会議（conférence des ambassadeurs）の事務局長を務めつつ、フランスの対国際連盟政策に継続的に関わり、一九二八年から一九三五年には国際連盟フランス事務局の代表を務めるとともに、省内法律家と連携する形でフランスの対国際連盟政策を主導していった[87]。国際連盟フランス事務局が一貫して対国際連盟政策に取り組む指導者を得ることができたこと、そして省内法律家という協力者を得ることができたことは、組織規模の漸次的縮小という同事務局の弱点を幾分か補う役割を果たしていたと考えられる。

三　イタリアの場合

最後に、イタリア外務省における国際連盟や国際機構、国際法に関わる部局の位置づけについて言及したい。イタリア外務省では、国際連盟の創設から一九三七年一二月の国際連盟脱退に至るまでの時期の大半において、国際連盟を扱う部局と国際法を扱う部局がそれぞれ別に設けられていた。条約の起草や解釈といった国際法事項を扱う部局としては、第一次世界大戦以前の一九〇八年から訟務立法課（Ufficio del contenzioso e della legislazione）が設けられており[88]、国際連盟創設以後も、同様の課レベルの組織が条約会議課（Ufficio trattati e conferenze）や条約協定課（Ufficio trattati ed atti）といったように名前を変えながらも引き継がれてきた[89]。また、国際連盟創設後の一九二〇年九月には外務省内に条約国際連盟課（Ufficio trattati e Società delle Nazioni）が設けられ、以後も国際連盟課（Ufficio Società delle Nazioni）などのように名前を変えつつ組織が維持されてきた。一方、ここで注意すべきことは、ファシスト政権期におけるイタリア外務省では組織構成が外相の交代（一九二二年のムッソリーニ（Benito Mussolini）による外相兼任、一九二九年のグランディ（Dino Grandi）就任、一九三二年のグランディ辞任、一九三六年のチャーノ（Gian Galeazzo Ciano）就任）という属人的な要因に大きく左右されており、イタリア外務省における国際連盟に関わる組織の構成もその例外ではなかった、ということである[90]。すなわち、一九二九年九月に国際連盟に強い関心を示していたグランディが外相に就任すると、一九三〇年七月にそれまでの国際連盟課が三つの課を持つ国際連盟部（Direzione generale per gli affari Società delle Nazioni）へと昇格した[91]。しかし、一九三二年七月にグランディが国際連盟に対して迎合的であるとの理由でムッソリーニから外相を罷免されると、国際連盟部は再び国際機構課（Servizio institute internazionali）へと縮小されたのである[92]。また、国際法を扱う課と国際連盟を扱う課がそれぞれ継続して存在した一方で、その人事は流動的であり、イギリスやフランスのように法律顧問制度が確立されているわけでもなかった。イタリアの場合、確かに国際連盟の創設に合わせた組織改革が行われたものの、その体制は強固とは言いきれないものだった。

もっとも、イタリアにおいて対国際連盟政策に継続的に関わった人間がいなかったわけではない。ローマ進軍以前からグランディの外相辞任に至るまでの長い間、国際連盟の定例会議に対してはローマ大学教授でローマ進軍以前に外相を務めたシャローヤ（Vittorio Scialoja）が首席代表として出席していた(93)。また、政策の面から見ても、ローマ進軍以後も当面の間ムッソリーニ政権は連盟の価値を尊重する態度を維持しており、同政権が国際連盟に対して敵対的な態度をはっきりと示すようになったのは、グランディ外相の辞任を経て一九三三年一〇月にドイツのヒトラー（Adolf Hitler）政権が国際連盟からの脱退を宣言してからのことだった(94)。イタリアの場合、継続的な対国際連盟政策は外務省本省における組織よりも出先の人物の存在により支えられていたと言えるだろう。

以上のようなイギリス、フランス、イタリアの外政機構における国際法を扱う部局と国際連盟を扱う部局の位置づけを日本の外務省における条約局設置以降のそれと比較すると、日本の外政機構における国際連盟や国際機構、国際法の位置付けとして、以下のような特徴を指摘することができる。まず、国際法を扱う部局と国際連盟を扱う部局を一つにまとめた部局が設けられるという体制は、イギリスやイタリアと異なる特徴的なものだった。フランスの場合でも、マッシグリが省内法律家らと協力して継続的に対国際連盟政策に当たるという形でそれに近い体制が作られていたが、それは日本の条約局のように明確な組織的裏付けを伴った体制ではなかった。一方で、日本の場合、イギリスやフランスに見られたような、専門性を持ちつつ外交上の重要課題を含めて国際法への対応を継続的に担当する法律顧問のような役職は、公式のものとしては設けられなかった。確かに日本外務省には法律顧問としてベイティがおり、事実上の法律顧問として立作太郎がいたが、ベイティの実質的な役割はイギリスのハーストの例と異なり限定的であり、立の組織における地位はフランスの省内法律家のように明確に定められているわけではなかった。日本の場合、安達峰一郎や杉村陽太郎といった、出先の外交官でありながら国際法の素養を備えた人々が外交官と法律家という二重の役割を一手に引き受けることにより、対国際連盟政策が作り出されていたのではないかと考えられる。

小　括

日本外務省に条約局が設けられた時期は、パリ講和会議と国際連盟創設という画期により、外交政策における国際法への対応の重要性が一段と高まったときに重なる。しかし、日本外務省に条約局が設けられ、さらにそれが臨時平和条約事務局の役割を継承し対国際連盟政策を担うようになったのは、計画的な視野によるものではなく、場当たり的な対応の結果と言えるようなものだった。条約局の創設は、パリ講和会議や国際連盟の創設により国際法の重要性が高まったことへの対応というよりは、それまでの日本外務省の政務局と通商局による二局体制が第一次世界大戦後の業務内容や人員の急増という問題に直面したことへの対応と言えるものだった。また、臨時平和条約事務局が廃止され条約局のもとにその役割が統合されたということも、当初の組織改編の計画には含まれなかったものであり、政府全体の行政整理に対応するために急遽採用されたものだった。日本政府における国際連盟や国際機構、国際法に対応するための制度設計は、偶然の産物とも言うべきものだった。そしてその結果として設けられた条約局の役割も、日本の国際連盟脱退通告後の組織改革において後退することになったのである。

また、条約の起草や解釈を担う部局と国際連盟や国際機構への対応を担う部局が明確に存在し、それらが一つの局のもとで連携するという体制は一見盤石であるように見えるが、政策への継続的な対応に資するという点を考えると、日本の外務省における国際連盟や国際機構、国際法に対応するための組織設計は、まだ課題を残していた。イギリスのように公式の法律顧問が継続的に国際連盟や国際法に関わる体制は日本においては確立されておらず、また、フランスにおけるマッシグリのように、外務省本省において対国際連盟政策に継続的に関わる人材もいなかった。そのため、日本における対国際連盟政策や対国際法政策は、国際連盟の例会や国際会議における日本政府代表といった出先の人間の裁量に大きく依存するという構造を伴うことになったと考えられる。

本章は、日本の国際機構に対する政策の決定過程を検討するに当たり、その前提となる外政機構の構造に注目し、比較的視座によりその特徴を明らかにしようと試みたものである。当然ながら、戦間期における日本の国際機構に対する政策の意義を理解するためには、本章で検討した外政機構の構造を踏まえた上で、具体的な政策課題に即して日本政府の対応を観察する必要があるだろう。次章以降では、各種の具体的な政策課題に即して、日本の国際機構に対する政策の変化の過程を検討することにしたい。

第二章　国際裁判の制度化と日本外交

――裁判付託範囲の維持から変容へ――

はじめに

第一次世界大戦後、戦争を防止し、平和を維持すべきという目的のもと、国際連盟が創設された。しかし、その国際連盟の規約前文及び各条文には、理事会の活動、常設司法裁判所の創設、制裁と軍縮といったように、平和の維持という目的のための手段が実に多岐にわたって記されていた(95)。その様々な手段において、仲裁裁判や常設国際司法裁判所での裁判といった国際裁判(96)は、どれほどの意義を持つ手段だとみなされていたのだろうか。まず、国際連盟創設後の国際裁判の制度的発展は、それ以前の伝統をより発展させるという意義を持っていた。裁判によって国家間の紛争を処理しようとする取り組みは、一九世紀を通した各国の仲裁裁判条約の締結や、一八九九年のハーグ万国平和会議を経た国際仲裁裁判所の創設という成果を生んでいたが、国際連盟規約において、紛争解決の手段が原則として常設国際司法裁判所での裁判、仲裁裁判、連盟理事会への付託に依るということが明記された。したがっていかなる国も、国際連盟や常設国際司法裁判所といった普遍的な国際機構の存在を前提として仲裁裁判条約を締結する必要に迫られていたといえる。

国際連盟規約では、第一三条で加盟国が仲裁裁判により国際紛争を解決することが定められるとともに、一四条で常設国際司法裁判所を設けることが定められていた(97)。また、国際裁判により解決される紛争の範囲を定めたものとしては、常設国際司法裁判所規程第三六条が大きな意義を持つこととなった。とりわけ、常設国際司法裁判所の管轄範囲を定めた規程第三六条第二項については、規程の署名議定書において規程批准国の中で特別に受諾した国同士でのみ適用される「選択条項」が置かれ、「正当ノ委任ヲ受ケタル加盟ノ者ハ裁判所規程第三十六条第二項ニ基キ左ノ条件ニ於テ当然ニ且特別ノ合意ナクシテ義務的ナリト自今認ムルコトヲ其ノ本国政府ノ為ニ尚宣言ス」と明記された。[98]そしてこの後、この選択条項を各国が受諾するかどうかが、戦間期における国際裁判の制度化において特に大きな問題となった。

また、国際連盟創設後の国際裁判は、武力行使以外の手段で国際紛争を解決する手段を提供することで侵略への制裁を可能にし、その制裁により軍備を補うことで軍縮を実現可能にするという点で、戦争の防止や平和を目的とする他の手段の基礎となるものと見なされていた。[99]国際連盟規約では、国際紛争の平和的解決の手段を定める規定（第一二条、第一三条、第一五条）が設けられるとともに、侵略行為に対する制裁の方法を定める規定（第一六条）が設けられたものの、両者の関係性は厳密には定められておらず、このため侵略の定義が明確に定められないといった問題があった。この問題を克服するため、国際連盟では、国際紛争の平和的解決の手段を定める規定と侵略行為に対する制裁の方法を定める規定の関連性をより明確に規定しようとする提案が徐々に現れるようになった。この点を踏まえれば、戦間期における国際裁判や仲裁裁判条約の形成過程に注目することは、この時代の各国が国際連盟を中心とする国際機構による戦争の防止や平和に向けた取り組みに対してどのような評価を下していたかを理解する上で重要な意味を持つと考えられる。

国際裁判が国際連盟創設後に制度化されていったことに対して、当時の世界各国はどれほどの意義を見出していたのだろうか。これまで、戦間期における国際裁判の制度化の過程は主に国際連盟研究の中で触れられてきたが、[100]同制度の形成過程における各国の対応についてはこれらの研究の中で充分には論じられていなかった。一方で、この過程とイギリスの関係については、先述の常設国際司法裁判所規程署名議定書選択条項（常設国際司法裁判所における応訴義務を定めたもの）の受諾に至る過程を詳細に論じたロイドの研究があり、[101]この問題に関する貴重な先行研究となっている。その上で今一度目を向けるべきと思われるものが、戦間期における国際裁判の制度化に対する日本の対応である。

日本は国際連盟の常任理事国に選ばれ、国際連盟規約や常設国際司法裁判所規程の起草にも参加した。また、日本は常設国際司法裁判所の判事として、織田萬、安達峰一郎、長岡春一の三人をハーグに送り出しており、一九二八年には不戦条約に加入し、紛争の平和的処理を対外的に宣言するに至った。一方で、先述の常設国際司法裁判所規程署名議定書選択条項による応訴義務を日本が戦間期に受諾することは実現しなかった。また、連盟創設以降に世界各国の間で多くの仲裁裁判条約が結ばれたにもかかわらず、日本が結んだ仲裁裁判条約は、一九二四年調印の日本＝スイス仲裁裁判条約、一九三三年調印の日蘭仲裁裁判調停条約に限られており、一九〇八年に結ばれた日米仲裁裁判条約は、一九二八年に改正されないまま期限により失効に至った。この結果を踏まえれば、戦間期の日本は大国として国際裁判の制度化を主導する地位にありながら、その形成を避けようとする姿勢を見せていたように見える。

この時代の国際裁判の制度化に対する日本政府の態度について論じた先行研究では、いずれも日本政府が国際裁判の適用範囲を狭いものに留めようとしていたことが強調されている。例えば序章で取り上げた伊香俊哉の研究は、国際連盟規約起草以来「戦争の違法化」のために国際連盟でなされた数々の取り組みに対する日本政府の態度を論じる中で日本政府の国際裁判への取り組みについて言及し、日本政府が常任理事国の間で戦争違法化体制の強化のための取り組みに対して一貫して足を引っ張る存在であったとするとともに、戦争違法化体制の基礎となる国際裁判の適用範囲を骨抜きにしようとしていたと評価している(102)。伊香の研究はあくまで連盟における「戦争違法化」への取り組みを主題としているが、国際裁判を中心に日本の態度を評価する場合、連盟で議論された問題にとどまらず、二国間で結ばれた仲裁裁判条約の締結交渉において仲裁裁判の管轄がどの範囲の問題まで広げられていたかにまで目を向ける必要があると考えられる。

このような伊香の研究に対し、仲裁裁判条約の締結まで含めて日本政府の態度を検討している先行研究として、横田喜三郎のものが挙げられる(103)。横田の研究は外交文書などの歴史的史料を踏まえた上で考察したものではない概説的なものだが、この中で横田は、国際連盟と常設国際司法裁判所の創設を経て世界各国で結ばれた仲裁裁判条約が裁判の管轄権をより広いものとしたにもかかわらず、日本は戦間期に結んだ仲裁裁判条約において旧来の抽象的な留保条件を付して裁判の管轄権を狭いものに止めようとした点、かつそれらの条約の締結が時局に応じた打算的なものだった点、また日本が他の国際連盟常任理事国と異なり常設国際司法裁判所規定選択条項を受諾しようとしなかったという点から、日本が戦間期において一貫して国際裁判の拡大を避けようとしていたと評価している。しかし横田の研究は、条約の締結や選択条項の受諾といった結果に至るまでの過程を一貫したものと捉えるあまり、国際情勢の変動に対して日本の態度が経時的に変化したという側面を等閑視していると思われる。例えば、国際連盟規約以前の仲裁裁判条約締結交渉における日本政府の姿勢の変化を検討した千葉功の研究は、各時点での仲裁裁判条約締結交渉において日本政府が検討した対案を逐一検討することで、日本政府の姿勢に徐々に変化が生じていった過程を明らかにしている[104]。戦間期における日本の態度を評価するためには、国際裁判の制度化への取り組みや各種の仲裁裁判条約締結交渉において、日本側がどのような条件を提案し、他国から提案された条件に対してどのような反応を示したのか、また、日本側が示した条件が他国間で締結された仲裁裁判条約や連盟での取り組みにおいて他国が示した条件とどの点で一致しどの点で異なっていたのかについて、詳細に検討することが必要だと考えられる。

以上のような関心を踏まえた上でこの時代の国際裁判の制度化に対する日本政府の態度を検討するいくつかの研究成果が、近年発表されている。例えば、常設国際司法裁判所規程の起草過程における日本政府の対応については、関野昭一による極めて詳細な研究がまとめられており[105]、日本政府と常設国際司法裁判所との関係と仲裁裁判条約との関係については、牧田幸人、渡邉公太の研究がある他、柳原正治、李禎之の研究において特に安達峰一郎の役割に注目する形で論じられている他[106]、一九三三年三月に日本が国際連盟脱退を宣言した後の常設国際司法裁判所と日本の関係については、神山晃令による研究がある[107]。しかしこれらの研究も戦間期における日本政府による常設国際司法裁判所の選択条項受諾に向けた対応やこの時代に日本が関わったすべての仲裁裁判締結交渉について十分に検討するには至っておらず、戦間期における日本と国際裁判との関係についてはなお詳細に検証されるべき余地が残っていると考えられる。

本章は、戦間期の国際裁判の制度化に対する日本の態度の変化の過程を、常設国際司法裁判所における応訴義務を定めた選択条項の受諾に向けた検討過程と、日本が二国間で交渉した仲裁裁判条約の締結交渉の二つを主軸に検討することで、紛争の平和的解決のための国際裁判の制度化に対する日本外交の対応を明らかにしようと試みるものである。本章では、検討の範囲を戦間期における国際裁判の制度の大枠が定まった常設国際司法裁判所の創設以後から開始し、戦間期において日本政府が国際裁判の制度化に関与した最後の事例となった日蘭仲裁裁判調停条約の締結（一九三三年調印、一九三五年批准）までを検討の範囲とする。その上で本章は、この時代における日本政府の国際裁判への関与について、大きく四つの節に分けて検討する。まず第一節では、戦間期における国際裁判の制度化への関与のうち初期の事例として、常設国際司法裁判所創設までの過程、一九二四年に調印に至った日本＝スイス仲裁裁判条約の締結交渉、一九二四年の第五回国際連盟総会におけるジュネーブ平和議定書の起草に対する日本の対応過程を検討する。第二節では、第一節の事例で見られた日本政府の態度の変化の兆しがより明確に表れた事例として、一九二八年に行われた日米仲裁裁判調停条約の締結交渉における日本の態度を検討する。第三節では、第二節で示された日本政府の態度の変化がその後の国際裁判への対応にも現れたかどうかを検討するため、日蘭仲裁裁判調停条約締結交渉、アメリカの常設国際司法裁判所加盟への動きへの対応に加え、イギリスを始めとして多数の国が常設国際司法裁判所規程選択条項を受諾した一九二九年前後における日本の選択条項への態度を検討する。最後に第四節では、満洲事変と日本の国際連盟脱退を経て日本の外交政策と国際環境が大きく変化した後に日本政府の国際裁判への態度がどのように変化したのかを検討するため、満洲事変後に日蘭仲裁裁判調停条約が調印と批准に至った過程と、国際連盟脱退が常設国際司法裁判所における日本の地位に及ぼす影響について日本外務省が検討した過程を検討する。

第一節　伝統的態度の維持から変容へ

国際連盟が創設された後、一九二〇年の規程起草のための法律家諮問委員会を経て同年の国際連盟総会にて同裁判所規程が採択されたことにより、常設国際司法裁判所が創設された。また、一九二四年の第五回国際連盟総会において、国際連盟における国際紛争の平和的解決の手段を定める規定と侵略行為に対する制裁の方法を定める規定の関連性をより明確に規定しようとする提案の一つとして、ジュネーブ平和議定書が起草され、採択されるに至った。この議定書において、仲裁裁判や常設国際司法裁判所における国際裁判は、国際連盟を中心とする国際紛争の平和的解決のための制度と密接な関連を持つべきものとされたのである。

では、このように常設国際司法裁判所の創設により戦間期における国際裁判の制度化の端緒が開かれてから、一九二四年にジュネーブ平和議定書の起草により国際裁判が大きな注目を集めるようになった時期において、日本政府はどの範囲まで国際裁判の管轄権を妥当と認め、どのような論理でそれを正当化しようとしたのだろうか。本節では、常設国際司法裁判所規程の起草とジュネーブ平和議定書の起草という二つの事例に加えて、同時期の重要な事例として一九二五年に批准に至った日本＝スイス仲裁裁判条約の締結交渉における日本の態度を検討することで、この時期における国際裁判に対する日本政府の対応の特徴を明らかにしたい。先述の通り、常設国際司法裁判所規程の起草過程については関野昭一による詳細な研究があり、また、日本＝スイス仲裁裁判条約の締結交渉からジュネーブ平和議定書の起草に至る過程における日本政府の国際裁判に対する態度を検討した近年の研究成果として、柳原正治の論文がある[108]。本節の内容はこの二つの先行研究に重なる点も多いが、上記の過程については先行研究において詳細に論じられていない部分もあるので、その点を補いつつ論じたい。

一　日本＝スイス仲裁裁判条約締結交渉

まず、常設国際司法裁判所規程起草における日本の態度について述べる。国際連盟創設後、常設国際司法裁判所規程を起草するための法律家諮問委員会が結成され、日本からは安達峰一郎が起草に参加することとなった。この場において安達や外務省は、応訴義務が日本にとって思わしくないものであると判断していた[109]。ここで安達や外務省本省が根拠として挙げたものは、裁判所規程の案に応訴義務を定めることが国際連盟規約第一四条に反するものであり、規約の改正を求める提案を委員会が出すべきではない、ということであった[110]。ここから、日本外務省が国際連盟規約で定められた常設国際司法裁判所の管轄権を必要十分なものとみなす認識を持っていたことが考えられる。報告書は連盟規約の「精神」を根拠として応訴義務を明文化するものとなり、安達は報告書に対して留保を表明することになった。しかし報告書による提案は、連盟理事会で強制的管轄を合意管轄によるものへと修正されて総会に提出された。応訴義務の明文化を望む意見は総会で提唱されたものの、それが復活することはなく、結果として応訴義務は常設国際司法裁判所規程署名議定書の選択条項としてまとめられることとなった。以上の過程を踏まえる限り、日本政府は新たに創設された常設国際司法裁判所について、特別な精神に基づくものとして神聖化することはなく、あくまでそれを連盟規約やそれ以前の仲裁裁判の伝統を引き継いだものとして位置づけていたと判断できる。

日本政府が常設国際司法裁判所規程の起草において応訴義務の明文化を回避しようとすることと並んで強い意欲を示した点が、同裁判所判事への日本人判事の任命を確実にするような制度を盛り込むことと、裁判所判事の構成において大国の優位を確実にすることであった。常設国際司法裁判所規程を起草するための法律家諮問委員会の開催に先立ち日本外務省から安達に送られた訓令では、裁判所の構成において五大国（米、英、仏、伊、日）の永久代表権の確保を目指すことが求められ、次善策として国際連盟理事会による選定、それが否決された際の三番目の策として国際連盟総会による選定が挙げられていた。これに加えて訓令では、五大国以外の判事を四名に抑えることで、大国の総意が小国の総意より優先されるような構成が採用されることが求められていた[111]。この訓令に基づき、安達は法律家諮問委員会において常設国際司法裁判所の構成として永久代表権を持つ五大国の判事とそれ以外の八名の判事による十三名の判事による構成を提案した[112]。これは安達が訓令どおりの案が採用される見込みが低いと目論見て五大国の永久代表権を確保することを優先した結果であると推測される。当然ながら安達の提案は小国代表の委員から反対を受けたが、英国代表委員のフィリモア（Walter Phillimore）は大国の地位を認める安達の提案に賛意を示し[113]、フィリモアは米国代表委員のルート（Elihu Root）と共同して、大国の永久代表権を明示しない代わりに国際連盟の理事会と総会がそれぞれ判事選挙を行い双方で選ばれた人物を判事として任命するという妥協案を作成した。安達は当初ルート・フィリモア案に反対を示し[114]、日本からの訓令も対案として五名の判事を理事会選出枠とすることを提案するよう求めたが[115]、ルート・フィリモア案が会議に正式に提出されると、安達は同案が事実上五大国出身の判事の選出を確実にするものと判断してこれを受け入れるに至り[116]、最終的には判事選出方法に関する法律家諮問委員会案はこの案に従って作成されることになった[117]。日本政府はルート・フィリモア案に基づく判事選出方法を確かに認めたものの、それはルート・フィリモア案が五大国出身判事の選出を確実にするとの見方から安達が本国を説得したところによるものが大きく、日本政府は常設国際司法裁判所の判事選出方法に関して大国の優越的地位を確保することに大きなこだわりを持っていたと言えるだろう。

このように、常設国際司法裁判所が創設される過程において、日本政府、そして日本から法律家諮問委員会に参加した安達峰一郎は、応訴義務の明文化を回避しようとするとともに、裁判所の構成における日本人判事の確実な選出や大国の優越的な地位の確保を目論んだ。それでは、常設国際司法裁判所創設から間もない時期において、日本政府は二国間の仲裁裁判制度の形成に対してどのように対応したのだろうか。

日本＝スイス仲裁裁判条約の締結交渉は、日本政府の常設国際司法裁判所規程批准直後の一九二一年八月に、スイス側の提案に日本政府が応じる形で始まった。この交渉の初期において、日本外務省は最初の条約草案として、以下のものを起草した。

「彼我両国間ニ締結セラルヘキ仲裁裁判条約ノ内容ニ関シテハ
一、仲裁裁判ニ付スヘキ紛争ヲ法律問題ニ限ルコト
二、締約国ノ緊切ナル利益、独立若ハ名誉又ハ第三国ノ利益ニ関係スル紛争ニ付テハ留保ヲ設クルコト
三、紛争カ法律問題ナリヤ又ハ留保事項ニ該当セサルヤヲ判定スルノ権利ヲ締約国ニ保留スルコトヲ以テ帝国政府ノ大体ノ方針ト致シ度シ[118]」

第一項の「法律問題」、第二項の「緊切ナル利益、独立若ハ名誉又ハ第三国ノ利益ニ関係スル紛争」の留保は、いずれも一九〇八年に結ばれた日米仲裁裁判条約で定められたものだった。[119] この点から、日本側の当初の方針は、常設国際司法裁判所の創設後でも、それ以前の仲裁裁判条約における留保条件を維持することだったと判断できる。その背景として、当時の外務省に国際法への根強い不信があったことが考えられる。例えば、この交渉時に外務省で作成された覚書では、「仲裁裁判ニ付スルニ適スル紛争カマサニ法律問題ニアルコトハ今日広ク承認セラルル所ナリ然レトモ現今ニ於テハ一切ノ法律問題ニ付キ義務的仲裁裁判ヲ認ムルコトハ帝国トシテハ未ダ其時期ニ在ラストナササル可カラス」[120] との見方が示されていた。

一方でスイス政府は、国際連盟と常設国際司法裁判所の創設を受け、それに適応するような仲裁裁判条約を締結することを希望していた。一九二一年一一月、ラーディー（Charles H. E. Lardy）駐日スイス公使は日本外務省の田中都吉次官代理に宛て、以下のことを申し立てていた。

「一九二一年八月十八日瑞西国公使ハ同国政府ニ於テ今後ハ国際連盟ノ創設ニ依リテ生シタル新事態ニ一層適応セル仲裁裁判条約ヲ締結センコトヲ希望スル旨埴原次官ニ通告スルノ光栄ヲ有シタリ」

「日本国ハ同裁判所（常設国際司法裁判所――引用者注）ノ拘束的裁判権ニ関スル第二議定書ニ調印セサリキ是等ノ事情ニ際シ日本政府ト特別ノ仲裁裁判条約締結ノタメ商議ヲ開始センコトハ連邦政府ノ甚タ望マシキ義ト認ムル所ナリ」[121]

スイス政府は、スイス＝日本間の仲裁裁判条約案を、日本が常設国際司法裁判所規程の選択条項に調印していない点を埋め合わせるものと見なしていた。さらに、一九二二年五月になると、二国間の仲裁裁判条約により広い管轄権を与えるべきということを、以下のようにはっきりと日本側に示すようになった。

「此機微ナル事項ニ付帝国政府カ極メテ慎重ノ態度ヲ示サレタル理由ニツイテハ瑞西政府モ完全ニ之ヲ了解セリ、然レトモ国際争議仲裁解決ノ原則ヲシテ出来得ル限リ偉大ナル発展ヲナサシメンコトヲ目的トスル瑞西政府ハ之ト全ク反対ノ結果乃チ其従来非難セル一切ノ法則ヲ包含シ却テ其ノ之ニ代ヘンコトヲ希望セル条項ヲ一モ包含セサル条約ヲ締結スルカ如キ結果ヲ見ルコト無カランコトヲ希望スルモノナリ(122)」

これらを踏まえれば、交渉当初の仲裁裁判条約に対する意義付けは、日本とスイス間でかなり異なるものとなっていたと判断できる。また、連盟創設直後にスイスが連盟規約と仲裁裁判に関して示したスイス政府の提議では、「名誉、独立及重大ナル利益」に関する紛争の除外という従来通用していた留保条件が広範であるとの批判が述べられていた(123)。スイス側が取り扱う紛争の範囲拡大を望んでいたことは、この見解からも裏付けられる。

このように距離のある態度を示したスイス側に対し、一九二二年八月の段階で日本政府は、スイス側の二つの要求、すなわち常設国際司法裁判所が管轄権を持つことと、条約により管轄権を持った裁判所に「独立、名誉、及重大ナル利益ニ基ツク抗弁」についての決定権を与えることに対し、前者のみに合意することを望むとの方針を示した(124)。しかし、このように日本がスイスとの紛争を常設国際司法裁判所に付託するとしても、日本政府としては、常設国際司法裁判所による裁判を必ずしも望ましいものとは見なしていなかった。例えば、常設国際司法裁判所への管轄権付与に関する日本側の覚書の中には「大半欧米人裁判官ヲ以テ組織スル同裁判所カ一方当事国ヲ日本トシ他方当事国ヲ欧米ノ一国ト為セル事件ニ付果タシテ常ニ善ク日本ノ立場ト主張トヲ了解シテ客観的ニ公平ナル判決ヲ下シ得ルヤ否ヤ不安ノ点ナシトセス(125)」とあったように、裁判官の選出が欧米出身者に偏ることを根拠に、常設国際司法裁判所の公平性を疑う見方が残っていた。

このような慎重な見方を秘めつつ、日本政府はスイス側に対し、「法律問題ニシテ且締約国ノ独立、国民的名誉、緊切ナル利益又ハ第三国ノ利益ニ関係セサル紛争ハ締約国間ノ特別契約ヲ以テ之ヲ常設国際司法裁判所ニ付託スルコトヲ為スニ付テハ何ラ意義ヲ有セス」[126]という条件を最終的に示した。これに対してスイス側は、「瑞西連邦政府カ予テ望ミシ所ナリシニ拘ラス仲裁ニ関シ新ナル時代ヲ画スヘキ条約ヲ日本帝国ト締結スルコト能ハサリシハ実ニ其ノ遺憾トスル所ナリ然レトモ連邦政府ハ其ノ見解ニ於テ本質的缺点ヲ認メサルヘカラサル条約ヲ以テスルモ何等条約ナキ状態ニ代ワラシムルコトヲ希望スルモノナレハ貴国政府ノ企図ニ賛スルト共ニ日本国外務省ニ対スル同封条約案ノ送附方ヲ瑞西国公使ニ訓令セリ」[127]とのように、より包括的な仲裁裁判条約に日本が合意しなかった点を不本意としつつも、あくまで無条約の状態が続くよりは良いと妥協して、最終的に日本側案に同意するに至った[128]。

以上の過程を見れば、常設国際司法裁判所の創設という画期が、日本においてどのように受容されたかを窺い知ることができる。確かに日本＝スイス仲裁裁判条約では常設国際司法裁判所の管轄権が明確に示されたものの、実際の裁判に付しうる紛争の留保という面では、日本は常設国際司法裁判所創設以前に広がっていた伝統的な条件、すなわち「緊切ナル利益、独立若ハ名誉」に係る紛争の除外と、その留保範囲の解釈権の保持を貫こうとした。また、日本政府内部における常設国際司法裁判所の構成や判決への不信感は、交渉過程において依然残ったままだった。この点から、常設国際司法裁判所創設という転機に接しても、日本の当初の態度は、それまでの仲裁裁判への態度を維持しようとする、慎重なものだったと判断できる。

しかし、このようにして日本＝スイス間の仲裁裁判条約が調印に至ったとしても、その過程で仲裁裁判の管轄権に対する日本の見解が全く変わらなかったとは言い切れない。実際、日本＝スイス間の交渉が最終局面に入った一九二三年一二月、日本の外務省は仲裁裁判条約の締結条件についての一般的な見解をまとめたが、その覚書においては、日本＝スイス間の交渉で日本側が頑なに守ろうとした「緊切ナル利益、独立若ハ名誉」に関する紛争の除外という条件の問題点が提起されていた。例えば、「独立」という条件について、覚書は「独立ナル文字ハ又広義ニ用ヒラレ或ル国家カ正当ニ為シ又ハ為ササルコトヲ得ル何等ノコトヲ為シ又ハ為ササラントスルコトニ対スル妨害ハ独立ノ侵害ナリト解セラルルコトアリ斯クノ如キ解釈ノ下ニ於テハ独立ナル留保ハ仲裁裁判適用ノ範囲ヲ極メテ狭隘ナラシムルモノナリ」と論じている。また、

「名誉」に関して覚書は「名誉ナル文字亦解釈ノ如何ニヨリテハイカナル紛争モ多少当事国ノ名誉ニ関セサルモノナシトモ云ヒ得ヘキヲ以テ此ノ意義ニ於テ名誉ニ関スル紛議ヲ仲裁裁判ヨリ除外ストセハ仲裁裁判ニ付スヘキ事項ハホトント失ハレルヘキナリ」とし、「緊切ナル利益」に関して覚書は、「緊切ノ利益ナル観念ハ元相対的ノモノナレハ明確ナル標準ヲ定メ難キハ寧ロ当然ナリ」としている。その上で覚書は、仲裁裁判条約の締結に応じる適当な条件として「止ムヲ得スンハ国民的名誉及ヒ緊切ナル利益ノ二又ハ緊切ナル利益ノミヲ留保スルコト」を明記し、旧来の方針を修正する見解を見せた(129)。確かにこの覚書に見られたような態度が日本＝スイス間の交渉に反映されることはなかったが、この覚書が常設国際司法裁判所創設から日本＝スイス間の仲裁裁判条約に至る交渉過程を踏まえてまとめられたとすれば、仲裁裁判条約に対する日本政府の態度はこの交渉過程を経て些かの変化を見せたと言える。

常設国際司法裁判所規程の起草に続く日本＝スイス仲裁裁判条約の締結交渉において、日本政府は、紛争の司法に依る解決の範囲を、従来の慣習に基づく範囲に維持しようとする態度を示し続けた。しかし日本政府は、両国間の仲裁において常設国際司法裁判所の管轄権を認めるなど、連盟創設以降の枠組みを一定程度尊重する姿勢を示すとともに、交渉の過程でそれまでの管轄範囲を見直す検討を始めた。このように現れた日本の国際裁判への態度の転換の萌芽は、一九二四年の第五回国際連盟総会におけるジュネーブ平和議定書の起草を経て、さらに明らかになっていくのである。

二　ジュネーブ平和議定書（一九二四年）への対応

国際裁判の制度化に対する日本の態度は、一九二四年のジュネーブ平和議定書の起草と採択の段階で、どのような変化を見せたのだろうか。まず、一九二四年の第五回国際連盟総会でジュネーブ平和議定書が発案されるに至った経緯を述べた上で、日本政府の議定書への対応と、その過程における国際裁判に関する議論について検討したい。

先述の通り、国際連盟規約や常設国際司法裁判所規程において応訴義務は強制されず、選択条項によるものとなった。また、連盟規約において、武力による紛争解決に対して連盟による制裁を行う原則にも不備があった。というのも、国際紛争の平和的解決のための手続きに関する条項と侵略への制裁に関する条項との相互関係は、連盟規約に明記されていなかったからである。このような事態を受けて、国際連盟では、連盟規約の欠点を補い、国際裁判や制裁の実効性を高めようとする取り組みが、創設当初から進められていた。その最初の成果として一九二三年九月の第四回連盟総会で相互援助条約案が起草されたが[130]、イギリス政府を始めとして多数の国々はこれに加盟せず、条約発効に必要な調印および批准を得ることは叶わなかった[131]。しかし一九二四年一月にイギリスでマクドナルド（Ramsay MacDonald）内閣が成立すると、イギリス政府は相互援助条約案に代わり国際連盟規約における不備を補う新たな枠組みを設計し、それにより国際連盟や国際裁判による国際紛争の平和的解決手段を信頼に足るものに作り変え、侵略への制裁の方法を確立するとともに、将来的な軍縮の実現の足がかりにすることを目論むようになった。その結果が、一九二四年九月の国際連盟総会におけるジュネーブ平和議定書の発案だったと言える[132]。

このように、議定書が紛争の国際裁判による解決や侵略の明確な定義を示したことは、連盟総会第一委員会において提出された合計七条の議定書仮案に現れている[133]。このうち第三条では、締約国が常設国際司法裁判所規程の選択条項を受諾することが明記されていた。また、第四条では、連盟規約第一五条における理事会による紛争の解決手続きをより詳細に規定するため、連盟理事会から仲裁裁判および国際司法裁判への紛争の付託について多くの取り決めが定められた。その上で、仮案第六条では、仲裁や司法による解決、理事会による措置を無視して武力に訴えた国家を侵略国と認定するとされていた。

九月四日から六日の連盟総会において英国マクドナルド首相と仏国エリオ（Édouard Herriot）首相が議定書を発案したのに対し、日本の連盟代表は当初、冷ややかな反応を示した[134]。というのも、仲裁裁判の制度化のために「国家の名誉威厳に関わる問題」まで含めて応訴義務を認めることは、英仏だけでなくどの国も不可能であると見なしていたからである。また、連盟代表から本省宛の先の電報に引き続く電報では、英仏以外の諸国が総出で連盟規約の根本修正に乗り出してまで議定書に賛成することは疑わしいとしていた。しかし、同時に連盟代表は、純然たる法律問題について大国と小国を問わない応訴義務を設けることに反対した場合、日本は図らざる誤解を招くと指摘し、結局「大勢ニ順応スルコト然ルヘシ」と評価した上で、本省に回訓を求めていた。

これに対して本省から最初に送られた回訓は、[135]「純然タル法律問題ニシテ国家ノ名誉、独立、又ハ緊切ナル利益ニ関セサルモノ」についてのみ仲裁裁判に付すとし、従来日本政府が他国と仲裁裁判条約を締結する場合に示していた原則を変更するようなことを認めてはならないとしていた。加えて、回訓の起草段階では、法律問題と政治問題との区別が困難ということと、欧米と日本で仲裁裁判の管轄範囲に対する見解が異なるという見方が示されていた。[136]さらに、続く九月一九日に連盟代表に送られた訓令では、仲裁裁判の強制が及ぶ範囲から政治的紛争を除外するだけでなく、除外の範囲をなるべく広くとるべきだと通告されていた。[137]このように、議定書の起草作業が進む間も、外務省本省は、日本がこれまで仲裁裁判締結交渉で準拠していた基準よりも包括的な基準による応訴義務が議定書により定められることを避けようとしていたと言える。

しかし、本省が一貫して現状維持的な姿勢を続ける一方で、フランス代表が各国の議定書参加を積極的に呼びかけたことにより、九月二〇日の時点でイギリスとイタリアが議定書賛成に転じることになった。[138]このようなジュネーブにおける情勢の変化に対し、外務省本省も敏感に反応した。二〇日付の電報を受けて発信された本省発連盟代表宛の電報では、日本の見解が以下のような形で表現されていた。

「往電第四十四号ノ通従来ノ主義ト余リニ懸ケ離レ国家ノ独立、名誉又緊切利益ニ関スルカ如キ問題ヲモ義務的仲裁裁判ニ付セムトスルニ拘ハラス規約第十五条第八項ノ如キ各国ニ於テ国内問題ト認メタルモノハ之ヲ仲裁ニ付議セストノ規定ヲ存スルハ趣旨徹底セサルモノト認ム」[139]

注目すべき点は、今回の回訓では国家の「緊切ナル利益」に関わる問題を仲裁裁判から除外すべきとの指示ではなく、当事国により国内管轄と認められた問題が国際裁判に付されないことの矛盾を指摘すべしとの指示が与えられるようになった、ということである。これは本省にとって、国家の緊切利益に関わる問題を除外しようとせず、むしろそれが国際裁判に付されることを想定して議論を進めることを意味していた。議定書発効の可能性に疑念を持っていた初期の段階では、日本は他国からの不用意な不信を買うことを避けつつ旧来の国際司法の範囲を維持するという方針を採っていた。しかし、イギリスとイタリアの賛成により議定書発効の可能性が高まってきたことを受けて、むしろ国際裁判の除外条件に矛盾があることを指摘し、国際裁判の幅を進んで広げることにより、日本に有利な状況を作り出そうという方針が採られるようになった、ということである。

このように、平和議定書の審議過程において、従来の国際裁判を維持しようとしていた日本政府の態度は、国際裁判の拡大を進める中で日本の提案を反映させようとするものへと変化していった。これ以降の連盟総会での議論において、日本代表の安達峰一郎は、国内問題とされた紛争への理事会の関与の余地を残そうとする修正案を提起した。このことは先行研究でも指摘されているが[140]、修正案の内容や、安達をはじめとする国際連盟の日本政府代表がこの修正案をどのように扱ったのかについては、国際連盟における外国人待遇問題の議論と合わせて、本書第三章で論じたい。ここで重要なのは、この「安達修正」を通して日本側の主張がなされるに至る過程で、議定書によって国際裁判の管轄範囲が拡大されることを前提として日本政府の中での検討がなされるに至ったことである。ここから、議定書の起草過程において、旧来の国際裁判の管轄範囲を維持するというこれまでの基準が再検討されるに至ったと言うことができるだろう。

最終的に「国際紛争の平和的解決のための議定書」と名付けられた議定書は、第一委員会での日本側修正案を踏まえた上で、一〇月二日、連盟総会で満場一致により、各国の調印に付されるに至った[141]。しかし、ここでの決議はあくまで議定書への調印を連盟加盟国に推奨するというものに留まっていた。

外務省本省における議定書の内容をめぐる議論は、議定書が国際連盟総会で採択された当初から始まったが、そこでは、日本は議定書調印については慎重な態度を保ちたいが、国際連盟と日本との関係を悪化させたくはないというジレンマが見られた。例えば、議定書採択までの経緯をまとめた「平和議定書ニ就テ」という覚書では、[142] 日本政府の採るべき態度として、調印は慎重に決断すること、大勢を見極めることが挙げられた他に、英米が移民問題に連盟を関与させまいとする態度を議定書に反映させようとしていると指摘されていた。一方で、「平和議定書調印ニ付テノ考量」という覚書では、日本が委任統治や通商衡平の分野で恩恵を受けている点が指摘されるとともに、中国が連盟を日本の不利益に利用することを避けるため、また連盟に加盟していないアメリカやソ連に対する立場を固めるためにも、むしろ調印が有効ではないかという意見も提示されていた。[143]

しかし、平和議定書が軍縮に結び付けられたことを受けて、平和議定書についての厳しい見解が軍部から示されるようになった。例えば、陸軍は議定書採択後に外務省と陸海軍が合同で組織した軍縮準備委員会にあたって、[144] 陸軍は第一回会合で主義上は軍縮に賛成すべきとする一方で議定書は日本の安全を増加させないと指摘し、[145] 第二回会合では陸軍が米ソのいない軍縮に後ろ向きの姿勢を見せるなど、[146] 議定書後の軍縮の成功そのものに疑問を投げかけていた。

また、理事会常任理事国の大使館が各国の議定書への態度を窺う中で、各大使館の見解の差が見られるようになっていた。例えば、石井菊次郎駐仏大使が一〇月七日の段階で日本の議定書参加を強く促していた一方で、[147] 林権助駐英大使は、イギリス政府が議定書調印後に行われる軍縮会議の有効性を疑問視していることを伝え、[148] 落合謙太郎駐伊大使は一〇月八日の早い段階で、ムッソリーニ首相が議定書の内容が踏み込みすぎているとして慎重な姿勢を示していることを示し、日本としてもイタリアの出方を見て慎重に議定書への態度を決めるべきだとしていた。[149]

このように日本の議定書への態度が徐々に変化していく中で、イギリスで一〇月二九日に行われた総選挙で労働党が敗北し、保守党による第二次ボールドウィン（Stanley Baldwin）政権が成立し、イギリス政府の議定書への態度が大きく変わることになった。元来、総選挙直後の新政権は態度を明確にしていなかったため、イギリスでの政権交代の影響は未知数だった。[150] しかしイギリスは一一月一八日になると、翌月の国際連盟理事会において議定書と軍縮への準備について意見を表明できないと国際連盟事務局に通達するに至った。[151]

このように議定書へのイギリスの態度が変容していった中で、一一月二一日、日本の幣原喜重郎外相はエリオット（Charles Eliot）駐日イギリス大使と会談し、連盟での議論の際は本省から逐一指示は与えられず、安達による日本側修正案は代表限りの提案だったと説明した他、イギリスが議定書に参加しないなら日本も参加しないと述べた[152]。日本政府は議定書において理事会や国際裁判による紛争解決の範囲に関する方針を変更する姿勢を見せたものの、平和議定書がわずか二ヶ月ほどで空中分解に至る過程で、「安達修正」を「代表限りの提案」と説明するなど、議定書への関与を避けようとする態度を示すようになったのである。

平和議定書は一九二四年一二月の時点で事実上廃案と見なされるようになっていたが、イギリスが正式に議定書の調印拒否を宣言するに至るには、一九二五年三月の国際連盟理事会を待たなければならなかった[153]。しかし、一九二五年二月の時点でもなお、日本は平和議定書が修正されることを見込んで、修正案の検討を進めていた。ここで重要なのは、この議定書修正案において、応訴義務をめぐる日本の見解が改めて示されていることである。例えば、外務省で起草され、三月の連盟理事会に先立って石井菊次郎代表のもとに届けられた意見書では、以下のことが挙げられていた[154]。

「国際司法裁判所問題ニ付テハ平和議定書ノ修正ヲ承認スルコト即チ（イ）法律問題ニ付テハ原則トシテ国際司法裁判所ノ管轄権カ義務的ナルコトヲ認ムルコト（ロ）右管轄権ニ関シテハ議定書ノ定ムルカ如ク各国ハ予メ広義ノ留保ヲ為スノ権利ヲ有スルコト」

ここで法律問題に限ってでも常設国際司法裁判所への応訴義務を認めたことは、かつて常設国際司法裁判所規程の起草過程において日本の外務省と法律家諮問委員会の安達が一体となって応訴義務に反対の立場を示した点に鑑みれば、大きな変化である。

さらに、この意見書に付せられた「国際司法裁判所ノ応訴義務受諾ニ関スル留保案」では、常設国際司法裁判所における日本の留保条件として、「応訴義務ヲ認ムヘキ紛争ハ裁判所規程第三十六条第二項ニ掲タル法律的紛争ニシテ日本政府ニ於テ其ノ緊切ナル利益（vital interests）ニ関セスト認メタルモノナルヘキコト」[155]が挙げられていた。ここでは、それまで仲裁裁判条約における留保条件として一貫していた「緊切ナル利益、独立若ハ名誉」に関する紛争の除外という条件が、「緊切ナル利益」に関する紛争のみを除外するというものに改められており、これは日本政府の方針の変化を示すものと言える。この条件は、第一節において挙げた、一九二三年一二月起草の留保条件に対する見解[156]における条件とほぼ一致するものであるが、一九二三年において見られた変化が、この意見書においてよりはっきりと示されたといえる。

このように除外される紛争の条件が「緊切ナル利益」に一本化されたことが意図的なものであることは、この留保条件に付せられた説明書にも表れている[157]。この説明書は、管轄権から除外する紛争を「緊切ナル利益」に関するものに絞ったとしても、かつての「緊切ナル利益、独立若ハ名誉」という条件と同様に運用できるとした。また、例え「緊切ナル利益」に関する紛争を常設国際司法裁判所の管轄権から除外したとしても、むしろその紛争を理事会に付すことに賛意を示していた。

ジュネーブ平和議定書は発効要件を満たす各国の批准を達成しなかったものの、九月下旬に方針を転じた外務省本省や、安達や石井に代表される国際連盟日本代表には、国際連盟や国際裁判により平和的に解決しうる紛争の範囲の拡大に応じようとする意図があった。連盟総会後の外務省本省は議定書への積極的賛成を控えようとする態度を徐々に明らかにしていったものの、最終局面において、法律問題における応訴義務の受諾と留保条件の「緊切ナル利益」への一本化への姿勢を示すことにより、日本＝スイス仲裁裁判条約の検討を経て見られた態度の変化をより明確にすることとなった。ジュネーブ平和議定書に日本が調印することは叶わなかったものの、その起草とそれ以降の過程は、日本政府をして国際裁判に対する態度を再検討させることに、一定の寄与を果たしたと言えるだろう。

第二節　態度変容の反映——日米仲裁裁判調停条約締結交渉

先述の通り、国際裁判に対する日本の態度はジュネーブ平和議定書の起草までの過程で変化を見せたが、一九二八年の日米仲裁裁判調停条約締結交渉は、このような態度の再検討の反映が現れる機会となった。さらに、一九二五年一二月一日に調印されたロカルノ条約も、日米仲裁裁判調停条約締結交渉における日本の態度の再検討を促すものになった。以上のことを踏まえて、この節では、一九二八年の日米仲裁裁判調停条約締結交渉における日本の態度を検討する。

一　交渉開始までの経緯

一九二五年一二月一日に調印されたロカルノ条約のうち、独白仏英伊による五カ国条約の第三条では、条約調印国の間で発生した紛争について、紛争の性質を問わず全てを仲裁裁判、調停、理事会への付託という平和的処理に付すことが定められた(158)。これに加え、合わせて調印されたドイツと近隣諸国との仲裁裁判条約では、詳細な紛争処理手続きが定められた。また、それまでの多くの仲裁裁判条約で「緊切ナル利益、独立若ハ名誉」に関する紛争や第三国が利害を有する紛争が除外されていたのに対し、ロカルノ条約における仲裁裁判条約ではそれらの紛争も扱われることとされたという点も、重要な意義を持つものであった。

ロカルノ条約がこのように既存の紛争解決手続きの慣例を塗り替える意義を持っていたことは、当時の日本の政策決定者の間でも認識されていたと考えられる。例えば、第一章で日本外務省の事実上の法律顧問として挙げた立作太郎や、国際連盟帝国事務局次長を務めるとともに国際法の専門家でもあった杉村陽太郎は、ロカルノ条約における仲裁裁判条約よって法律的紛争については義務的な仲裁裁判が成り立つという先例が生まれたと見なしていた(159)。

このようにロカルノ条約は、当時の日本においても、法律的紛争における仲裁裁判ないし常設国際司法裁判所の強制的な管轄権を認める先例になるとみなされた。もっとも、そのような管轄権は法律的紛争と政治的紛争を峻別することにより成り立っていたが、このような峻別はむしろ、かつてのような抽象的な留保条件を設定せずとも義務的な国際裁判が成立し得ることを証明するものとなったと言えるだろう。後述するが、一九二八年の日米仲裁裁判調停条約締結交渉では、このようなロカルノ条約の先例が日本政府側で参照されることになる。それを踏まえて、条約締結交渉の過程を検討したい。

一九二八年の日米仲裁裁判調停条約締結交渉を検討するに当たり、ロカルノ条約に加えてもう一つ念頭に置くべき点が、常設国際司法裁判所創設から同交渉に至るまでの国際裁判に対するアメリカ政府の態度である。以下ではその点を、アメリカの常設国際司法裁判所加盟問題を中心に検討していきたい(160)。

常設国際司法裁判所創設以来、同裁判所判事にアメリカのムーア（John Bassett Moore）が就任したものの、ヴェルサイユ条約の批准拒否によりアメリカの国際連盟加盟と常設国際司法裁判所加盟が見送られ、これ以降、アメリカは国際連盟の枠外にありながら常設国際司法裁判所に関与する方法を模索しなければならなくなった。この試みとして、一九二三年二月にハーディング（Warren G. Harding）大統領がアメリカ上院においてアメリカの常設国際司法裁判所への加入を求める教書を発表したものの(161)、ハーディング大統領がこの後に死去したため、その教書を踏まえて上院が決議を採択したのは、一九二六年一月のことだった(162)。

ここに見られるアメリカの常設国際司法裁判所規程加盟に関するアメリカの態度において、注目されるべき点が二つある。一つは、アメリカが常設国際司法裁判所規程に加盟するとしても、選択条項を受諾して応訴義務を認めることは、アメリカ政府も想定していなかったということである。これは一九二三年三月の段階で、ヒューズ（Charles Evans Hughes）国務長官の見解としてはっきりと示されていた(163)。注目すべきもう一つの点は、アメリカが常設国際司法裁判所に加入する条件の中に、独特の条件が含まれていたことである。元来、一九二三年に大統領教書として上院に提示された留保条件に、アメリカ上院の決議は新たに三つ留保条件を加えた(164)。一つはアメリカに関する紛争についてアメリカの同意なしに常設国際司法裁判所が勧告的意見を与えることを禁じること、裁判所の管轄権がアドホックな協定によって認められること、そして、「「アメリカ」的問題ニ対スル合衆国ノ伝統的態度」、すなわちモンロー主義に関する紛争の除外というものであった。これらのうち一番目の条件に対しては、イギリス政府が、もしそれが合意されるならそれは「この合意が連盟加盟国間の紛争の平和的解決をより困難にすることはない」という補助的合意を必要とするとし、慎重な姿勢を示した(165)。また、第二の条件は常設国際司法裁判所創設以前の多くの仲裁裁判条約にあった条件を維持するものであり、三番目の条件は今までにない新たな条件であった。

このようにアメリカ政府は、常設国際司法裁判所創設後に同裁判所への加入を巡って示した態度において、常設国際司法裁判所創設後の国際裁判の条件とは異なる旧来の条件を維持しようとする態度を示すとともに、他の仲裁裁判条約には見られないような条件を提示していた。そしてこのようなアメリカ政府の態度が、日米仲裁裁判調停条約締結交渉においても反映されることになる。

以上の前提を踏まえた上で、日米仲裁裁判調停条約締結交渉の過程を検討したい。先述の通り、日米仲裁裁判条約は一九〇八年に一度締結され、その後二〇年同じ条件で延長されていたが、延長を含めた最大限の期限が二〇年と定められていたため、一九二八年には失効することとなっていた。このため、日米間の仲裁裁判制度を維持するにあたって新たに条約が必要となり、その締結がアメリカ側から打診された。さらに、交渉の過程において、仲裁裁判の管轄から除外される紛争を調停に付すことが提案され、この調停を扱う条約も同時に審議されることとなった。これが一九二八年の日米仲裁裁判調停条約締結交渉が行われた経緯である。

しかし、このような仲裁裁判調停条約の締結交渉は、日米間のみで進められていたわけではない。一九二八年には日米間のみならず、米英、米仏、米独、米伊のそれぞれの仲裁裁判条約が失効することとなっており、アメリカ政府はそれぞれの国に新たな仲裁裁判条約の締結を打診していた。そのため、日米間の交渉も、アメリカと他国の間の交渉で提示された仲裁裁判条約案を参照しつつ行われた。さらに注意すべき点は、これらの交渉が不戦条約の締結と並行して行われたということである。不戦条約においては、第一条で「国策の手段としての戦争」が禁止されるとともに、その第二条で「締約国ハ相互間ニ起ルコトアルヘキ一切ノ紛争又ハ紛議ハ其ノ性質又ハ起因ノ如何ヲ問ハス平和的手段ニ依ルノ外之カ処理又ハ解決ヲ求メサルコトヲ約ス」と定められており[166]、またこのように不戦条約を裏付けるものとして仲裁裁判条約・調停条約を位置づける見解は、一九二七年一二月、アメリカ側から新たな仲裁裁判条約案が最初に打診された際にも言及されていた[167]。このように、一九二八年に交渉された日米仲裁裁判調停条約案は、一九〇八年締結の日米仲裁裁判条約と異なり、新たに作られた不戦条約、さらには国際連盟や常設国際司法裁判所の創設以来作り上げられた「紛争の平和的解決」という枠組みを裏付ける意義を持っていた。

それでは、このような意義を持った日米仲裁裁判調停条約案は、裁判管轄権の範囲という点では具体的にどのような構成を採っていたのだろうか。一九二七年一二月、アメリカ側から日本側に最初に提案された条約案の第五条では、以下の様な留保条件が提示されていた。

「本条約ノ規程ハ問題タル事項カ
(イ) 両締約国ノ一方ノ国内管轄内ノ範囲内ニ属スルモノ
(ロ) 第三国ノ利益ヲ包含スルモノ
(ハ) モンロー主義トシテ通常称セラルル亜米利加問題ニ関スル合衆国ノ伝統的態度ノ保持ニ依拠スルカ又ハ之ヲ包含スルモノ
ナルニ於テハ援用セラレサルヘシ[168]」

この条約案においては、旧条約における「独立、名誉及緊切ナル利益」に関する紛争の除外という留保条件のいずれもが排除されていた。一方で条約案は、国内管轄やモンロー主義に係る紛争を裁判管轄権の範囲外とし、また、ロカルノ条約における仲裁裁判条約では裁判管轄権の範囲内とされた第三国の利益を含む紛争を裁判管轄権から除外していた。当初のアメリカ案は、それまで抽象的との批判を受けていた留保条件を改め、より具体的な裁判管轄権を示す中で留保条件を示そうとしていたと言える。また、アメリカ側から提示された同案の第六条では、アメリカ政府が常設国際司法裁判所規程に加入する際に留保したのと同様に、特定の紛争ごとにアドホックな協定を結ぶことで裁判所の管轄権を認めることと記されており、その協定はアメリカ上院の協賛を条件としていた。

二　日本政府の対案と交渉の停滞

このようなアメリカ側からの提案に対し、日本の外務省は新条約案における条件が旧条約とどのような点で異なるかについて検討を行い、一九二八年一月末にはその分析をまとめた。その覚書では、まず国内管轄事項とモンロー主義に係る紛争の除外について、「国内管轄ノ留保ハ移民問題ニ牽連シテ国民ノ誤解ヲ誘起スル所アルト共ニ第四条ニ於テ「国際事件」ニ関スル紛争ノミヲ仲裁裁判ニ付スヘキコトヲ明記セルカ故ニ特ニ之ヲ茲ニ掲クルノ必要ナカルヘシトノ理由ヲ以テ米国政府ニ之カ撤回ヲ求ムヘクモンロー主義ニ関スル事項ハ後掲第三国ノ利益ニ関スル事項中ニ包含セラルヘキモノニシテ特ニ掲クル必要ナカルヘシトシテ同様削除ヲ要求シ得ヘシ」との評価が示された[169]。つまり日本政府は、アメリカ側から提案された仲裁裁判条約案が、現行の日米仲裁裁判条約の留保条件と異なり、不必要な留保条項を伴うものであると認識していたと判断される。

さらに覚書では、日本側が仲裁裁判条約において求める条件として先に示されてきた「緊切ナル利益」に係る紛争の除外という点を挙げ、以下のように交渉への方針を明示していた。

「翻テ現行条約中ノ留保条件ヲ検討スルニ「緊切ナル利益」ナル観念ハ法律上極メテ漠然タルモノナルト共ニ「名誉若クハ独立」ノ「緊切ナル利益」ニ対立スルモノニアラスシテ之ニ包含セラルルモノト謂フヘク且又仲裁裁判ニ付セラルヘキ事項ハ第四条ニ依リ「法又ハ衡平ノ原則ノ適用ニヨリ」決定シ得ヘキ権利ノ要求ニ基ケルモノ即チ法律問題

ニ限定セラレ居ルヲ以テ之カ国家ノ「緊切ナル利益」ニ関スル場合ト雖モ仲裁裁判ニ付スルコトヲ適当ト認メラル而テ米国今時ノ留保事項ノ同国ノ特殊的立場ト米国上院ノ意向トヲ考慮シテ挿入シタルモノニシテ帝国政府ニ於テ之ヲ削除セシムル為ニハ相当努力ヲ必要トスヘク之カ為若シ帝国ニ於テ特殊的国家利益ノ犠牲ニシテ条約所定ノ紛争ヲ凡テ無留保条件ニテ仲裁及調停ニ付スヘシトノ自由主義的高処ヨリ米国政府ニ留保撤廃ヲ要求スルニ於テハ外交上ヨリスルモ極メテ剴切有利ナル立場ヲ取リ得ヘシト信ス（傍線引用者）[170]」

ここに見られるように、日本政府は、現行条約において法律的紛争として裁判に付せられる問題の範囲を守るためには、むしろ一切の留保を伴わない仲裁裁判調停条約案を提示した上でアメリカ側の再検討を迫るほうが良いと判断していた。交渉のたたき台としての提案ではあるが、日本はそれまで主張してきた「緊切ナル利益」に係る紛争の除外という条件さえも引き下げ、一切の法律的紛争を裁判管轄権に含むことを検討したことは、従来の日本の態度から比較して大きな飛躍だったといえる。

これらの見解に加えて、外務省条約局でまとめられた覚書では、アメリカ側が提案してきた留保条件案が裁判管轄権を狭めるものであるという批判が示されるようになった。例えば、「現行日米仲裁々判条約ト米国新提案トノ比較」と題された覚書は、モンロー主義に係る紛争の除外が非常に広範なものを留保することとなることの他、第三国の利益に係る紛争の除外という点についても、ロカルノ条約における仲裁裁判条約において同様の紛争が裁判管轄権の範囲内とされている点を指摘して批判を投げかけるとともに、紛争ごとにアドホックな協定を結ぶという伝統的な留保条件についても、厳しい批判を投げかけていた[171]。また、とりわけ国内問題の除外についての批判は外務省において強く、「国内問題の本質と限界」という覚書にまとめられた[172]。ここでは、国内問題という概念が国際法上確立していないこと、ロカルノ条約における仲裁裁判条約において国内問題も裁判管轄権に含まれうるとされていることが挙げられ、旧条約における「緊切ナル利益、独立又ハ名誉」に係る紛争の除外という条件に比べて、国内問題の除外という新しい留保条件は留保の範囲を一層広くするものとなり、新条約は旧条約から「退歩」したものとなるだろうと分析していた[173]。

このような新条約案に対する日本側の見解はアメリカ側の案との妥協点に到達せず、旧条約が失効する同年八月二三日の期限が迫りつつあった。ここで日本政府は、仲裁裁判に関して日米間の無条約状態が発生することを避けようとし、「当分ノ間例エハ新条約締結迄又ハ一年間若シクハ締結国ノ一方ガ予告期間ヲ与ヘテ廃棄通告ヲナスニ至ル迄現行条約ノ効力ヲ存続セシムルコト極メテ望マシキコトト認メラル」との見解を澤田節蔵駐米臨時代理大使を通してアメリカ側に伝えることを決定した[174]。しかし、旧条約の延長という選択肢はアメリカ側によって早々と否定されてしまった。アメリカ国務省のキャッスル（William Richards Castle, Jr.）次官補が澤田臨時代理大使を通して、「当国ノ関スル限リ議会ノ批准ヲ得サル限リ右ハ条約トシテモ効力ヲ有セサル義ニシテ一時現条約失効シ無条約状態トナルモ両国間ニ外交手段ニ依リ妥結出来サル問題生スヘシトモ思考セラレサルノミナラス英国ノ先例（同時期において米英仲裁裁判条約が失効したこと――引用者注）モアルコトナレハ暫ク失効ノ儘トシ成ルヘク早ク新条約ノ締結方希望スル」との見解を伝えたのである[175]。これにより八月二三日に日米仲裁裁判条約は失効に至り、以後仲裁裁判に関して日米間の無条約状態が続くことになった。

このように、日本政府の国際裁判に対する態度の変化は、日米仲裁裁判調停条約締結交渉においてはっきり現れるようになった。旧日米仲裁裁判条約に替わるものとしてアメリカ側から提案された新仲裁裁判条約では、「緊切ナル利益、独立若ハ名誉」に係る紛争の除外という条件が消える代わりに、ロカルノ条約において管轄内とされた国内問題や第三国の利益に関わる紛争が除外されるとともに、モンロー主義に係る紛争の除外という特殊な留保が加えられることとなった。このような条件に対し、日本政府はこれが旧条約に比べて「退歩」したものと見なし、交渉の中で批判を加えていった。確かに新条約は締結に至らなかったが、日米仲裁裁判条約の失効は、国際裁判の拡大を避けようとする日本政府の姿勢によるものではなく、いかにして仲裁裁判制度を拡大するべきかという見解を巡って日米間に大きな認識のずれがあったことによって招かれたものだったといえる。むしろこの日米交渉においては、日本政府が示した仲裁裁判制度の拡大への意欲こそが評価されなければならない。

しかし、このように変容した日本の態度は、一九二九年に発生した新たな事態、すなわちイギリスを始めとする諸国の常設国際司法裁判所規程選択条項受諾という事態によって、さらに変容を迫られることとなる。

第三節　さらなる変容の兆候

一九二九年九月の第一〇回国際連盟総会を通じて、国際裁判に対する日本の態度を決定する環境は、大きく変化することとなった。ドイツが既に常設国際司法裁判所規程選択条項を受諾していたのに加え、この総会でイギリス及び英自治領諸国が選択条項を受諾することを発表し、これに続いてフランス、イタリアが選択条項の受諾を宣言したことにより、国際連盟常任理事国の中で選択条項を受諾していない国が日本のみとなるという事態が発生したからである。本節では、このような列国の選択条項受諾の前後において、そこで日本の国際裁判への態度がどう変化したかを検討したい。

一　日蘭仲裁裁判調停条約締結交渉と一般議定書（一九二八年）

まず、日米仲裁裁判調停条約締結交渉の時期から第一〇回国際連盟総会以前において日本が国際裁判に示した態度を示す例として、日蘭仲裁裁判調停条約の締結交渉を検討する。日蘭仲裁裁判調停条約が最終的に調印されるのは一九三三年だが、仲裁裁判条約や調停条約をめぐる日蘭交渉は、一九二五年の時点で既に始まっていた。もっとも、交渉は事務レベルのものであり、一九二九年以前の段階で条約締結の条件が具体的に検討されることはなかったが、オランダ側が複数回に渡り仲裁裁判条約と調停条約の締結の希望を日本側に表明してきたことには、注意が必要である(176)。

一九二五年六月一六日、ハーグ駐在の皆川錞彦代理公使がオランダ外務省のアンドレー法務局長と会談し、アンドレー局長は日蘭仲裁裁判調停条約の締結を打診した(177)。これに対して皆川は、先述の日本＝スイス仲裁裁判条約と同様の留保条件による条約案を提示したが、オランダ側は制限を含む仲裁裁判条約は望まないとの見解を示した。この時期はジュネーブ平和議定書が廃案となっていたが、ロカルノ条約が締結に至る前の段階であり、日本はこの段階では、常設国際司法裁判所創設以前の旧来の留保条件を維持しようとしていたと考えられる。これに対して一年後の一九二六年六月一日、ハーグの松田道一公使がオランダ外相と会談した際、オランダ側は、日蘭仲裁裁判調停条約の条件として、既に結ばれていた蘭独仲裁裁判条約を挙げ、同様の条約をオランダ案として提示した。これに対して日本の外務省本省では会議が開かれるも、受諾の可否の判断は保留され、同年一〇月四日、日本側はオランダ側から示された条約案の内容が日本側の案と距離のあるものであるとの見解を示すに至った。

このような推移に対し、不戦条約締結を経た一九二八年五月、ベーラルツ（Frans Beelaerts van Blokland）蘭外相と広田弘毅駐蘭公使が会談し、オランダ側は、ロカルノ条約における仲裁裁判条約及び調停条約と同様の条件の条約を日本側に提案した。日本側は本省での協議を経て、日本が日米仲裁裁判調停条約の締結交渉中であり仲裁裁判条約に対する一般的な見解を検討中だとして回答を保留したが、オランダ側の要求は強まっていた[178]。広田公使はオランダ側の打診を伝える請訓で、「本件ハ数年前ヨリノ問題ニシテ現外務大臣就任後更ニ申出デタル次第ニモアリ此ノ際成ルヘク明確ニ我ガ方ノ意向ヲ伝フル事望マシキニ付具体的方針トハ如何ナル意味合ナリヤマタ凡ソ何時頃迄ニ回答ヲ発セラルヘキヤ折リ返シ御電示アリタシ」との意見を明らかにした[179]。

これを経て一九二九年に入ると、日蘭交渉の内容は具体的なものとなっていった。同年四月上旬、杉村陽太郎（国際連盟事務次長）は広田公使とベーラルツ蘭外相との会談に立ち会い、日蘭新通商条約の中に不可侵条項と仲裁・調停条項を盛り込もうとの案が挙げられたことについて、以下のような見解を山川端夫（元外務省条約局長、貴族院議員、日本国際連盟協会理事）に伝えていた。

「仲裁裁判ニ付テハ裁判官選任ノ問題最重要ナルヘシ最近常設国際司法裁判所ニ「ハースト」「フロマジョー」カ入ラントスル噂アリ然ラハ「ガウス」「ピロティ」等モ相乗シテ裁判官タルヘキニ至ルコト現時ノ国際関係上之ヲ推察ス

ルニ難カラス斯クシテ裁判所ニ各国ノ政治的色彩ヲ加フルコトハ裁判ノ独立ト公平トヲ希望スル識者ノ好マサル所ナル」

「次ハ仲裁裁判適用ノ地域ヲ日蘭各本国ニ限ルヘキコトニシテ殖民地ノ如ク地方的法慣習ヲ異ニシ国際法ノ原則ヲ以テ律シ得サル事情各々アルモノハ英国政府カ平生主張スルカ如ク当分之ヲ除外スル方可ナリト思考セラル」(180)

これ以前の日米仲裁裁判調停条約締結交渉において日本政府が仲裁に付される紛争の範囲を拡大しようとする意図を持っていたのに対し、オランダを相手とした杉村は、裁判官の選任が欧米に偏る点を警戒するとともに、イギリスを引き合いに出して植民地の利害に関する紛争を除外しようとするなど、仲裁裁判や調停の管轄拡大に対して慎重な態度を示していた。しかし、山川が杉村の見解を石井菊次郎（枢密顧問官）に転送した際、石井は山川への返信で「杉村氏の意見に矛盾あるか如し了解し難き節あり委細御面談し譲し」と述べ、杉村への疑問を呈していた(181)。杉村の見解は外務省や問題の当事者の間で共有されたものではなかったと言える。

このような一連の交渉を踏まえると、オランダ側からの仲裁裁判調停条約の打診に対して、日本側は日米交渉と比較して慎重な態度を示してきたことがわかる。というのも、日本政府は日米交渉においてロカルノ条約を参照して仲裁裁判条約の留保条件を検討していたが、ロカルノ条約における仲裁裁判条約と調停条約の枠組みをそのまま援用することは避けようとしていたからである。

このように日本がアメリカやオランダとの仲裁裁判調停条約の締結交渉に臨む一方で、国際連盟総会ではジュネーブ平和議定書の廃案以来、義務的な国際裁判と安全保障を結びつけた枠組みの構想が、再び提唱されるようになっていた。それが、一九二七年九月の第八回国際連盟総会に端を発し、一九二八年の第九回国際連盟総会で条約案として採択された「国際紛争の平和的解決のための一般議定書（以下、一般議定書）」である(182)。

第八回国際連盟総会以降、一般議定書を起草するために仲裁裁判と安全保障の問題を扱う特別委員会が組織されることとなった。この仲裁安全保障委員会の第一回会議は一九二七年一二月一日・二日に開かれ、翌一九二八年一月二六日から二月二日まで行われた議長と報告者による事前協議を経て、二月二〇日から三月七日にかけて第二回会議、六月二七日から七月四日にかけて第三回会議が行われた。

仲裁安全保障委員会が開催されるに当たり、国際連盟事務次長である杉村は事務局案の取りまとめのために事務局内で協議を行うとともに、一九二八年一月一五日から二二日にかけて英仏独伊各列強の当局を訪問して事務局案の打診に回っており[183]、その際の協議内容を青木節一（国際連盟事務局東京支局長）に伝えていた。

ここで杉村は、「日本が仲裁裁判を厭むこと今や公然の秘密となり」と認めており、さらに「常に弁解に苦しむ際、せめて英国丈にても流行を追はざるの態度に出て呉れ居るは大なる力添えなり」と述べ、イギリスが仲裁裁判の管轄拡大や応訴義務に対して慎重な姿勢であることを評価している。この根拠として杉村は、日本と欧米の法律に相違があり、日本政府として信頼が置ける裁判官が選任されることに懸念があるということを挙げていた[184]。国際連盟で義務的国際裁判が定められる場面において、杉村は裁判官の選任問題と応訴義務の問題をセットにして捉え、慎重な態度を示したといえる。

このような杉村の認識は、日本の外務省においてもある程度共有された。例えば、仲裁安全保障委員会の第三回会議が開催される前の五月二五日、外務省は佐藤尚武連盟帝国事務局長に訓令を与える中で、二国間の仲裁裁判条約が締結されるのが先であり、多国間で義務的な国際裁判を定めることは時期尚早との判断を示していた[185]。また訓令は、「右理由ニ因リ留保ニ関シテモ従前ノ国際慣例又ハ今日ノ国際事情ニ鑑ミ必要ナリト思考セラルル除外事項ヲ例示的ニ掲ゲ置キ以テ当事国ヲシテ自由ニ取捨セシムル範囲ヲ広カラシムル様為スコト条約典型作成ナル本件委員会ノ使命ヨリ考フルモ適当ノコトト思考セラルル」と述べ、仮に仲裁裁判条約の典型を一般的に定めることになったとしても、留保条件の範囲を広く設定することで対応する姿勢を示していた。

三回の仲裁安全保障委員会会議を経て仲裁と調停の行程を規定する三つの条約案が起草された上で、これらが九月の第九回国際連盟総会で一つの条約案としてまとめられ、この調印を各国に勧めるという決議が採択されるに至った[186]。そして日本政府の慎重な態度は、この連盟総会において、安達峰一郎代表の口からも発せられることとなった。安達は連盟総会冒頭の演説で、「仲裁裁判条約を例に取れば、我が国のように二カ国条約の方針を採ろうとする国もあれば、多国間枠組みを好む国もあります」として、日本が多国間での義務的な仲裁への参加に先立って二カ国間の仲裁裁判条約の締結を優先する姿勢を示した[187]。

このように、日米仲裁裁判調停条約締結交渉において日本政府が裁判管轄権をより広範なものとするように働きかけた一方で、日蘭仲裁裁判調停条約の締結交渉ではオランダ側がロカルノ条約における仲裁裁判条約と同様の管轄範囲を主張したのに対して日本政府は慎重姿勢を示し、一般議定書の起草過程において、日本政府は多国間での枠組み形成よりも二国間での交渉の進展を優先させる姿勢を示した。日本政府は日米仲裁裁判調停条約締結交渉において大胆な方針転換を見せることと引き換えに、国際裁判に関する他の交渉において慎重な姿勢を見せたとも言えよう。

二　常設国際司法裁判所規程改正（一九二九年）

このように一九二八年前後にかけて日本政府が仲裁裁判と国際裁判に対して二面的態度を示していた最中、日本政府は一九二九年に国際裁判に関する大きな変化に直面することになった。その一つが常設国際司法裁判所規程の改正である。この規程改正は、主に二つの問題を背景として提案されたものだった。その一つは、常設国際司法裁判所判事が九年の任期を終え、一九三〇年に改めて判事任命の選挙が行われるということだった。これに先立ち、フランス政府が同裁判所の九年間の活動の反省を反映する形で裁判所規程を再検討しようと提案したのである。その上でより重要とされていたもう一つの問題が、アメリカの常設国際司法裁判所への加盟が長らく実現していなかったことである。前節で述べたとおり、アメリカのハーディング政権とクーリッジ（Calvin Coolidge）政権はかねてよりアメリカの常設国際司法裁判所への加盟を目指していたものの、アメリカ連邦議会上院の根強い反対に直面しており、アメリカの同裁判所加盟は実現しないままになっていた。一九二六年一月、アメリカ上院は五つの留保条件を示した上で常設国際司法裁判所への加盟を認める決議を可決したが、同年九月に常設国際司法裁判所加盟国によりこの上院決議の留保条件を認める方法を議論するための会議が開かれた際に会議がアメリカ上院提案の五番目の留保条件の見直しを求めたこともあり、アメリカの常設国際司法裁判所加盟に向けた手続きはさらに遅れていた[188]。この状況を打開すべく、一九二八年一一月、クーリッジ政権は常設国際司法裁判所加盟国との間に協定を設けてアメリカの同裁判所への加盟の障害を取り除くことを提案した[189]。常設国際司法裁判所の各加盟国はクーリッジ政権のこの提案に対する対応を求められたのである。

アメリカの常設国際司法裁判所加盟に関する議定書の起草と同裁判所規程の改正を準備するため、常設国際司法裁判所加盟国出身の法律家による専門委員会（以下、法律家委員会）が設けられ、一九二九年三月一一日から同一八日にかけて、その会議が開かれた。日本からはこの会議に伊藤述史（駐仏大使館参事官）が参加し、伊藤の参加に際して、三月四日には日本外務省から訓令が送られた。訓令は「本件ニ付特ニ本邦ヨリ提案又ハ主張スヘキ点ナキモ現行規定ニ欠如スル規程改正及裁判所脱退ニ関スル規定ノ補充方ニ付テハ御留意アリ度シ」とするとともに、「米国ノ留保付加入ニ関シテハ右加入ヲ容易ナラシムル様規程ヲ改正スルノ方針ヲ以テ大正十五年在英大使宛往電第八三号訓令ノ趣旨ニ依リ適宜措置セラレ度シ」と要請していた[190]。日本政府は日米仲裁裁判調停条約締結交渉においてはアメリカ側の留保条件に反対する姿勢を示していたが、対照的にアメリカの常設国際司法裁判所加盟に際しては留保条件を認めてでも加盟を認める姿勢を示していた。あるいは、日本政府は二国間の仲裁裁判条約に向けた交渉に際しての態度と、常設国際司法裁判所に関する交渉に際しての態度を使い分けていたとも言えるだろう。

三月一一日から同一八日にかけて開かれた会議において、伊藤が意見を述べる場面は少なかったが、例外的に伊藤が積極的に発言した場面があった。それは裁判官の資格に関する議論である。会議でフランス代表のフロマジョが改正規程の第十六条に判事が一切他の職業に従事することを禁止する規定を設けようとしたのに対し、伊藤は過度に厳格な規定を設けることは適当な人物を得るためにならないと反論し、判事の兼業禁止に関する規定には修正が加えられた。また、イギリス代表のハーストが判事の国籍に関してイギリス本国とイギリス自治領の国籍を別とみなす解釈を規程に盛り込もうとした際には、伊藤は反対意見を表明した[191]。日本政府を代表して会議に出席するに当たり、伊藤は常設国際司法裁判所の機能に対しては異論を挟まなかった一方で、判事の資格に対しては強い関心を示したのである。

三月の法律家委員会会議の成果を踏まえ、同年九月四日から、ジュネーブにて国際連盟総会に並行する形で、アメリカの常設国際司法裁判所加盟に関する議定書の起草と常設国際司法裁判所規程の改正に向けた加盟国会議が再び開かれ、これにより最終的な議定書と改正規程の形がまとめられた上で、常設国際司法裁判所各加盟国とアメリカの調印に付されることになった。日本政府からは吉田伊三郎（駐スイス公使）がこの九月の会議に参加したが、この会議では吉田も伊藤と同様に裁判官候補の資格の規定に対して関心を示した。三月の会議を経て法律家委員会がまとめた報告書は、常設国際司法裁判所判事候補の選定に当たって「国際法に関し公認された実務経験を有する（possesses recognized practical experience in international law）」という条件を課すことを国際連盟総会に推奨していたが、吉田はノルウェーやスペインなどの他国とともにこの条件が判事候補選定の必須条件とされることに反対し、結果として同条件を判事候補の必須条件とすることは改正規程では盛り込まれなくなった。吉田は九月会議の報告書においてこの反対意見を述べた理由として、件の条件を満たすような日本人が甚だ少なく、この条件を必須とすると日本から判事を推薦する際に不便になるとの理由を挙げていた[192]。日本政府は三月の会議に続き九月の会議においても、判事候補の資格を広くすることを目指したことがわかる。

またこの九月の会議における提案の中で言及すべきものとして、常設国際司法裁判所判事選挙における国際連盟非加盟国の地位に関するブラジル代表の提案がある。常設国際司法裁判所規程において判事は国際連盟総会と理事会における選挙により選ばれることになっていたが、ブラジルは一九二六年に国際連盟を脱退しており、以後常設国際司法裁判所に加盟しながら国際連盟に加盟していない状態が続いていた。このため会議におけるブラジル代表は判事選挙において常設国際司法裁判所の分担金を負担する国際連盟非加盟国が国際連盟加盟国と同等の地位で判事選挙に参加できるように規定を改正することを提案した[193]。ブラジルの提案に対して目立った反対は起こらず、結果として改正規程第四条に「特別ノ取極ナキトキハ連盟総会ハ、裁判所規程ヲ受諾シタルモ国際連盟ノ連盟国ニ非ザル国ガ裁判所ノ裁判官ノ選挙ニ参加スルコトヲ得ル条件ヲ連盟理事会ノ提議ニ基キ決定スベシ」との規定が盛り込まれることになった。(194) 会議でのこの提案について日本政府代表の吉田は特に意見を述べることはなかったが、この改正は後に日本が国際連盟から脱退した際に重要な意義を持つことになる。

以上の過程を経てアメリカの常設国際司法裁判所加盟に関する議定書と改正常設国際司法裁判所規程が起草されたことに対し、日本外務省は九月九日に前者議定書について「署名シ差支ナシ」(195) とする訓令を発し、後者改正規程についても九月一九日に「当方ニ於テハ修正案文ヲ閲覧シタル上署名方決定シタキ意向ナルモ今回ノ修正カ左迄実質的ノ関係ナク且帝国ノ署名延期カ面白カラサル様ナラハ貴官ノ裁量ニ依リ本件議定書ニ署名シ差支ナシ」(196) との訓令を発した。しかし、吉田は署名を急ぐ必要がないので議定書と改正規程に対する誤解のリスクを避けたいとの判断により署名を一時保留し、一〇月三〇日に外務省から改正規程について「署名アリタシ」(197) との訓令を受けた上で、一一月六日に議定書と改正規程の双方に調印するに至った。アメリカの常設国際司法裁判所加盟と同裁判所の規程改正について、日本政府は特に抵抗の姿勢を見せず、容易に受け入れたのである。

三　一九二九年の選択条項受諾問題

一方、上記の議定書と改正規程の起草が行われた時期とちょうど重なる時期に、国際裁判の有り様をより大きく変える出来事が起こった。一九二九年九月の第一〇回国際連盟総会開催中におけるイギリスの常設国際司法裁判所規程選択条項受諾と、それに続く同選択条項受諾国の急増がそれである。

一九二九年五月のイギリスでの第二次マクドナルド内閣成立の後、九月に開かれた第一〇回連盟総会は、イギリスおよび英自治領諸国が選択条項を受諾すると宣言したことにより、イギリスのマクドナルド首相をして「選択条項総会」と言わしめるものとなった。(198) 総会の最初の段階で宣言の形式は準備中であったが、選択条項の留保条件を巡ってオーストラリア、ニュージーランド、アイルランド自由国との調整を進めた結果、同月一九日にイギリスは選択条項に調印することに至った。[199]

この受諾宣言には、イギリス政府の留保により除外される紛争の条件が三つあった。一つは紛争当事国の双方が紛争が他の平和的解決手段に付されることに同意した場合、二つ目は連盟加盟国で英連邦に加盟している国との紛争、三つ目は国際法により専ら英国の司法に属する紛争であった。ここでイギリスが示した条件は、国内管轄事項について「国際法により専ら国内の司法に属する」という慎重な条件を付すとともに、アメリカによる仲裁裁判条約におけるモンロー主義に関わる紛争の除外、さらには日本政府がこれまで仲裁裁判条約締結の方針の中で示してきた「緊切ナル利益」のような、抽象的な留保条件を除外したものであり、ロカルノ条約により変容した先例を踏襲するものとなっていた。

このようなイギリスの選択条項受諾により、連盟常任理事国であるフランスとイタリアが一挙に選択条項受諾へと動き出すとともに、ほとんどの国が留保付きであるものの選択条項の受諾に動き、一九三〇年一〇月の段階で選択条項に批准した国は二六カ国、調印した国は四一カ国に上った。[200]とりわけ、連盟常任理事国の中で選択条項を受諾していない国が日本のみとなったことは、日本政府に大きな課題を投げかけた。

このような連盟総会での動きに対して、日本政府はどう反応したのか。選択条項の受諾を宣言したマクドナルドの演説を受けた日本の総会全権は、選択条項受諾が総会での大きな議題になっているとの見方を示すとともに、日本政府が選択条項の受諾を拒むようなことがあれば連盟加盟国や不戦条約加盟国としての立場の問題のみならず目下の海軍軍縮問題にまで悪影響を及ぼすと予想し、「帝国政府ニ於テモ此等ノ事情ハ夙ニ御洞察ノ事トハ存スルモ従来ノ如ク現行規約保存主義ノミ固執スルニ於テハ本邦ニ取リ鮮カラサル不利ヲ醸スナキヲ保セス往電第一四条御審議ニ際シテハ特ニ上述ノ次第御勘考ヲ請フ」[201]と強く訴えかけるに至った。さらに、これに続いて連盟全権は請訓を行い、選択条項を急いで受諾するか、または選択条項をこの総会で受諾しないにしても、その説得的な理由を示す必要があるとして、本省からの訓令を促していた。[202]

このように、ジュネーブで総会に臨む連盟全権は、多くの国が雪崩を打って選択条項を受諾しようとしていることを指摘するとともに、選択条項を受け入れようとしていない大国が日本のみになっていることを指摘する中で、危機感を顕にしていた。しかし、かねてから選択条項の受諾についての態度が議論されておらず、日米間・日蘭間の仲裁裁判調停条約締結交渉が目下進行中であったこともあってか、連盟総会閉幕に至るまで連盟全権は選択条項受諾に関する訓令を与えられないままだった[203]。もっとも、日本としての態度が全くの保留として表明されていたわけではなく、連盟総会後の会談で杉村連盟事務局次長はドラモンド連盟事務局長に対し、「自分帰朝ノ上ハ当局ニ充分説明シ成ル可ク速ニ調印方努力スヘシ」と伝えていた[204]。しかし結果的に、日本は連盟常任理事国の中で唯一選択条項を受諾しない国となった。

このように日本政府が第一〇回連盟総会で選択条項の受諾を見送ったことに対し、真っ先に反応を示したのが、中国国民政府だった。中国国民党中央宣伝部は九月二七日、「日本ノ国際法廷組織破壊ニ対スル反対宣言」を発表し、日本が選択条項を受諾しなかったことを、以下のように厳しい言葉で非難した。

「近頃日本帝国ハ此ノ挙（イギリスによる選択条項受諾――筆者注）ニ対シテ大ニ反対ヲ為シ並ニ英国ノ此ノ挙ハ冒険ニシテ英国首相愚拙ノ宣伝ハ不当ナリト主張シ種々ノ批評ヲ為シツツアルカ蓋シ日本ハ人口ノ増加日ニ繁ク糧食問題等ノ解決ニ窮シ居リ且ツ浜口内閣ノ緊縮方針ニ因リテ無数ノ失業者発生セルヲ以テ自ラ侵略政策ヲ堅持シテ外部ニ向ヒテ発展スルニ非サレハ生存スル能ワサルニヨリ国際法廷ハ組織成立ヲ見ハ日本政府ハ常ニ被告ノ位地ニ立チ三島帝国ノ尊厳ヲ失スルコトヲ深ク顧慮セル結果此ノ和平破壊的訾噏ヲ発スルモノナリ」

「今該国ノ国際法廷ニ反対セルコトヲ観ルニ日本人ノ頻リニ蚕食セントスル野心ノ真相ヲ直結スルニ難ラス其ノ口頭上ノ同文同種共存共栄等ノ宣伝ハ縷テ人ヲ欺クノ語ト云フヘク且ツ吾国ハ人ノ歯牙ニ掛ケサル国家ナリト謂フ等其ノ鄙夷罵詈ノ詞ハ実ニ人ヲシテ忍受スル能ワサラシムルモノアリ吾国人ハ奮然トシテ起ツヘシ[205]」

この宣言において国民政府は、日本が選択条項の受諾に反対したとした上で、イギリスが選択条項を受諾したことが失策であると日本政府が吹聴していること、それが常設国際司法裁判所において日本が不利な立場にあることの他、人口の増加や失業者の増大を発端とする日本の侵略的意図に由来するとのことを挙げ、日本の一連の態度が「和平破壊的訾噛ヲ発スルモノ」であると非難している。確かにこのような指摘は事実に依拠したものではなく、宣言が党中央宣伝部から発せられたプロパガンダであり、日本を侵略者として描き出し国民政府に有利な国際世論と国内世論を喚起しようとする意図で発せられたものであることは割り引いて考えなければならない。しかし、後述するが、それまで中国問題とあまり関連しない文脈にあった日本の国際裁判への態度が、国民政府によって日本の侵略的意図を宣伝するための根拠として利用されるようになったことは、以後の日本において選択条項受諾への留保条件が作成される過程で中国問題の除外が意識されることの要因になったと考えられる。[206]

また、日本政府が選択条項の受諾を見送ったことに対し、日本の学界や国内世論からも選択条項の受諾を求める声が挙がるようになった。例えば、第一〇回連盟総会以来、時事評論や新聞論説の中で選択条項の受諾を訴える論考が発表されるとともに、[207]国際法学会、[208]日本国際連盟協会、[209]婦人平和協会が[210]日本の選択条項受諾を促す決議を発表した。また、この時既に外務省を退いていた石井菊次郎も、一九三〇年六月刊行の著書において、国際連盟常任理事国の中で日本だけが選択条項を受諾していなかったことに対する遺憾の意を表していた。[211]

このように選択条項の受諾を求める声と受諾の見送りを非難する声が交錯する中で、日本政府は選択条項受諾に応じるべく、留保条件をまとめあげる必要に迫られた。ではその過程の中で、日本の国際裁判への態度はどのように変化したのだろうか。

第一〇回連盟総会から半年が経った一九三〇年四月、杉村連盟事務次長は伊藤述史（連盟帝国事務局）と協議した上で選択条項の留保条件を起草し、外務省の松永直吉条約局長に送付した。[212]この案では、留保条件について「留保ノ一ハ一般的性質ヲ有シ伊太利ノ留保ニ相似タルモノニテ「法律的性質ヲ有スル紛争ト雖モ一応先ツ外交上ノ手段ニ依リ其解決ヲ計リ相当ノ期間（一ヶ年間又ハ一ヶ年間半）引続キ交渉スルモ解決シ兼ヌルトキ又ハ連盟理事会ノ決定ニ依リ解決シ得サル時始メテ之ヲ裁判ニ付シ得」トナスモノニテ候」と定められていた。これは国内管轄事項のような具体的な問題について留保を加えるものではなく、また、「緊切ナル利益」に関わる紛争の除外という、それまで堅持されてきた大きな条件がここでは影を潜めるようになった。司法裁判以外の平和的解決手段を準備できた場合に応訴義務を除外するという条件は、確かに司法的解決よりも外交的解決を優先するものとしても考えられるが、同様の留保はイギリスによる選択条項受諾の留保条件にも明記されたものだった。この点を踏まえれば、紛争の平和的解決の範囲について、先の日米仲裁裁判調停条約案と比べてもより包括的なものを想定していたと考えられる。

一方で杉村の案は、「留保ノ二ハ支那ヲ除外スル目的ニテ「帝国ガ選択条項ニ加入スル時ニ現ニ加入国タルモノノミニ対シ応訴義務ヲ受諾ス」トナスモノニテ候」とすることにより、中国を相手とした応訴義務を明確に拒否しようとするものだった。ジュネーブ平和議定書において応訴義務が盛り込まれた際にこのような条件が日本側から提示されたことがなかった点を考えれば、中国国民政府の完成と選択条項受諾見送りの非難という事態を通して、中国を相手とする紛争の管轄権を明確に除外する方針が掲げられたということになる。ただし、杉村はこのような留保により中国をめぐる問題が完全に常設国際司法裁判所の管轄から確実に除外されるとは考えていなかった。杉村は先の留保条件を提示した上で、「支那ハ将来国権回復ノ目的ヲ達シタル暁之ヲ応諾スルコトアリ得ベク而シテソノ場合支那問題除外ノ留保ヲ以テ之ニ対抗スルノ実際上極メテ困難ナルベキハ之ヲ察スルニ難カラス故ニ実際論トシテハ満洲問題ノ如キモ少クトモ法律的性質ヲ有スル紛争ニ付テハ裁判ニヨリ之ヲ解決セザルヲ得サル破目ニ立至ルベキヲ今ヨリ予メ覚悟セサルヘカラス候」とのコメントを付していた。日本にとって格別の意義を有する中国との紛争が常設国際司法裁判所の枠組みの中で解決されることに対し、杉村は含みを持たせたということになる。

さらにこの時期、選択条項受諾の留保条件が起草されたのと同時に、大きな変化が現れた。ジュネーブ平和議定書の調印過程において慎重な態度を貫いていた幣原喜重郎外相（浜口内閣で再任）が、選択条項の受諾に対し前向きな見解を表明したということである。幣原は七月二一日にイギリスのティリー駐日大使と会談した際に、軍縮条約をめぐる議論が沸き起こっている以上今は安全保障に関してさらに重大な問題に対処するべき時機ではないとしつつも、「自分は選択条項についてこれまで考えており、個々の顧問官と密かに会談することで静かに足場を固めている」「好意的な者もいるが、反対を唱えるしぶとい保守派も一定数いる」「調印国各国による留保条件により選択条項が危険でなくなり、間違いなく日本も留保条件を付けられるので、個人としては、彼は選択条項に問題を抱いていない[213]」との見方を伝えていた。選択条項の受諾は決して事務レベルの草案にとどまるものでなく、外務省全体で認められる方針に達したということである。

実際、このように前向きな姿勢のもとで枢密院に密かに打診するという幣原の方針は、この会談の直後に枢密院で明らかになった。同年の八月二日、アメリカの常設国際司法裁判所加盟に関する議定書と常設国際司法裁判所規程の改訂を扱った枢密院審査委員会の際、幣原は石井菊次郎、富井政章の両枢密顧問官と選択条項について応酬を行い[214]、ここで幣原はティリーとの会談に引き続き、自身の立場として選択条項受諾に賛成の意を示した。先述の通り、ジュネーブ平和議定書の起草と調印過程の時点で石井は駐仏大使、幣原は外相であり、議定書の評価をめぐって両者には溝があった。選択条項を巡って評価の相違は若干見て取れるが、当時に比べて両者の間隔は縮まったと判断できる。

このように幣原の態度の変化が現れた後、杉村の留保条件案に加えて、「常設国際司法裁判所規程ノ選択条項受諾ニ関スル宣言（試案）」が作成された[215]。杉村案が「帝国ガ選択条項ニ加入スル時ニ現ニ加入国タルモノノミニ対シ」といったように一般的な規則により中国との紛争を除外しようとしていたのに対し、この新案は、「極東ノ或ル地方ニ存在スル事態又ハ事実ニ関シ起コルヘキ紛争ニシテソノ当時右地方ニ厳存スル特殊条件ニ鑑ミ日本国カ他方ノ一又ハ数当事国ニ対シ裁判所ニ対シ為サレタル請求ノ通告ヨリ遅クトモ十日以内ニ他ノ平和的解決方法ヲ提議スヘキ紛争」というように、具体的な文言で中国との紛争を除外しようとした。いわば新案は、一般的な国際裁判において「極東ノ或ル地方」に「厳存スル特殊条件」を位置づけようとしていた。

このように新案が「極東ノ或ル地方」に「厳存スル特殊条件」について言及した背景として、失効後も続けられていた日米仲裁裁判調停条約締結交渉の過程に着目する必要がある。一九二九年一二月、外務省では日米仲裁裁判調停条約締結交渉のための新たな方針案が起草された(216)。そこでは、モンロー主義に関する紛争の除外という要求に対して、要求の削除がアメリカ側の内政上の問題から難しいとし、日本側が「政治的考量」を払わなければならないとして柔軟な姿勢を示す一方で、「若シ「モンロー」主義ノ除外ヲ其ノ儘認ムトセハ我国ニ於テモ亦満蒙問題ノ除外ヲ列記スヘシトノ主張モ生シ得ヘシ此ノ点ハ法律技術上ノ問題ヨリモ政治的考量ノ問題ナリト云フヘシ」とし、日本側による「政治的考量」の交換条件として満蒙問題の除外の列記を要求することで、アメリカ側に対抗しようとしていた。この過程が選択条項受諾の留保条件の検討と同時進行していたことを踏まえれば、日本政府が、日米仲裁裁判調停条約締結交渉の中でモンロー主義に関する紛争の除外と引き換えに満蒙問題の除外の列記を要求することが可能になるという見込みを踏まえて、同様の留保を選択条項受諾においても転用できると目論んだことが予想できる。

このように、第一〇回連盟総会に前後して選択条項の受諾が広まってから、日本でも選択条項の受諾のための案が具体的に審議されるとともに、選択条項の受諾への賛意が外相である幣原にも共有されるようになった。その選択条項受諾の留保条件の検討の中で、「緊切ナル利益、独立若ハ名誉」に係る紛争の除外という条件は影を潜め、より包括的に常設国際司法裁判所の管轄範囲を定める見方が定着したと言える。しかし、選択条項受諾の延期を日本の侵略的意図の表れとして非難する中国国民政府の突き上げは、選択条項受諾における中国問題の除外についての不安を促した。そのような不安は選択条項受諾の留保条件案の中で最終的に「極東ノ或ル地方」に「厳存スル特殊条件」への言及という形になり、国際裁判への日本の関与の拡大に対する新たなボトルネックとなったと言えるだろう。

国際裁判による紛争解決をめぐり、日米仲裁裁判調停条約の締結交渉の裏で、日本は二国間による仲裁裁判条約の起草を進めつつ、一般的な枠組みの中での司法による紛争解決の義務化には慎重な態度を示していた。しかし、第一〇回連盟総会を経て選択条項の受諾により常設国際司法裁判所における紛争解決の義務化が多くの国の間で進むと、日本でも選択条項の受諾を認めようとする態度が広がるようになった。しかしその動きは日本と中国国民政府との対立の高まりと並行しており、選択条項の受諾への準備は中国との紛争の除外への言及と表裏一体となって進められた。そして、以上のような問題をいかにして普遍的な論理のもとで解決するかが政府の課題となっていたまさにその時に、満洲事変により国際連盟を中心とする国際紛争の平和的解決の仕組みと日本の関係が大きく変化するとともに、国際裁判に対する日本政府の態度もまた再検討を迫られるに至ったのである。

第四節　満洲事変以後の日本外交と国際裁判

一九三一年九月の柳条湖事件を経て勃発した満洲事変は、満洲国建国とリットン調査団による調査を経て日本の国際連盟脱退という事態に帰結した。これにより、日本は国際連盟を中心とする国際紛争の平和的解決の仕組みからは除外されることになった(217)。一方で、これまで述べたとおり、常設国際司法裁判所やこの時代の仲裁裁判条約は国際連盟を中心とする国際紛争の平和的解決の仕組みと密接な関わりを持っていた。当然ながら、日本が国際連盟を脱退したことにより、日本の外交政策における国際裁判の意義づけも変化することになったと考えられるだろう。しかし、日本は国際連盟を脱退した後も太平洋戦争開戦に至るまで常設国際司法裁判所からの脱退を明言することはなく、一九三五年にはかねてより交渉の途上にあった日蘭仲裁裁判調停条約を批准するに至った。日本政府はなぜ、国際連盟を脱退した後も、これらのように国際裁判への関与を続けることになったのだろうか。日本の国際連盟脱退宣言後における日本と常設国際司法裁判所の関係と日蘭仲裁裁判調停条約の締結に至る過程について検討した先行研究として、先述の柳原正治の論文と、神山晃令の論文が存在する(218)。本節の内容はこれらの論文の内容と重なるが、先行研究では日蘭仲裁裁判調停条約の内容や条約批准に至る過程に関する検討において不足している点もあるので、その点を補足しながら論じたい。

一　常設国際司法裁判所残留問題

日本政府が国際連盟からの脱退を通告して間もない一九三三年四月、日本外務省の条約局長であった松田道一は、常設国際司法裁判所所長の地位に就いていた安達峰一郎に宛てた書簡で、日本の国際連盟脱退が日本と常設国際司法裁判所との関係に与える影響について私見をまとめた上で、安達の見解を尋ねていた。その書簡における松田の私見は、以下のようなものである。――（一）常設国際司法裁判所が成立の沿革、組織、運用の面において国際連盟と密接な関係を有することは認められるが、同裁判所への加盟は国際連盟規約とは別の常設国際司法裁判所規程に関する署名議定書への署名と批准により行われるものであるため、日本が国際連盟から脱退しても当然に常設国際司法裁判所からも脱退することにはならず、現にブラジルは国際連盟から脱退したものの常設国際司法裁判所に加盟し続けている。（二）日本が国際連盟から脱退したとしても、常設国際司法裁判所規程とその他の仲裁裁判条約に基づく常設国際司法裁判所の管轄範囲は特に変化しない。（三）国際連盟理事会と同総会による常設国際司法裁判所の判事選挙、判事及び職員の待遇の決定、労働事件及び通商交通事件の専門委員の指名、国際連盟理事会と同総会による同裁判所の勧告意見を求める決定については、参加が認められなくなる。（四）常設国際司法裁判所規程の改正が行われる場合、ブラジルが一九二九年に規程改正のための会議に参加した前例もあるため、日本は規程改正のための署名国による会議に参加できる。（五）日本が国際連盟を脱退しても、日本は常設国際司法裁判所の経費を公平な形で分担することができ、これにはアメリカの先例がある。（六）日本が国際連盟を脱退しても、日本国籍の裁判官が常設国際司法裁判所判事を辞任する必要はなく、これにはブラジルの先例がある。（七）日本が国際連盟脱退により失う権利の中でも、判事選挙に参加する権利と、日本が当事者である紛争について常設国際司法裁判所が勧告的意見の請求に応じる際に日本の同意を必要とする権利については、特に何らかの形で確保するための措置が必要である。（八）前記の権利を確保するためには、常設国際司法裁判所規程の各署名国から個別に承認を取り付けるか、国際連盟を脱退した他の常設国際司法裁判所規程署名国に対して従前と同様の権利を認めるための議定書を締結することを求めるか、規程の改正を要求することが必要である。（九）常設国際司法裁判所規程には脱退に関する規定がないが、その場合に各加盟国が自由に脱退できるか否かについては、論争があり結論が出ていない。――総じて見れば、松田はアメリカやブラジルの先例を引くことで国際連盟脱退後も日本が常設国際司法裁判所に加盟して従前の権利を保持し続けることができるとしつつも、特に判事選挙への参加の権利と自らが当事者である紛争に関する勧告意見の請求に同意する権利については不利な状況が生じる可能性を認め、対策の必要を訴えたと言える[219]。

以上の松田の私見に対し、安達は同年五月に返信を寄せた。安達は松田の私見について概ね同意した一方で、いくつかの点においては日本の国際連盟脱退後における常設国際司法裁判所での権利保持について松田よりも厳しい見方を示した。まず、（四）で示された常設国際司法裁判所規程改正への参加の権利について、安達は「私見ハ貴示ノ通リ」としつつも、「当然ノ権利トシテハ異論アルモノノ如シ」との但し書きを添えていた。また、（六）で示された常設国際司法裁判所における日本人判事の留任についても、安達は「全然貴示ノ通リ」としつつ、「帝国ニ於テ連盟脱退後ハ帝国臣民タル裁判官ノ依然トシテ所長タル事ハ、外間ニ多少奇異ノ感ヲ与フルナラント思フ者アルモノノ如シ」との見解を示した。松田が（八）で論じていた日本の権利保持の具体的方法については、アメリカの常設国際司法裁判所加盟のための議定書の起草過程を踏襲し、日本の国際連盟脱退が発効する一九三五年三月より前に国際連盟加盟国と個別に交渉を進め、日本の常設国際司法裁判所加盟の方法を議論する関係国会議を開くことを国際連盟理事会に請求させることが望ましいとした。また、松田が（九）で論じていた日本が常設国際司法裁判所から脱退できるかの問題については、「帝国ノ裁判所ニ対スル法律的地位ニ何等実質的変更ヲ為スモノニ非サルガ故ニ、実際上ノ問題トシテハ深ク研究スルヲ要セサルモノノ如シ」と論じた[220]。安達は常設国際司法裁判所で他の判事と接している分、日本が常設国際司法裁判所に残留する上での課題を松田よりもはっきりと認識していたと思われるが、一方で日本が常設国際司法裁判所に残留し従来の権利を保持する方法についてもより具体的に考えていたのである。

安達が松田の書簡に返答した後の同年六月、日本外務省の条約局第一課は「帝国ガ国際連盟脱退後更ニ常設国際司法裁判所規程署名議定書ヨリ脱退スルコトノ得失ニ関スル法的考察」という文書をまとめた。この文書は、日本の国際連盟脱退後の常設国際司法裁判所における地位の継承については概ね松田や安達の書簡で述べられていた見方と同じ見解を示しているが、日本が常設国際司法裁判所から脱退する可能性やそれにより起こりうる影響について、これらの書簡よりも踏み込んで論じている。まず、日本が常設国際司法裁判所から脱退できるかについて、文書は一九二九年のアメリカの常設国際司法裁判所加盟に関する議定書においてアメリカが同裁判所から脱退する権利が留保として認められたことを指摘しつつ、この例だけにより常設国際司法裁判所加盟国の脱退の権利が認められたとは言い切れないとも述べた。次に文書は、仮に日本が常設国際司法裁判所から脱退した場合、現在同裁判所の管轄下にある問題のうちいくつかの例においては同裁判所の管轄を免れるものの、第一次世界大戦の講和条約や国際労働機関により採択された条約については同裁判所の管轄を免れ得ず、同裁判所からの脱退により同裁判所の管轄を免れるようになる例の割合は全体の中では少数であると述べた。その上で、文書は日本が常設国際司法裁判所を脱退した場合に不利になる事例として同裁判所の判事選挙に参加できる可能性がなくなることと同裁判所規程の改正のための会議に参加できる可能性がなくなることを指摘した。文書は以上の問題を踏まえて、日本が常設国際司法裁判所から脱退したとしても同裁判所の管轄を受ける範囲があまり変わらない一方で同裁判所の判事選挙や規程改正に関与する余地があるため、日本が自ら常設国際司法裁判所からの脱退を宣言する場合には日本が一方的に不利な状況に置かれることになると結論付けた(221)。

日本外務省で同じ六月にまとめられた文書「帝国ノ国際連盟脱退後ニ於ケル常設国際司法裁判所トノ関係ニ就テ」においても、上記の文書と同様に、日本が国際連盟脱退後も常設国際司法裁判所に加盟した上で判事選挙と規程改正において国際連盟加盟国と対等な地位を確保するという方針が示された。同文書は、国際連盟脱退を通告してから脱退が発効するまでの二年間の間に国際連盟理事会と同総会で判事選挙が行われる場合について「政治的其他諸般の考慮より出席を見合はす方可なりとの意見もあり得へし」と述べつつも、判事選挙に参加する権利があることは当然だと論じており、また裁判官の俸給の規定などについては日本が参加しない場で決定されることになるが、これらは「帝国カ総会及理事会ニ出席ノ権利アルニ拘ラス政治的理由ニ依リ欠席シ居ルコトヨリ生スル已ムヲ得サル結果」であると論じていた(222)。日本政府は国際連盟加盟国との対等な地位を確保することを目的に、国際連盟脱退後も常設国際司法裁判所に残留し続けることを目指したのである。

二　日蘭仲裁裁判調停条約の締結とその後

満洲事変勃発以前から交渉の途上にあった日蘭仲裁裁判調停条約が調印に至ったのは、このように日本の国際連盟脱退通告を経て日本の常設国際司法裁判所との関係の再検討が進められていた最中、一九三三年四月のことだった。同条約の調印から批准に至るまで、日本政府はこの仲裁裁判調停条約に対してどのような態度を示したのだろうか。残念ながら調印の前後における日蘭の交渉に関する文書が現存していないため、日本政府が同条約への調印を決定した過程について詳細に論じることには限界があるが、残された史料から判断できる範囲で論じたい。

時間を少し遡る。前節で述べたように一九二九年に広田駐蘭公使と杉村国際連盟事務局次長、ベーラルツ蘭外相の間で日蘭仲裁裁判調停条約の案に関する協議が行われて以降、日蘭の交渉は依然進展を見ないままだった。この状況において、一九三一年四月、広田に代わり駐蘭公使に就任した松永直吉がベーラルツ蘭外相と会談した際に、松永はベーラルツから日蘭仲裁裁判調停条約の締結を改めて要求された。松永は同条約の締結について「帝国政府ニ於テモ主義上至極賛成ナリ」と述べつつ、「政府ニ於テ今尚考慮中ニ属シ進捗セサルハ本使ノ承知スル限実ハ主トシテ日米間仲裁裁判条約締結問題ニ関連セリトテ右日米間条約問題解決次第日蘭間条約ヲ進捗セシメ度キ意向ナリト存セラルル」との私見を示した[223]。日蘭仲裁裁判調停条約の締結に向けた準備が遅れていた原因として日米仲裁裁判調停条約締結交渉の停滞が言及されていたことは興味深い。日米仲裁裁判調停条約締結交渉の停滞は、日米間の問題のみにとどまらず、他の仲裁裁判条約の締結交渉にも暗い影を落としていたのである。

ベーラルツからの要望を受け、日本政府は同年七月、日蘭仲裁裁判調停条約の政府案を作成した。この日本政府案は第一条で「締約国ハ相互間ニ起ルコトアルヘキ一切ノ紛争又ハ其ノ性質又ハ起因ノ如何ヲ問ハス平和的手段ニ依ルノ外之カ処理又ハ解決ヲ求メサルコトヲ約ス」という不戦条約第二条と同一の規定を設けつつ、第二条で「締約国ノ一方ニ依リテ主張セラレ他方ニ依リテ争ハルル条約上又ハ国際法上ノ権利ヲ目的トスル一切ノ争議ニシテ通常ノ外交上ノ手続ニ依リテ友好的ニ処理セラレ得サリシモノハ特別取極ニ依リ各場合ニ付決定セラルヘキ所ニ従ヒ常設国際司法裁判所又ハ仲裁裁判所ニ裁判ノ為付託セラルヘク右特別取極ハ必要アルトキハ右裁判所ノ構成ヲ規定シ其ノ権限ヲ決定シ係争問題ヲ記述シ且付託条件ヲ定ムヘシ（前記争議ハ特ニ国際連盟規約第十三条ノ紛争ヲ含ムモノトス）」と定め、「条約上又ハ国際法上ノ権利ヲ目的トスル一切ノ争議」について「特別取極ニ依リ各場合ニ付決定セラルヘキ所ニ従」うとの条件付きで国際裁判への付託を認める方針を示した。また、同条約案第五条は「通常ノ外交上ノ手続ニ依リテ友好的ニ解決シ得スシテ締約国カ離間セラルルコトアルヘキ一切ノ問題ニシテ其ノ解決カ本条約第二条ニ依リテ定メラレタル裁判ニ依リテ求メ得サレズ且其ノ処理手続カ締約国間ニ有効ナル条約又ハ協約ニ依リテ既ニ定メラレザルモノハ常設調停委員会ニ付託セラルベシ」と定め、第二条に定められた形式で国際裁判に付託されない紛争についても、常設調停委員会に付託されることを認める方針を示した[224]。日本政府は以前の仲裁裁判条約のように「緊切ナル利益」に関する紛争の除外といった条件を設ける形で仲裁裁判条約に同意するのではなく、国際裁判以外に紛争を付託する場として常設調停委員会を組織するという二段構えの方式を設けることにより、一切の紛争を平和的手段により解決できるようにする仕組みを受け入れるようになった。すなわち、これまで日本政府は日米仲裁裁判調停条約締結交渉における態度と日蘭仲裁裁判調停条約の締結交渉における態度を使い分けていたが、この時期になって日本政府は、日米仲裁裁判調停条約締結交渉の方針を日蘭仲裁裁判調停条約締結交渉においても適用するようになったのである。

しかし、この一九三一年七月の日本政府案は、オランダが提案する条約案とまだ違いがあった。例えば、日本政府案第二条においては裁判所の選定や仲裁裁判官の選任について事件ごとの日蘭両国の合意（コンプロミ）があることが紛争を国際裁判に付託するための必要条件とされていたが、同条約のオランダ政府案では一方の国の意思があれば紛争を常設国際司法裁判所に付託できると定められていた。また、オランダ政府案では紛争が裁判に付託されるべき性質のものかについても一方の国の意思があれば常設国際司法裁判所の決定に任せることができるとされ、調停が成功しなかった場合に締約国が紛争を国際連盟理事会に付託することができるとされていたが、日本政府案にはこのような規定は含まれていなかった。この他にも、常設調停委員会の人数と国籍、その権限についても、オランダ政府案がより中立的な構成や広い権限を認めるものであったのに対し、日本政府案にはそのような規定は含まれていなかった[225]。確かに日本政府は日蘭仲裁裁判調停条約の締結に向けて条件を緩和する姿勢を見せたものの、その条件はオランダ側が示したものにまだ及ばなかった。

このように、満洲事変直前の時期において日蘭仲裁裁判調停条約の調印に向けた日本政府側の準備作業は再び動き出したかのように見えたが、日蘭の要求は合意を見ないままであった。日蘭の交渉が再度動き出し、日蘭仲裁裁判調停条約が調印に至ったのは、満洲事変を経て日本が国際連盟を脱退した直後、一九三三年四月のことだった。この前後の日蘭交渉に関わる外交文書が消失しているため詳細ははっきりとしないが、残された史料による限り、この時期の交渉の進展の背景にはやはり満洲事変後の外交的孤立を回避したいという日本政府の意図があったようである。一九三三年四月、日蘭仲裁裁判調停条約調印のための閣議決定を得るために内田康哉外相が斎藤実首相に提出した請議によると、内田外相は「満洲事変ヲ転機トスル帝国ノ国際的地位ニ鑑ミ和蘭国ト交渉懸案中ナル仲裁裁判条約ノ成立ヲ促進スルノ必要ナルヲ惟ヒ」、一九三二年一〇月に松永駐蘭公使に対して同条約の締結に向けた非公式交渉を開始するよう訓令を発した。一九三三年三月に斎藤博が新たに駐蘭公使に就任すると、ベーラルツ蘭外相は斎藤に対し、自身が同年四月に退任するためそれまでに条約の調印を終えたいとの要望を申し出た。このためベーラルツ外相と斎藤公使の間で条約締結に向けた交渉が進展し、四月に両者の間で合意が成立した[226]。同資料では内田外相が松永駐蘭公使に交渉開始を訓令したのは一九三二年一〇月とされているが、それ以前の同年八月に閣議決定された「国際関係ヨリ見タル時局処理方針案」において、「其他ノ各国ニ対シテモ出来得ル限リ友好関係ノ増進ヲ図リ且通商ノ円滑ヲ期スヘク殊ニ蘭国トノ間ニハ曩ニ同国側ノ希望ニ基キ開始セラレタル仲裁裁判及調停条約締結方ニ関スル交渉ヲ促進」すべしという方針が既に盛り込まれていた[227]。内田外相は満洲事変による日本の国際的地位の不安定化への対策の一環として、長年の懸案だった日蘭仲裁裁判調停条約の交渉を進めることを決めたのである。

この一九三三年四月の合意の内容を見ると、それが一九三一年の交渉における日蘭それぞれの仲裁裁判調停条約案を折表したものだったことがわかる。例えば、調停に付託する紛争の範囲について、日蘭合意では「調停ニ付託スヘキ事件ハ日蘭間ニ生スヘキ一切ノ紛争ト為スコト」「事件ヲ調停ニ付託スルニハ…当時国一方ノミノ請求ニ依リ之ヲ行ヒ得ルコトヲ認ムルコト」と定められた一方で、「常設調停委員会ノ為スヘキ提案又ハ報告ハ何等当事国ヲ拘束スルモノニ非サルモノト為スコト」との方針が盛り込まれた。また、国際裁判に付託する紛争の範囲について、日蘭合意は「各場合ニ付当事国双方カ共ニ法律的紛争ト認メタルモノニ限ルコト」と定め、裁判を付託する機関の決定については「常設国際司法裁判所又ハ当事国ノ合意ニ依リ各場合ニ構成セラルヘキ仲裁裁判所ノ二者中ノ一トシ右選択ハ当事国ノ合意ヲ以テ定メ得ルモノト為スコト」と定め、仲裁裁判と常設国際司法裁判所のどちらを用いるかについては事件ごとの特別取極（コンプロミ）により決定されるとした[228]。日蘭合意は、満洲事変以後の困難な外交状況を緩和しようとする日本側の意図と、国内政治上の必要性から合意を急いでいたオランダ側の意図が一致し、相互の歩み寄りが実現したことで成立したものだったと言えるだろう。

日蘭仲裁裁判調停条約調印は、同年四月十四日にすぐさま閣議決定された。この決定と同日、外務省にて設けられた外務省、陸軍省、海軍省、軍令部の代表による日蘭仲裁裁判調停条約案の説明会において、陸軍省の代表が「連盟脱退通告直後此ノ種ノ条約ヲ締結スルハ自主外交ノ精神ニ反セスヤ」と質問したことに対し、外務省の代表は「本条約締結交渉ハ数年前ヨリノ懸案ニテ通商発展ノ上ヨリ見テ此ノ種条約ノ成立ハ有意義ト思考サレ最近其ノ交渉カ急ニ進捗シタルモノニシテ連盟脱退問題トハ何等関連スルモノニ非ス」と反論していた[229]。外務省は交渉の期限が差し迫っていると認識し、急いで調印を達成しなければならないと考えていたのではないかと考えられる。果たして閣議決定の通り、同月十九日にハーグにて斎藤駐蘭公使とベーラルツ蘭外相が条約に調印するに至った[230]。何年間にもわたる懸案であった日蘭仲裁裁判調停条約は、電撃的とも言うべき早さで調印に至ったのである。

しかし、最終的に日本が日蘭仲裁裁判調停条約を批准したのは、調印から二年以上が経過した一九三五年六月のことだった。条約の批准が遅れた直接的な原因は、条約批准のための枢密院における審議が一九三四年五月に一時中断したことによるものだった。ただしその原因は、条約の内容に枢密院が難色を示したことだけでなく、一九三四年六月から日蘭会商が開始されることと条約批准の関係性を枢密院が懸念し、日蘭会商における交渉の切り札として条約批准の選択を温存するべきと考えたことによるものだったと考えられる。[231] 一九三四年四月一二日に開かれた条約批准のための第一回枢密院審査委員会会議において広田外相は日蘭会商開始前に仲裁裁判調停条約を批准することでオランダ側に安心を供与したいとの見解を示したものの、一方で枢密顧問官となっていた石井菊次郎からの質問に答える中で、条約批准が枢密院で可決された後も日蘭会商における譲歩を引き出すためにあえて条約批准を遅らせることがありえるとも回答した。[232] 第二回枢密院審査委員会会議では、広田が日蘭会商においてオランダ側に安心を供与するため天皇による批准書への署名の時期を別問題としてひとまず枢密院で批准を可決することを求めたのに対し、枢密顧問官の平沼騏一郎（副議長）と原嘉道が発言し、枢密院で批准を可決すれば直ちに批准決定との報道がなされるという慣例もあり、枢密院で批准を可決しておきながら天皇による批准書への署名を先延ばしにすることは内政上問題であると反論し、富井政章枢密院委員長と倉富勇三郎枢密院議長がひとまず批准の委員会通過を急いだ上で枢密院本会議での批准可決を先延ばしにするという妥協策を提案した。[233]

第三回の枢密院審査委員会の審議においては、日蘭仲裁裁判調停条約において国際連盟脱退後の日本の常設国際司法裁判所における地位に関する規定があった点が論点となった。日蘭仲裁裁判調停条約の署名議定書第二条では、「日本国ノ国際連盟脱退ノ実現ニ依リ常設国際司法裁判所ニ対スル日本国ノ法律的地位ニ変化ヲ生ズルコトアルベキ場合ニハ日本国政府ノ請求ニ依リ前記条約ノ規定中右裁判所ニ関係アルモノヲ変更スルノ必要アリヤ否ヤヲ審査スル為商議ヲ開始スベク右商議中ハ前記関係規定ノ適用ハ停止セラルベキモノトス」と定められていた。第三回枢密院審査委員会において富井と原はこの署名議定書第二条に注目し、一九三五年三月に日本の国際連盟脱退が発効することにより日本が国際連盟理事会と総会における常設国際司法裁判所判事選挙での投票権を失うことが「常設国際司法裁判所ニ対スル日本国ノ法律的地位ニ変化ヲ生ズルコトアルベキ場合」に該当するか否かを質問した。これに対し外務省の栗山茂条約局長は、同条項に該当するのは日本が国際連盟だけでなく常設国際司法裁判所からも脱退した場合であり、国際連盟を脱退した一方で常設国際司法裁判所には加盟し続けている状況はこれには該当しないと回答した上で、一九二九年の改正常設国際司法裁判所規程により国際連盟理事会と総会の決定により国際連盟非加盟国である常設国際司法裁判所加盟国が判事選挙の投票権を得られることを説明した。富井はこの説明により、国際連盟脱退後の日本の状況は「常設国際司法裁判所ニ対スル日本国ノ法律的地位ニ変化ヲ生ズルコトアルベキ場合」に該当しないとの見方を理解した。原は「委員長ノ考方モ一ノ解釈、条約局長ノ考方モ一ノ解釈又私共ノ解釈モ一ノ解釈タリ得ヘシ」と述べて食い下がったが、これに対し石井が発言し、日蘭仲裁裁判調停条約の署名議定書第二条の存否と常設国際司法裁判所からの脱退の可否は別問題であると反論するとともに、金森徳次郎内閣法制局第一部長が発言し、日蘭仲裁裁判調停条約の署名議定書第二条が設けられたのは条約調印が日本の国際連盟脱退の直後でありその影響が予測できなかったことによるものだと説明すると、原は外務省の見解に理解を示した。しかし、第二回委員会で議論された批准の委員会通過と実際の批准の延期に関する案について議論が及ぶと、日蘭会商の交渉の結果により枢密院審査委員会における日蘭仲裁裁判調停条約批准の決定が覆される可能性が残っていることはやはり問題だとする意見が再び複数の枢密顧問官から提案された。広田は日蘭会商の交渉の見込みについて改めて説明したものの枢密顧問官らを説得し切ることはできず、結局枢密院での第三回審査委員会会議は審議未了のまま終了し、批准の手続きは中断となってしまった(234)。

枢密院審査委員会にて日蘭仲裁裁判調停条約批准の審議が再開したのは、一九三五年五月のことだった。この間、一九三四年一二月に日蘭会商が紳士協定の締結を達成した上で一時中断されたことに加え、常設国際司法裁判所判事を務めていた安達峰一郎がオランダでこの世を去った。安達の死は日本の国際裁判への対応の中心を長年にわたり担っていた中心人物の喪失を意味しただけでなく、近い将来後任判事の選挙が行われることを意味した。日蘭会商の一時終結と安達の死が日蘭仲裁裁判調停条約の批准に向けた動きを再び活性化させたことは想像に難くない(235)。この第四回の審査委員会で、広田は日蘭会商におけるオランダ側の交渉姿勢について「蘭印側ハ政治的考慮ハ一切本国政府ニ譲リ蘭印側ハ専ラ通商問題ノミヲ取扱ヒ度シト主張シ我方ノ先ツ政治的誤解ヲ除キテ次ニ通商問題ニ向ハントセル企ハ実行不可能トナレリ故ニ今日ニ至リテハ叙上ノ如キ懸引ハ暫ク措キ本条約ノ批准ニ依リ和蘭本国政府ノミナラス其ノ植民地ニ対シテモ我方ニ対スル良キ空気ノ醸成ニ努メ然ル後ニ更メテ通商交渉ニ着手スルヲ有利トスヘシ」と述べ、日蘭会商の交渉の切り札に用いることが難しいとの見解を示した上で、条約批准の有用性を訴えた。委員会では原が長岡春一の常設国際司法裁判所判事就任の見込みについて質問したのに対し、広田は選挙が一九三五年九月に行われるとしつつも、長岡の判事当選はおおよそ確実だとの見通しを述べた。また、枢密顧問官の河合操から条約批准によりオランダが条約を利用して蘭印に対する日本の脅威を排除しようとするのではないかとの意見があったが、広田は条約があらゆる紛争を国際裁判に付託することを定めたものではなくオランダ側が河合の指摘するような目的のために条約を利用することは考えにくいと反論した[236]。第四回の審議を経て枢密院審査委員会は条約批准を可決し、一九三五年八月一三日、ようやく日本は日蘭仲裁裁判調停条約を批准することになったのである[237]。

しかし、日蘭仲裁裁判調停条約が批准に至るまでの間に、日本と常設国際司法裁判所との関係に決定的な影響を及ぼす事態が起こった。アメリカ政府の求めにより同国の常設国際司法裁判所加盟に関する議定書が作成され、アメリカ自身もそれに調印していたにも関わらず、一九三五年一月二九日、アメリカ上院においてアメリカの常設国際司法裁判所加盟案が僅差で否決されたのである。この否決を受け、斎藤博駐米大使は本省に宛てて「今回ノ敗北ニヨリ米国ノ裁判所加入ハ当分見込ナキニ至レルモノト云フヲ得ヘシ」との見通しを報告した[238]。これを受けて日本外務省が常設国際司法裁判所に対する態度を再検討したことを示す史料は確認できないが、一九二八年の日米仲裁裁判調停条約締結交渉やアメリカの常設国際司法裁判所加盟のための議定書の起草において見られた日本外務省の態度を踏まえると、アメリカの常設国際司法裁判所加盟が絶望的になったことは、日本政府が常設国際司法裁判所への紛争の付託を受け入れることを阻む大きな要因になったのではないかと推量される。確かに日本は国際連盟を脱退し常設国際司法裁判所判事選挙への確実な投票権を失った後も常設国際司法裁判所に残り続け、留保なしに法律的紛争を国際裁判に付託することを定めた日蘭仲裁裁判調停条約を批准するに至っただけでなく、一九三五年九月には新たに長岡春一が常設国際司法裁判所判事に就任することになった。

しかし、日本がその後新たに他の国と仲裁裁判条約を結ぶことはなく、常設国際司法裁判所規程の選択条項を受諾することも遂に叶わないまま、日本は日中戦争開戦を迎えたのである。

日中戦争の開戦から一年を経て国際連盟で対日制裁決議が採択され、これに対抗して日本政府が国際連盟の関連機関との協力終止を宣言すると、日本政府と常設国際司法裁判所との関係も事実上終わりを迎えることになった。一九三八年一〇月一四日、日本政府は日本の国際連盟脱退から続けていた国際連盟の関連機関との協力関係を終止することを閣議決定し、関連機関における政府代表の解任、個人の資格で関連機関に協力している者への辞職の勧告を決定した[239]。ただし、この宣言の解釈に関して外務省がまとめた説明書において、日本政府と常設国際司法裁判所の関係については「国際司法裁判所規程ノ脱退ナル法律問題ニ触レズ事実上司法裁判所トノ関係ヲ断ツ（傍点原文）」こととされていた点には、注意が必要である[240]。この点について、同月に外務省条約局第三課がまとめた模擬問答集では、「協力終止ト常設国際司法裁判所トノ関係如何」との問に対して、「同規程（常設国際司法裁判所規程――引用者注）ニハ脱退規程ヲ存セス、昭和四年規程改正会議ニ於テ問題ト為リ脱退ハ可能ナリトスル説ト不可能ナリトスル説アリテ意見一致ヲ見サリキ」とした上で、「仍テ我方ハ今回ノ措置ヲ執ルニ当リ国際司法裁判所規程ノ脱退ナル理論問題ニ触ルルコトナク、今後裁判所ニ対スル分担金ノ支払ヲ停止シ、明年ノ裁判官改選ニハ候補者ヲ出サズ、事実上裁判所トノ協力関係ヲ無クスル方針ナリ（傍点原文）」との回答が示されていた[241]。常設国際司法裁判所からの脱退が可能か否かについて議論が棚上げになっている中、日本政府は「脱退」を宣言しない代わりに、分担金の支払い停止と次回判事選挙への候補擁立辞退を宣言するという形で、常設国際司法裁判所との関係の「終止」を宣言するに至ったのである[242]。

小　括

常設国際司法裁判所の創設以降、日本は仲裁裁判や常設国際司法裁判所といった国際裁判による紛争解決について、一貫してその範囲を狭いものに留めようとする姿勢を示していたというのが、従来の通説だった。確かに、太平洋戦争開戦に至るまでに日本が他国と結んだ仲裁裁判条約は二つのみであり、常設国際司法裁判所の選択条項を受諾しなかったことは事実である。しかし、同時期に日本が仲裁裁判条約の締結と連盟における国際裁判の強化の動きに対してどのような対応を構想してきたかを双方の関連に注意しながら検討していけば、日本政府がこの時期の連盟における議論や国際環境の変化に応じて、徐々にではあるが対応を変化させていったことが窺える。そしてその中には、新しい先例の登場や外交環境の変容に即して、平和的手段によって解決できる紛争の範囲を拡大していこうとする契機も存在していたのである。

常設国際司法裁判所規程の起草直後において、日本政府が国際裁判の管轄範囲拡大に対して当初示した対応は、国際連盟規約以前の仲裁裁判条約における紛争解決の適用範囲を維持しようとするものであった。しかしスイスとの仲裁裁判条約の交渉を経て、日本の仲裁裁判条約締結の一般方針案の中では、「緊切ナル利益、独立若ハ名誉」に関する紛争の除外という三条件を「緊切ナル利益」に一本化することが盛り込まれるに至り、それは一九二四年のジュネーブ平和議定書起草の過程において再確認されるに至った。これにより日本は、国際裁判による紛争解決の範囲を日本が受け入れられる範囲で徐々に拡大していくという形に、対応を変化させていくことになった。

これに続くロカルノ条約における仲裁裁判条約は、一切の法律的紛争を仲裁裁判または常設国際司法裁判所に付す先例とされた。この新しい先例は、日本政府が新日米仲裁裁判調停条約の締結交渉において条約案を検討する際に新たな参照基準になった。同条約の締結を提起するにあたって、アメリカは条約案から「緊切ナル利益、独立若ハ名誉」に関する紛争の除外という条件を撤廃した一方で、第三国の利益に関係する紛争の除外を維持するとともに、国内管轄事項の除外、「モンロー主義」に関わる紛争の除外といった新たな条件を盛り込んでいた。これに対して日本側の案はロカルノ条約における仲裁裁判条約の先例を援用してこの条件に批判を加え、一切の法律的紛争を裁判管轄権に含む仲裁裁判条約の締結を目指した。

このように日本政府が先例を援用して仲裁裁判条約の締結交渉に臨む一方で、日本政府はロカルノ条約における一切の法律的紛争を裁判管轄権に含む仲裁裁判条約という先例を日本が結ぶ仲裁裁判条約にそのまま転用することを避ける例もあった。また、日本政府は一般議定書のように連盟において一般的に国際裁判の義務化を進めようとする動きには慎重な態度を示していた。しかし日本政府はアメリカが常設国際司法裁判所への加盟を目指すことに前向きな姿勢を見せるとともに、第一〇回連盟総会においてイギリスが常設国際司法裁判所規程選択条項の受諾に応じ、続いて多くの国が一斉に選択条項の受諾に応じると、外相の幣原が選択条項の受諾に賛意を示すようになるなど、普遍的な国際裁判の義務化を受け入れるための準備を進めるようになった。このような中で日本政府において起草された選択条項受諾の留保条件案は、原則として一切の法律的紛争について応訴義務を認めるものである一方、中国国民政府との対立を受け、明確に中国との紛争を除外する条件が加えられたものとなった。満洲事変は日本の外務省がこのような条件案を検討していた矢先に発生したのである。

満洲事変の勃発とそれに続く日本の国際連盟脱退により、日本外交の中での国際裁判の位置づけは変わってしまった。確かに、日本が国際連盟脱退を宣言してからも、日本は常設国際司法裁判所から脱退せず、一九三五年には法律的紛争を留保なしに国際裁判に付託することを定めた日蘭仲裁裁判調停条約を批准するに至った。国際連盟脱退後の日本のこのような態度は、「国際連盟と併存可能な脱退国」[243]を目指す方針の一環だったと見ることもできる。しかし、日本が国際連盟を脱退した以上、日本が侵略への制裁の制度化や軍縮の前提として国際裁判をはじめとする国際紛争の平和的解決の手段を受け入れることは絶望的になってしまった。そしてこれ以後、日本が常設国際司法裁判所規程選択条項を受諾することも叶わなかったのである。

それでは、以上の過程において、日本政府が国際紛争を国際裁判に付託することを受け入れるよう促したものとは何だったのだろうか。まず、日本政府が特に重視していたのは、アメリカとの紛争を国際裁判に付託できるようにすることだったと考えられる。日本政府は、日蘭仲裁裁判調停条約締結交渉を進めようとしなかった一方で同時期の日米仲裁裁判調停条約締結交渉においてはより包括的に仲裁裁判の付託範囲を定めることを目指した。また、アメリカが常設国際司法裁判所に加盟するための動きを加速させた際には、アメリカ政府側が多くの留保条件を提示したにも関わらず、加盟を認める姿勢を示した。戦間期の日本政府が国際裁判の付託範囲拡大を受け入れようとしたのは、アメリカとの関係改善のためにそれが役立つという見通しがあったからだったと言えよう。また、日本政府が特に重視していたのは、国際裁判において日本人判事（もしくは欧米出身でない判事）の参加を確実にすることだったと考えられる。常設国際司法裁判所規程が起草される際には、日本政府は日本人判事が確実に任命されるような判事選出方法を設けることに強い関心を示した。常設国際司法裁判所創設後の一連の過程においても、かつて家屋税事件の仲裁裁判で日本側が敗訴したことへの不満や国際裁判の構成が欧米諸国に有利なものなのではないかとする疑念は度々姿を現した。また、日本が国際連盟脱退を宣言した後には、日本が国際連盟理事会と総会における判事選挙での投票権を失うことを回避しようとする方針が打ち出された。日本政府にとって国際裁判の構成の問題はその機能の問題にも増して重要視されていたと言えるだろう。裏を返せば、国際紛争を国際裁判に付託できるようにすることを戦争の防止に役立てようとする意識や、侵略への制裁や軍縮といった戦争の防止のための他の取り組みを進めるために役立てようとする意識は、日本政府においては希薄だったとも考えられる。戦間期の日本の外交政策において、国際裁判は自国の外交問題を有利に解決することや大国としての名誉を誇示することといった目的の手段として重視されることはあっても、戦争の防止や平和という目的の手段として重視されることはなかったのではないだろうか。日本が常設国際司法裁判所規程の選択条項を受諾できなかった大きな原因はそこにあったのかもしれない。

第三章　外国人待遇問題と日本外交
――多国間枠組みの積極的活用――

はじめに

第一次世界大戦終結後、国際連盟をはじめとする国際機構の活動は、国際紛争の平和的解決に直接関わる活動にとどまらず、経済・社会問題といった幅広い分野へと拡大していった。これらの分野における国際連盟の活動は、連盟が国際紛争の平和的解決のために十分な機能を果たせなかったことに対して、第二次世界大戦後の国連の活動につながるような具体的な成果を遺すことができた例として近年再評価されており(244)、同時にこれらの分野における国際連盟の活動は、国際連盟に加盟していた時代の日本が国際連盟の活動の中でも積極的に関与していた分野の活動として再評価されている(245)。

これら国際連盟の経済・社会分野の活動に日本政府が携わった時期は、アメリカをはじめとするいくつかの国と日本の間で日系移民の待遇をめぐる問題が顕在化した時期でもあった。特に一九二四年に成立したアメリカの排日移民法（一九二四年移民法）は、ワシントン会議を経て安定の兆しを見せた日米関係を再び悪化させ、日本外交にとって大きな衝撃を与えた。この排日移民法の成立は、日本の国粋主義者らが政府の外交政策を非難する際の攻撃材料として利用されただけでなく、金子堅太郎や新渡戸稲造、渋沢栄一など、それまで日本において国際協調の意義を宣伝してきた「国際人」らを大きく落胆させることになった。排日移民法成立後に長く外交政策を担うことになった幣原喜重郎外相は、排日移民法は日米戦争のきっかけになるようなものにはならないとしてその影響を楽観視しながらアメリカとの協調を維持する外交政策を推進していったが、その裏で日本の世論における反米感情は高まっていた[246]。

日系移民問題に代表されるような移民の受け入れや外国人の待遇をめぐる国家間の対立を解決するために、国際連盟をはじめとする国際機構の活動が役に立つことはありえただろうか。ここで問題となる点が、当時アメリカだけでなく多くの国々において、移民の受け入れと外国人の待遇が専ら国内の管轄に属する事項であり他国の干渉を許す余地が無い問題であるという見方が根強かったということである。しかし、外国人待遇問題が専ら国内問題であるという見方に対する批判や、何かしらの国際的な取り決めによりこれに対処すべきだという見方は、この時代にも存在していた。その見方を示していた人物の一人が、植民政策学者の矢内原忠雄（東京帝国大学経済学部教授）である。矢内原は一九二六年に「米国の日本移民排斥に就て」と題する論考において、「法律観念も亦社会的変動に応じて変遷すべきが故に、国際的交通の密接となりたる現代に於て、移民を以て純然たる国内立法事項なりとするは、吾人の法的観念に十分の満足を与へることは出来ない」「移民それ自体が人口の国際的移動であり、一の国際的社会現象である」としてアメリカの排日移民に批判を加えた上で、以下のように論じている。

「一方には偶然なる事情によりて広大なる土地を先占し、生活程度の高きを楽しむ国民。他方には天然資源の豊かならざる挟土に急激に増加する人口を擁して移住の必要に迫らるる国民。後者はその生活程度を向上しまたは維持せんが為めに移住せんとする。前者はそのより高き生活程度をより高きに向上もしくは維持せんが為めに他の移入を拒否せんとする。両者の関係を平和的合法的に規律するが為めには、国内主権の行使を制限すべき国際的団体の規律に服するか、或は少くとも関係国間の任意的協定によらねばならない[247]。」

矢内原は植民を定義するに当たり、それを国際的な人口移動という社会現象として定義し、世界における資源の偏在と人口増加の不均衡をその原因として位置づけていた[248]。矢内原にとって、植民の背景にある資源の偏在と人口増加の不均衡を解決するために国際的団体による規律が必要であるという論理は、自然なものとして考えられたものであろう。

実際に戦間期の国際関係史を見渡せば、この時代において外国人待遇問題が国際連盟をはじめとする多くの多国間枠組みにおける議論と関わっていたことがわかる。例えば、パリ講和会議において日本による人種平等提案が日系移民問題への対策という意図から提案されたということは、先行研究によってよく知られている[249]。さらに、国際連盟に設立された経済委員会において外国人待遇問題が議論された他、一九二四年には第一回国際移民会議が開かれ、一九二九年には国際連盟外国人待遇問題会議が開かれた。このように、外国人待遇問題を国際機構や他の多国間枠組みの中で議論する機会は、戦間期において度々存在したのである。

また、外国人待遇問題を専ら国内管轄に属する事項と見なすべきかという問題は、国際連盟を中心とする国際紛争の平和的解決のための仕組みが機能するか否かにも関わる問題であった。国際連盟規約のうち国際紛争の平和的解決のための手続きを定めた第一五条のうち第八項には「紛争当事国ノ一国ニ於テ紛争カ国際法上専ラ該当事国ノ管轄ニ属スル事項ニ付生シタルモノナルコトヲ主張シ聯盟理事会之ヲ是認シタルトキハ聯盟理事会ハ其ノ旨ヲ報告シ且之カ解決ニ関シ何等ノ勧告ヲモ為ササルモノトス」と記されており、ある国により国際紛争だとされたものを相手国が自国の国内問題だと主張し理事会がその旨を認めた場合、理事会は同紛争に対して勧告をなさないことが定められていた[250]。国際連盟創設後に国際連盟規約を補完する形で国際紛争の平和的解決のための新たな枠組みの作成が議論される際、外国人待遇問題のように国内管轄に属するか否かの判断が分かれうる問題が存在することは、紛争に対する国際連盟の関与の可否をめぐる論争を引き起こす要因になりえたのである。

先行研究において、戦間期やそれ以前における日系移民問題は、日米間を中心とした二国間の問題として論じられてきた[251]。しかし、先述の様な多国間枠組みでの外国人待遇問題の議論に日本政府がいかに関与したかについては、先行研究でもほとんど論じられていない[252]。もし日本政府が外国人待遇問題を扱う国際機構や多国間枠組みの活動に深く関与していたとすれば、日本政府が日系移民問題の改善を具体的な形で模索していたという、先行研究とは異なる見方が可能になるだろう。また、当時アメリカだけでなくカナダやオーストラリア、ブラジルといった多くの地域で日系移民の排斥が問題視されていた以上、多国間外交における外国人待遇問題の議論の内容を検討することは、日本外交全体の中における日系移民問題の位置づけを考える上でも重要であると思われる。そして何より、日本政府が国際連盟をはじめとする多国間枠組みにおいて外国人待遇問題の議論に関与した過程を検討することは、日本外交と国際連盟をはじめとする国際機構の関わり方を評価する上で、大きく役立つことである。先行研究では国際社会全体を規律する原則を多国間外交の場で改革しようと訴える見方は日本政府において一般的ではなかったとされているが、(253)もし日本政府が多国間枠組みにおける外国人待遇をめぐる議論に深く関与していたとすれば、この時代の日本政府が国際連盟をはじめとする多国間枠組みにおいて国際社会全体の規則を定めることが日本の国益のためにもなると認識していたという評価が可能になるだろう。

本章は、以上の問題を踏まえ、移民をめぐる多国間枠組みに対して日本政府が関与した過程を検討する。第一節では、アメリカでの排日移民法可決以前の国際連盟における議論や、一九二四年の第一回国際移民会議に日本政府が参加する過程を検討する。第二節では、日本政府が外国人待遇問題を国際問題として解決するための基礎を国際連盟における紛争の平和的解決の枠組みの中で実現しようと試みた例として、一九二四年の第五回国際連盟総会でジュネーブ平和議定書が起草される過程において日本政府が修正案を提出した過程を検討する。第三節では、排日移民法以後の多国間枠組みにおける外国人待遇問題に関する日本政府の対応として、一九二七年のジュネーブ国際経済会議、一九二九年の国際連盟外国人待遇問題会議に日本政府が参加した過程を検討する。

第一節　人種平等提案の挫折から外国人衡平待遇の提案へ

パリ講和会議における日本政府の人種平等提案は、多国間の場において日系移民問題の改善を目指すものだったが、その試みは結局実を結ばなかった。しかし、一九二四年に排日移民法が可決するまでの間、国際連盟での人種平等提案の再提案や外国人労働者の待遇問題の議論、国際移民会議などの場で、外国人待遇問題に関わる提案を多国間の場で扱い得る機会は存在した。本節では、そのような機会における日本政府の対応を検討したい。

一　国際連盟総会における人種平等提案再提案の挫折

まず言えることは、日本政府は人種平等提案の再提案という形で日系移民問題に対処することを避けていた、ということである。一九二〇年一一月から国際連盟の第一回総会が開催されることに先立ち、日本外務省から同総会の日本政府代表に送られた訓令では、人種平等提案の扱いについて、「帝国政府ハ巴里平和会議ニ於テ我全権委員ノ声明セル趣旨ニ基キ依然トシテ公正ナル我従来ノ主張ヲ抱懐スル次第ナルハ勿論ナレドモ今回ノ総会ニ本問題ヲ提出スルハ其ノ時機ニ非ズト認メラルルヲ以テ暫ク之ヲ見合サレ度シ」との指示が与えられていた(254)。また、第一回総会において日本代表を務めた石井菊次郎は、本会議の演説で「連盟ハ断固トシテ権力ヲ廃シ正義ノ味方タルヘキコトヲ普ク知ラシメ更ニ亦恒久的平和ヲ一層確保センカ為ニハ機会均等ノ主義ヲ以テ広大ナル平和組織即チ国際連盟ノ一礎石タラシメサルヘカラサルコトヲ宣言スル機会ニ逢着シタリ」として日本が以前提案した人種平等提案の意義を強調する一方、「然レトモ日本ハ現下ノ事情ニ於テハ連盟ハ未タ其ノ組織ヲ確立シ現規約ニ基ツク実際上ノ運用ニ付慎重ナル注意考察ヲ払ハサルヘカラサル形態ニ在リテ連盟規約ノ改定ヲ必要トスル根本主義ニ関スル問題ノ審議ハ寧ロ暫クコレヲ他日ニ譲ラサルヘカラサルコトヲ確信ス」と述べていた(255)。

もっとも、第一回総会後、新たに作られた規約改定委員会に日本政府が人種平等提案を提出するべきかについて、石井は判断の難しさを感じていたようである。石井は一九二一年二月に東京の外務省への報告の中で、次回の連盟総会で日本から人種平等提案を提出しなければ日本は提出を諦めたと思われるという危惧を示しつつも、提案の提出が米国加入を遅延させるのではないかというリスクも憂慮し、東京の外務省に訓令を求めていた(256)。これに対して同年四月に外務省が下した判断（同月閣議決定）は、人種平等提案の再提出を当面見送るというものだった。この判断の根拠として、訓令は石井に対して二つの根拠を挙げている。一つは人種平等提案の再提出が日英同盟改定や石井ランシング協定といった問題の解決のための障害になるということ、もう一つは、創設されたばかりの国際連盟では大国の意向や各国の主権が重視されているため、できるだけ関係国との交渉により漸進的に問題の解決を図ったうえで国際連盟規約の改正を訴えざるをえないということだった(257)。この判断はパリ講和会議からワシントン会議に至るまでの転換期にあったがゆえのものとも言えるが、日本政府にとって、創設間もない国際連盟において連盟規約改正という形で人種平等を訴えることは、リスクが大きいものだと考えられていたようである。

この四月の閣議決定以降、日本政府は人種平等提案の提出を見送る態度を明確にしていった。一九二一年五月、アルゼンチンの外務次官が同国駐在の日本の通訳官を通じて人種平等提案へのアルゼンチンの賛成を表明し、現段階での日本政府の同案への態度を問い合わせてきたのに対し、東京の外務省は、「連盟ハ今尚発達ノ初期ニ属シ此ノ際連盟ノ組織ニ根本的改革ヲ加フルカ如キハ成ルヘク之ヲ避クルコト可然ト言フニ存ス」との回答を訓令で示した(258)。このように、国際連盟における人種平等提案は日本世論において一時支持を集めたものの、早くも封印されるようになったのである。

二　第一回国際移民会議（一九二四年）

これに加えて、国際連盟以外の場で人種平等提案を提案しうる機会があった際でも、日本政府は人種平等提案を提案することを避けようとした。その事例として、一九二四年のローマでの第一回国際移民会議での対応が挙げられる(259)。この第一回国際移民会議は、元来草創期の国際労働機関において移民問題や外国人労働者の問題がなかなか議論されなかったことに対し、イタリア政府がその活動を補完するという名目で提案したものだった。確かに会議開催の背景には移民送出国であるイタリアが移民の取り扱いを多国間の議論において移民送出国に有利な形で作りたいという利害意識が見え隠れしていたものの、会議にはアメリカやオーストラリア、ブラジルといった主要な移民受入国を含む五七カ国が参加し、地域を超えた普遍的な多国間枠組みを目指すという大義はひとまず達成されることになった(260)。加えて、日本政府がこの会議への参加を準備していた時期とアメリカ議会において排日移民法が審議された時期が重なっていたということも重要である。

一九二三年五月、国際移民会議を開くというイタリアからの提案に対し、同月に日本の外務省は「帝国政府ハ書中列記事項ノ審議ガ将来諸国移民ノ地位改善並確保ニ資スルコト少ナカラサルヘキヲ認メ該諸項ノ討議研究ヲ目的トスル国際移民会議開催ノ居ニ賛シ右開催確定ノ通報ニ接シ次第特ニ支障無之限リ其ノ招請ニ応ズル様詮議ヲ進メ尚附議ヲ希望スル事項ノ有無ヲモ開示スルノ意向ヲ有ス」と、概ね好意的な回答を返した。もっとも同回答は、会議の成功のためには移民送出国と移民受入国の両方の参加が必要であるとの忠告も含めてのものだった(261)。それでも、国際移民会議に参加するという七月の閣議決定では、「本会議ハ相当重要視スヘキ理由アリ且会議ノ結果ハ本邦移民将来ノ発展上ニ影響ヲ及ホスモノアリト思考セラルル」とし、日本から会議に参加者を出すことを肯定的に評価していた(262)。

日本からの代表参加が決定してから翌年五月に実際に会議が開催されるまで、イタリアの移民政策担当者は日本政府に対して同じ移民送出国として会議で協力することを度々提案していた(263)。しかし、イタリアからの提案に接していた落合謙太郎（駐伊大使）は、国際移民会議に政治問題が持ち込まれることに危惧を抱いていた。先述のイタリア政府関係者からの協力の申し出を受けた後、落合は東京の外務省に向け、もし国際移民会議の本会議の討論が人種問題に及べば日本代表はパリ講和会議以来の人種平等の立場を主張せざるを得ないが、日本に有利な展開を生み出すのは難しく、むしろ日本が孤立する恐れがあると論じていた(264)。落合にとってパリ講和会議での人種平等提案の挫折は尚も苦い記憶として残っていたのではないだろうか。ただし、年が明けてアメリカ連邦議会で排日移民法の審議が進み日系移民問題が徐々に過熱するようになると、落合は、日米問題が目下世界の大問題として話題であり、国際移民会議においても全くこの問題を避ける訳にはいかないだろうと述べ、「今日ノ場合利害ヲ超越セル国民ノ面目問題トシテ事ノ成否ニ拘ハラス主張丈ハ堂々之ヲ試ムル事トスルモ亦一策タルヘキカ」と進言するに至った(265)。

これに対し東京の外務省からの訓令は、国際移民会議において日本代表は人種問題への言及を避けるべしというものだった。一九二四年五月に落合に送られた訓令（会議の開催中に発信されたもの）は、国際移民会議はあくまで技術的性質の会議であり政治外交の性質を持たないものであるとの見地から、日本代表は会議の議案を日米問題の成り行きとは無関係に審議するべきであり、人種平等提案についても提出を見合わせるべきだとの指示を与えた[266]。この指示を踏まえ、落合を含む国際移民会議日本代表団は、会議の場で人種平等提案を訴えることを避け、控えめな形で会議に参加するにとどまったのである。

このように、日本政府は国際移民会議の場を含めて、人種平等提案を提案することを避けようとした。しかし、人種平等提案とは異なる形を取りつつ、多国間枠組みを用いて日系移民の待遇改善に資することができるような場合、日本政府は多国間枠組みにおいて自発的な提案を行っていたということがわかる。以下に記す国際連盟経済財政仮委員会（後に財政委員会・経済委員会に改称・改組）と連盟総会第二委員会における外国人労働者の待遇問題の議論における日本政府の提案は、それを示す重要な一例である。

三　国際連盟経済財政仮委員会における外国人衡平待遇の提案

国際的な経済危機が国際紛争の淵源となることを防ぐため、国際連盟規約には第二三条（ホ）が設けられ、加盟国は「交通及通過ノ自由並一切ノ聯担国ノ通商ニ対スル衡平ナル待遇ヲ確保スル為方法ヲ講スヘシ」と定められた。この連盟規約第二三条（ホ）に基き、国際連盟には経済財政仮委員会が設けられ、同委員会ではオーストリアの財政危機への救済、加盟国の経済財政問題に対処するための情報収集が進められた他、通商衡平待遇（equitable treatment for the commerce）の実現のための措置が議論されていた。また、経済財政仮委員会はその活動報告を国際連盟理事会及び同総会にて行い、毎年の国際連盟総会はその活動報告を受けた決議を採択することが慣例化していた。一九二三年九月の第四回国際連盟総会に至るまでのこうした経済財政仮委員会と理事会、総会の活動の中で、日本政府が通商衡平待遇に関する議論を自発的に提案していたことが、先行研究で示されている[267]。しかしここで重要なのは、この提案の中で、日本政府が外国人待遇の平等を実現することを重要な課題として認識していたということである。

外国人待遇問題を議論することを通して人種の平等を保障しようとする見方は、日本政府の対国際連盟政策の中で、とても早い段階から姿を現していた。第一回国際連盟総会の日本政府代表に送られた先述の訓令では、人種平等提案の再提案を差し控えることが指示される一方、「外国人労働者保護問題ノ如キ本件（人種平等提案のこと――引用者注）ニ関係アル個々ノ問題ガ議ニ上ルトキハ事情ノ許ス限リ其ノ問題ノ範囲内ニ於テ人種的均等待遇主義ノ主張ニ努メラレ度シ」との指示が与えられていた(268)。もっとも、第一回国際連盟総会においては連盟規約第二三条（ホ）に記された通商衡平待遇に関する国際連盟の具体的な活動方針が議論されるには至らなかったため、日本政府代表が通商衡平待遇と外国人待遇の問題について積極的な提案を行うことはなかった。

国際連盟における通商衡平待遇の実現に向けた取り組みが本格的に開始されたのは、一九二一年九月の第二回国際連盟総会のことだった。そのきっかけとなったのは、同年二月から四月にかけてバルセロナで開催された国際交通会議だった。同会議は国際連盟規約第二三条（ホ）において交通と通過の自由が定められたことを受け、自由通過協約や国際河川協約といった条約案を作成するために召集された会議だったが、同会議ではブラジル代表委員が自由通過協約において通商衡平待遇に関する規定を盛り込むよう提案したことをきっかけに、本会議においてポーランドをはじめとする二一カ国が国際連盟総会と同理事会に対して交通と通過の自由だけでなく通商衡平待遇を確保するための原則を定めることを求める宣言を発表するなど、通商衡平待遇の実現に向けた国際連盟の活動の開始を求める意見が相次いだ(269)。その後同年九月に開催された第二回国際連盟総会では、総会第二委員会の報告としてこの国際交通会議の成果に関する報告が行われる機会があり、日本政府代表の一員である安達峰一郎がこの報告者を務めることになった。安達はこの報告を通商衡平待遇に関する日本政府の主張を訴える好機とみなした上で、国際交通会議においてブラジル代表委員が通商衡平待遇に関する規定を盛り込むことを提案したことを総会での報告審議の中で紹介し、国際連盟において通商衡平待遇の実現に向けた取り組みを開始することの必要性を訴え、国際連盟における通商衡平待遇のための取り組みの方法は連盟総会と同時開催されている連盟理事会において検討されることになった[270]。国際連盟において通商衡平待遇のための活動が開始される場面において、日本政府代表はその口火を切る役割を果たしたのである。

国際連盟における通商衡平待遇の実現のための議論を推進し、その中で外国人の平等待遇のための議論を進めようとする日本政府の方針は、第二回国際連盟総会後の国際連盟経済財政仮委員会の活動と、翌年の第三回国際連盟総会における日本政府代表の活動にも反映されることになった。日本政府は、一九二二年三月の経済財政仮委員会の第四回会議で、仮委員会内の通商衡平待遇小委員会の活動の中に外国人及び外国企業に対する取り扱いを含めることを目指し、最終的に外国人の取扱の問題が特に研究を要する課題であることを議事録中に記載させることができた[271]。その後、同年九月に第三回国際連盟総会と並行して国際連盟理事会が開かれた際、経済財政仮委員会から理事会への報告において通商衡平待遇問題に関する言及が盛り込まれなかったことに対し、理事国代表として参加していた石井菊次郎はその場で失望を表明し、次回の理事会における経済財政仮委員会からの報告において通商衡平待遇問題に対するより有効な提案が盛り込まれることを希望すると訴えた[272]。また、この国際連盟総会において、第二委員会の報告を受けて経済財政仮委員会の事業に関する決議案が審議された際、日本政府代表は経済財政仮委員会の報告が外国人待遇問題に関して具体的な決定をもたらしていないことを不十分と考え、経済財政仮委員会が通商衡平待遇問題に関する諸問題をなるべく速やかに取り扱うことを求めるという追加決議案を提出することを試み、結果として安達峰一郎から経済財政仮委員会委員に働きかけることにより、追加決議案の内容を総会決議に反映させることができた[273]。そして第三回国際連盟総会における上記の成果は、翌一九二三年になると具体的な成果に結実するに至った。一九二三年六月の国際連盟理事会は、税制上の待遇と財産の取得、保有、処分の権利、訴訟を起こす権利について、外国人の平等待遇を保護することを求める勧告を決議し、各加盟国に送付することに決定したのである[274]。日本政府は国際連盟において外国人待遇問題を議論するための足場を着実に固めつつあったと言えるだろう。

このような外国人待遇問題への日本政府の関与は、第四回国際連盟総会においてより踏み込んだ提案として形になっていった。第四回連盟総会の日本代表に送られた内田外相からの訓令は、総会への提出が予定されていた外国人と外国企業の待遇に関する勧告案に対する方針として、勧告案が課税上の内国民待遇を規定するのみである点が不満足であり、外国人の動産所有や産業権付与における内国民待遇を提案することとともに、英国自治領に勧告案が適用されない恐れがあるのでそれを克服する条文を加えることを指示していた(275)。二つの提案がカリフォルニア州排日土地法のような事例やオーストラリアやカナダでの日系移民排斥の問題を念頭に置いたものであることは、想像に難くない。この訓令を踏まえ、総会第二委員会に参加した日本代表の安達峰一郎は、経済財政仮委員会の報告をもとに総会の報告を作成する過程で総会報告に五項目の追加を要望し、その第二項と第三項において「日本委員ハ各連盟国ハ外国人ガ商工業上自国人ト同等ノ待遇ヲ受クル為外国人ニ供与スヘキ更ニ一般的便宜ニ付考慮スルヲ要ストノ意見ヲ有ス」「本勧告案ヲ通シテ（決議の適用対象について――引用者注）État, membre de la société ト規定スル処右 État ナル明記ハ特ニ極メテ困難ナル問題ヲ惹起スルコトアルニ鑑ミ日本委員ハ右 État ナル文字ヲ削除センコトヲ勧奨ス」との意見を示した。この安達の提案は総会報告に反映されることになり、外国人の内国民待遇という日本政府が提案した目標は連盟総会の場において受け容れられることになった(276)。以上のように日本政府は、国際連盟の活動の中で人種平等提案とは異なる形で外国人の平等待遇に資する活動を推進するべく、自発的な提案を行っていたと言えるだろう。

第四回国際連盟総会において日本政府代表が外国人の待遇に関する国際連盟のさらに踏み込んだ関与を求めたことを受けて、国際連盟では外国人待遇問題に対する新たな関与が実践されることになった。一九二四年三月、国際連盟経済委員会は商工業や職業における外国人の衡平待遇や外国人の居住や旅行の権利における外国人の衡平待遇についても研究を開始することを決定し、一九二五年六月の国際連盟理事会は、これらの分野における外国人の衡平待遇を求める勧告を決議するに至った(277)。日本政府が求めていた外国人の平等待遇に対する国際連盟のコミットメントは、早くも形になりつつあったのである。

以上のように国際連盟創設から一九二五年に至るまでの多国間の議論における日本政府の対応を眺めると、そこに二つの傾向が現れていたことがわかる。まず、日本政府はパリ講和会議以来の人種平等という立場を意識しつつも、多国間の場において具体的な成果を上げることの難しさや多国間の場において日本が孤立することの危険性のほうをより強く意識し、多国間の場を人種平等提案の再提案のための場として利用することを避けようとしていた。一方で日本政府は、人種平等提案という形でなく国際連盟規約における通商衡平の条項に依拠して外国人の平等待遇を訴えるという形で日系移民の待遇改善を目指すことができる場合、多国間枠組みを自発的に活用したのである。

以上の経緯があった上で、一九二四年のアメリカにおける排日移民法の可決は、日本において移民排斥に対するそれまでにない大きな反発のうねりを生み出した。この新たなうねりは、国際連盟に代表される多国間の場における日本政府の対応にどれだけの変化を及ぼしたのだろうか。それを明らかにすべく、以下の第二節と第三節では、一九二四年の第五回国際連盟総会におけるジュネーブ平和議定書の起草過程、一九二七年のジュネーブ国際経済会議から一九二九年の国際連盟外国人待遇問題会議に至る外国人待遇問題の議論の過程、それぞれにおける日本政府の対応を検討する。

第二節　国内管轄事項をめぐる相克——ジュネーブ平和議定書（一九二四年）の日本修正

一九二四年の第五回国際連盟総会で提案されたジュネーブ平和議定書は、国際連盟規約に記された国際紛争の平和的解決のための仕組みを大きく変革しようとするものだった。しかしそれだけでなく、同総会は、日本政府にとって排日移民法が可決してから最初に迎える国際連盟総会でもあった。この総会において、日本政府はジュネーブ平和議定書に対して国内管轄事項と主張される問題——しばしば移民の受け入れや外国人待遇の問題がこれに該当する——に国際連盟理事会が関与する余地を残す修正を提示し、それを実現するに至った。最終的にジュネーブ平和議定書は批准国の数を集められず発効に至らなかったものの、この日本政府による修正は疑念も含め各国の世論でも大きな反響を呼ぶこととなった。ジュネーブ平和議定書の起草は第一節と第三節で扱う外国人待遇問題をめぐる議論とは異なる文脈で進められたものだが、本章では、議定書への日本政府の関与が排日移民法可決直後に行われたという点、修正の内容が外国人待遇問題に関連していた点を重視し、日本政府による修正提案の過程を検討する。[278]

一　日本修正案提出に至る経緯

ジュネーブ平和議定書は、国際連盟創設時から指摘されていた、国際連盟規約において常設国際司法裁判所への紛争の付託の義務がないことや侵略の定義が不十分であることといった欠点を補い、国際紛争の平和的解決や国際連盟による制裁の実効性を強化する試みの一環として、イギリス首相のマクドナルドとフランス首相のエリオが提案したものである。議定書の原案は詳細な取り決めを含むものだったが、各国が常設国際司法裁判所規程の選択条項を受諾すること、国際連盟理事会を経て紛争を仲裁裁判もしくは国際司法裁判に付託する手続きを明確にすること、仲裁や司法による解決、理事会による措置を無視して武力に訴えた国家を各国が侵略国と認定すること、以上の三点が議定書の骨子であった。[279]

九月四日から六日の連盟総会においてマクドナルドとエリオが議定書を発案したのに対し、日本の国際連盟総会代表と外務省は当初、国際裁判の制度化のために国家の名誉威厳に関わる問題まで含めて応訴義務を認めることは英仏だけでなくどの国も不可能であるという、冷ややかな反応を示した。[280]しかしここで重要なのは、訓令の起草段階の草稿において、国際裁判の管轄範囲に関して日本と欧米各国で見解が異なる事例として、移民問題が国内問題として扱われている点が挙げられていた、ということである。[281]この時点での日本外務省は、日本の連盟総会代表が議定書の内容に関与することで移民問題をめぐる日本と各国（とりわけここではイギリスおよび英自治領）の見解の相違が再び表面化し、日本が連盟総会の場で孤立することを危惧していたと考えられる。

しかし、日本の連盟総会代表が一貫して現状維持的な姿勢を続ける一方で、フランス代表が各国の議定書参加を積極的に呼びかけたことにより、九月二〇日の時点でイギリスとイタリアが議定書賛成に転じることになった。[282]このようなジュネーブにおける情勢の変化に対し、本省から連盟総会代表宛の訓令は、他国からの不用意な不信を買うことを避けるという方針を転換し、議定書による紛争の平和的解決のための手続きが国内問題に踏み込めないことを指摘することで、むしろ日本の連盟総会代表が積極的に議定書の内容に関与することを促していた(283)。つまり、国際紛争の平和的解決における移民問題の位置づけについて日本と各国の間で見解の相違があることを所与のものとするのではなく、議定書をめぐる議論の場を利用してその相違を埋めようとするという方針を見せたのである。

この方針転換に基づき、日本政府代表として連盟総会第一委員会に参加していた安達峰一郎は、安達修正と呼ばれる議定書修正案を委員会に提出した。その修正は以下の通りである。先述の通り、国際連盟規約のうち理事会による紛争の審理について定めた第一五条第八項では、ある国により国際紛争だとされたものを相手国が自国の国内管轄の問題だと主張し理事会がその旨を認めた場合、理事会は同紛争に対して勧告をなさないことが定められていた。一方で、議定書原案には第五条が置かれ、「上記第四条ニ定メタル仲裁裁判ノ手続キ中ニ於テ当事国ノ一カ紛争又ハ其ノ一部カ国際法上専ラ該当事国ノ国内管轄ニ属スル事項ニ付生シタルコトナルコトヲ主張スルトキハ仲裁委員ハ此ノ点ニ付キ連盟理事会ヲ介シ常設国際司法裁判所ノ意見ヲ求ムヘシ(284)」と記されていた。議定書原案では、国際連盟規約に比べ、紛争が国内管轄に属するか否かを連盟理事会が判断する権限の存在が不明瞭になっていたのである。これに対し、安達修正は、第五条の末尾に「国家間の良き理解と平和の維持を保証するために理事会が当事者間を調停しようと試みる義務に対する偏見なしに(285)」という文章を挿入するか、それが不可能ならば第六条第二項の「休戦受諾ヲ拒絶シ又ハ休戦条件ニ違反シタル交戦国ハ侵略者ト認メラルヘシ(286)」という部分を消去することを提案した。議定書原案では、紛争当事国の一方が紛争を国内問題とした際、連盟理事会がその是非を判定する明確な権限を持たないので、紛争が国内問題に属するか否かを判定することに長い時間がかかることになる。その間に、紛争が国家間の問題であると判断した側の当事国が自発的な救済措置に訴えた場合、その当事国の側が自動的に侵略国と認定される恐れがある。この欠点を補うとのことが、修正の論理だった。ただし、紛争が国内問題に属するか否かを連盟理事会が判断できるようにすることに日本政府代表がこだわった背景として、日本が同理事会の常任理事国だったという事実があったということは想像に難くないことであり、この点には注意が必要である。

確かに、日本の連盟代表は本省に対し、この修正案がデリケートな問題であることを認め、各国からの反応に配慮するべしとしていた。とはいえ、第一委員会で安達は、自ら提案した修正があくまで連盟にとって重要であること、修正が安達の専門家としての立場から為されたものであることを主張しており、あくまで修正の問題を議定書の論理的問題として扱うよう配慮していたことが窺える。(287)

二 修正案をめぐる紛糾と日本政府代表

事実、第一委員会における安達修正は、フランス・イタリア各国の賛同を得ることができたが、イギリスは当初安達修正に賛同せず、第一委員会でのイギリス代表ハーストは代替案を提示した。(288) また、オランダとベルギーの代表も修正により調停の実効性が弱まってしまうと懸念を示し、日系移民問題を抱えるブラジルは、安達修正が国内での主権を過度の犠牲に晒すとして修正に反対の姿勢を示した。(289)

しかし、このように安達修正が批判にさらされたときにあっても日本の連盟代表の修正案へのこだわりは強く、彼らはイギリスに安達修正への理解を促そうと試みた。第一委員会で議論が進む中の九月二六日、石井菊次郎大使がイギリスの連盟首席代表であるパーモア卿（Charles Cripps, 1st Baron Parmoor）と会談したのは、その一つである。パーモア卿は各自治領を同意させられるような案が見いだせないことを石井に伝えたのに対し、石井は、安達修正の目的が、先述のように紛争を国際紛争と認めていた当事国のほうが自動的に侵略国と認定されるという論理的欠点を補うことにあると説明した。連盟代表から本省への電報によれば、第一委員会に出席していないパーモア卿は、この場で初めて事態の意味を理解したとされている。(290)

安達修正をめぐるこのような石井の態度は、この会談の後も積極的かつ頑固なものだった。二七日フランス代表のブリアン（Aristide Briand）とルシュール（Louis Louchour）は石井のもとを訪れ、総会での採決で日本代表が棄権もしくは留保をすることを提案してきたが、石井はそれはできないという強気の態度に出た。(291) また、安達は石井・パーモア卿会談ののちに行われた第一委員会の会合で声明を発表し、第六条での妥協を受け入れられないと表明した。これに対し、特に厳しい反対を表明したのは、ブラジルである。ブラジル代表フェルナンデス（Raoul Fernandes）は、国際法でも国内法でも同様に権利は公共の福祉に於いて制限されるという反対意見を述べ、さらに連盟規約第二三条を引きつつ、それまで議論の中に慎重に隠されてきた移民問題にまで言及した。しかし、対立が明らかになる中、ギリシャ代表のポリティス（Nikolaos Politis）が安達修正に理解を示す方向に転じ、ベルギー代表も日本側に好意的な姿勢を見せるようになった[292]。安達の強気の声明は反対国との対立を明確にしながらも、安達修正の成立を一歩近づけたとも言えるだろう。

日本と各国が同意できる修正案を作る作業は第一委員会では収まらず、二九日の英仏日伊四カ国による秘密理事会に持ち越された。この理事会では、イギリスのパーモア卿が日本側の希望する留保を示させることにより妥協を見出そうとした。しかし、この場で石井は先述のルシュールの妥協案は既に消滅したと言い切り、パーモア卿の示した妥協案についても、留保の形式と内容は修正案が委員会で否決されたときに決めるべきものであると反論した。これに対し、イタリア代表のシャローヤが日本に続いて留保を主張する国が続出する危険性を指摘し、さらにはブリアンが日本の意を汲んだ修正案に同意するに至った[293]。この結果ようやく、英仏日伊四カ国の合意が達成され、最終的な修正案は第五条に対して日本側から提示された当初の修正案を盛り込んだものとなった[294]。これに対し日本の連盟総会代表は連盟での一般的な感情を損なうのを避けるためこれ以上我を張ることは望まないと決断し、本省からの訓令もその決断を容認した[295]。

こうして、「国際紛争の平和的解決のための議定書」と名付けられた議定書は、第一委員会での安達修正を反映した上で、一〇月二日、連盟総会で満場一致により、各国の調印に付されるに至った[296]。前述の議定書原案の第五条を引き継いだ議定書成文の第五条は原案第五条と同じく紛争が国内管轄事項に属するかについて常設国際司法裁判所が意見を示すことを認めたが、成文第五条の冒頭に「連盟規約第十五条第八項ノ規定ハ依然連盟理事会ノ手続ニ之ヲ適用スヘシ」との文言が加えられるとともに、同条末尾には「前記裁判所又ハ理事会カ該事項ヲ以テ専ラ該国ノ国内管轄ニ属スルモノナリト認ムル場合ト雖モ右決定ハ連盟理事会又ハ連盟総会カ連盟規約第十一条ニ基キ事態ヲ審査スルコトヲ妨ケサルモノトス」との文言が加えられた。紛争が国内管轄事項に属するかの判断に国際連盟理事会が関与する権利を明確にするという安達の目論見は、無事達成されたのである。

ここで注目されるべきなのは、連盟総会において修正案可決に努めた石井や安達が、連盟総会終了後も安達修正の意義を説明するために活発に発言していたということである。例えば、最大の当事者である安達は、議定書採択直後から、公私や報道という場を問わず、日本による修正が理論的問題の解決のためのものだと主張して回っていた[297]。また、石井もアバス（Havas）通信社への声明として、日本による修正は理事会の権威を害する理論的欠陥と正すためのものと主張した[298]。さらに、メディアへの対応は連盟代表の動きにとどまらず、幣原外相自らの談話として、修正は主義上の問題であり、移民問題を連盟に提訴するつもりはないとの声明が発表された[299]。

こうした日本による議定書への関与について、各国からは肯定的に評価する声もあった。例えば、駐日フランス大使のクローデル（Paul Claudel）は、議定書が採択された後の一〇月三日、日本の議定書への対応について「日本は好んで修正案をつくったわけではありません」と評価しつつも、「日本が、目下ジュネーブで強固なものとなりつつある国際協力関係を西欧列強とのあいだに保つことによって、アメリカの新聞が巻き起こそうとしていた重大な対日不信から免れることができたのは、喜ばしいことです」とする報告をフランス外務省に送っていた[300]。一方、エリオット駐日イギリス大使は、一〇月一八日の段階で、国際連盟が国内管轄事項を扱う可能性と議定書の関係について幣原外相に何度か問い合わせたにも関わらず幣原が明確な見解を示そうとしなかったことを指摘した上で、「アメリカが連盟に加盟していないという事実のせいで日本にとっての議定書の価値が失われていると幣原は考えているようだ」との見方をイギリス外務省に報告していた[301]。

前章で述べたとおり、結局のところ、日本政府による議定書へのこだわりは、短期間で失せてしまった。それは日本政府内部の変化よりも、その他の各国の態度の変化によるところが大きい。確かに、連盟総会終了後の日本の外務省では、議定書調印を通して日本と連盟の協調を示すことが外交上有効であるとの見解も見られた[302]。しかし、議定書の採択を受けたアメリカ政府では議定書に対する否定的な意見が広がっており[303]、また、イギリスでも総選挙を経て第一次マクドナルド内閣から第二次ボールドウィン内閣への政権交代が起こり、イギリス外務省内での議定書に対する否定的意見も強くなっていった[304]。各国で議定書への否定的な態度が強くなる中で、日本の幣原は一一月二一日にエリオット駐日イギリス大使に対し、連盟での議論の際は本省から逐一指示は与えられず、安達による日本側修正案は代表限りの提案だったと述べ、議定書への自国の貢献を擁護しない態度を示すようになったのである[305]。

ジュネーブ平和議定書の起草に際して日本政府が提案した安達修正は、結局議定書が発効に必要な批准国の数を満たさなかったことにより、議定書とともに葬り去られることになった。しかし、議定書が国際連盟総会で採択に至るまでの過程を詳細に検討すれば、そこに多国間の議論や移民問題に関わる議論における日本の関与のあり方としては特異な姿が窺える。日本の外務省もジュネーブの連盟総会日本代表も修正案で国内問題とされる紛争への対応に言及することがデリケートな問題であると認識していたが、一方で日本の連盟総会代表は修正案を頑なに引き下げず強気な態度でこれを英仏伊などの諸国に受け容れさせせようとした。また、日本政府は議定書が提案された当初議定書に冷ややかな評価を下していたが、修正案を議論する場面においては留保や棄権といった選択肢をとらず、あくまで議定書の採択を目指し、議定書採択後は日本の連盟代表も外務省もともにその意義を世界に向けて宣伝していた。つまり、日本政府は安達修正において、多国間の大勢に順応する態度を見せつつも同時に多国間の議論に深く関与することで多国間の枠組みを自国の利益のために活用しようとするという、巧妙な交渉を行っていたのである。とりわけ、日本の連盟総会代表が移民問題に関わる議論でこのような巧妙な交渉姿勢を貫くことが出来たことは、それまでの人種平等提案の再提案を避けるような態度から見れば大きな変化であるとともに、国際連盟における通商衡平待遇のための取り組みを外国人待遇問題の議論のために活用する際に見られたような日本政府の姿勢をさらに別の形で裏付けるものとなったと言えるだろう。

第三節　多国間枠組みにおける外国人衡平待遇提案の行方

これまで述べた通り、パリ講和会議での人種平等提案の撤回からアメリカでの排日移民法可決の直後にかけて、日本政府は、国際連盟経済財政仮委員会において外国人待遇問題の議論を推進するという形や、国際紛争の平和的解決手続きにおいて国内管轄事項の範囲の判断に国際連盟理事会を関与させるという形で、移民問題に関係しうる問題をあえて国際連盟において提起するという態度を見せた。一方で先行研究では、排日移民法が可決した後の一九二〇年代後半において、排日移民法への反発は日本世論の中で強い影響を保ったものの、日本政府からアメリカ政府に対して排日移民法への対処を求める動きは総じて低調だったと見なされている(306)。では、ジュネーブ平和議定書をめぐる議論以後、日本政府が多国間の議論の中で日系移民問題に関わる問題を扱おうとすることはあったのだろうか。本節では、一九二七年のジュネーブ国際経済会議から一九二九年の国際連盟外国人待遇問題会議に至るまでの外国人待遇問題に対する日本政府の関与を検討することで、この問いに答えたい。

一　ジュネーブ国際経済会議（一九二七年）

まず、一九二七年に開催されたジュネーブ国際経済会議の準備から閉会に至るまでの日本政府の対応を検討したい。この国際経済会議開催のきっかけとなったのは、前節にも登場したルシュールが一九二五年九月に第六回国際連盟総会において行った提案である。この提案に基づき同連盟総会では国際経済会議の開催を目指す決議が採択され、以後一年以上の準備期間を経て議題の策定や用いる経済指標の蒐集が進められ、一九二七年五月にアメリカやソ連を含む計五〇カ国と四つの国際機関から代表と専門家を集めて会議が開催されるに至った。各国代表は条約調印のための権限を持たず、議論は拘束力のない決議を採択するという形で進められることになった(307)。

第一節で述べた通り、日本政府は国際経済会議が提唱される以前から、通商衡平待遇の見地から外国人の待遇について平等な待遇を国際的な規則として実現するべきだと主張してきた。そして、この国際経済会議においても、日本人は外国人の平等な待遇を主張することになる。一九二六年三月、国際経済会議の最初の準備委員会の会議を翌月に控えていた際、幣原外相から国際連盟帝国事務局に送られたこの準備委員会に対する方針では、国際経済を円滑にし国際平和に貢献するという会議の趣旨に沿った措置として「外国ノ人民、生産物、船舶ニ関スル事項ニ付内国待遇又ハ最恵国待遇ヲ付与スルコト」を挙げ、それを会議で議題に挙げることを指示した。また、この訓令の別電では外国人の待遇に関する具体的な提案として、入国について最恵国待遇の付与を確保すること、動産と不動産の取得占有について内国民待遇の確保に努めることが指示されていた[308]。入国の問題や不動産の取得占有は第四回国際連盟総会における日本政府の提案になかったものであり、日本政府は外国人待遇問題に従来からさらに踏み込んで関与しようとしたことがわかる。

実際の所、第一回準備委員会での議論は各種の経済問題に関する具体的な議論には至らず、国際経済会議での議題の範囲が主な議題であった。しかしこの議論において、日本政府は外国人待遇問題を国際経済会議で議論できるように主張を行った。第一回準備委員会では、国際経済会議での議題を最も重要である二、三の議題に絞るべきだとの主張と、国際経済会議では経済再建に関するあらゆる問題を議論するべきだとの主張が対立していた。これに対して日本政府代表として準備委員会会議に参加した森賢吾は、あらゆる問題を議論した上で経済問題全体の解決を目指すべきだと主張した。議題が絞られることにより外国人待遇問題が議題から外れる恐れに対しての措置であることが考えられる。ただし、この第一回準備委員会でイタリア政府代表が国際経済会議の議題として移民問題と人口問題を直接的に扱うことを主張したことに対しては、日本政府は賛同を表明しなかった[309]。日本政府代表は、外国人待遇問題を議論の対象にしようとする意志と移民問題を直接的に議論の対象にすることを避けようとする意志の間で、慎重に対応していた。

もっとも、日本政府が国際経済会議の議題に外国人待遇問題を上げる事に対して、日本政府内で危惧を唱える意見も存在した。例えば、当時シドニー総領事だった徳川家正は外務省に対し、オーストラリアの新聞で日本とイタリアが国際連盟総会の場で移民問題での妥協を目指しているとの説を紹介しており、その背景に国際経済会議に対する憂慮があると述べ、移民を歓迎しない地方には移民を送らないという見解を公表するべきだと提案していた[310]。しかし、外務省は国際連盟帝国事務局に宛て、国際経済会議の準備調書における人口問題に対する日本政府の見解の部分について、「我々は何れの国へも其の歓迎せざる移民を送らんとするが如き意思は持って居りませぬ。只未だ開拓せられざる地方に資本又は労力を供給し、単に移住者又は其本国の為のみならず彼らが新に墳墓の地として定住する国の為、何れも等しくその繁栄幸福を増進することが我々の一貫せる希望でありまして之が為め政府は十分力を尽す覚悟であります」という、一九二六年一月の衆議院における幣原外相の演説を引用するようにとの指示を与えた[311]。外務省は入国の問題について譲歩しながらも、既に入国した外国人の待遇については平等な待遇を強く主張するという態度を貫いたと言える。

一九二六年一一月に開かれた第二回準備委員会においても、日本政府は移民に関わる問題を国際経済会議の議題に挙げられるよう、慎重な形で主張を行った。第二回準備委員会では人口問題をどのような形で本会議の議題に盛り込むかについて議論が紛糾し、各国の意見がまとまらないという問題が生じた。これに対して日本代表は、人口問題の要点を明らかにすることが望ましいとしながらも、議論の紛糾を避けるため、むしろ人口問題と他の経済問題を一体として国際経済会議に提出することで解決を容易にするという提案を行った。最終的にこの準備委員会では、人口問題に対する各国の見解や人口問題と他の問題との関係をまとめた報告書を作成して国際経済会議に提出することが決まった[312]。移民問題や人口問題を直接的に議題にすることを避けつつも間接的な形で議論の対象にすることを試みるという日本政府の方針は、ここでも維持されていた。

最終的に、一九二七年五月に開催に至ったジュネーブ国際経済会議の本会議において、外国人の入国の問題と人口の問題は議題に盛り込まれないことになった。一方で、日本政府が国際連盟において長年対応を求めていた問題である、既に入国している外国人の衡平待遇に関する問題は、商業問題の議題の一つとして盛り込まれることになった。この過程で日本政府にとって思わぬ助け舟となったのが、国際商業会議所（International Chamber of Commerce）による外国人待遇条約案の提案である。国際商業会議所は国際経済会議において各国代表とともに非政府組織の一つとして参加することになっていたが、ウィーン商業会議所事務局員のリードル（Richard Riedl）の主導により、国際商業会議所は動産と不動産の取得占有を含めた多くの分野における外国人の内国民待遇を定める独自の外国人待遇条約案を起草し、それを国際経済会議における外国人待遇の議論の素案として同会議に提出していた[313]。これにより、日本が長年求めていた多国間枠組みによる外国人の衡平待遇に向けた議論は、いよいよ具現化への一歩を踏み出すことになった。

このような国際経済会議開催時の状況に対して日本政府はどのような対応を示しただろうか。日本代表委員の志立鐵次郎が国際経済会議開会時に行った演説において、志立は演説の冒頭、日本経済を特徴づける状況として天然資源の少なさとともに国土の小ささと人口密度の高さを指摘した。その上で志立は「関税の差別的賦課と人と物の差別的待遇は、商業にとって少なからぬ障害となっています。故にこれらは関税障壁に関する一般問題と合わせて考慮されるべきであります」と述べ、外国人の平等待遇を関税や通商の問題として議論する必要を訴えるとともに、演説の最後において世界平和に影響を及ぼす三大問題として各国の保護政策、天然資源の独占に加えて人口の不均衡な分布を挙げ、これらの解決を訴えた[314]。また、志立のこの演説に加え、日本政府は国際経済会議に対する日本代表委員の要望をまとめた報告書を提出し、そこでもこの志立の演説と同様の要望を列挙していた[315]。国際経済会議で議論すべき課題が限定された後も、日本政府は、準備委員会において外国人待遇問題や人口問題といった問題を議論の俎上に載せようとした姿勢を改めて表明したのである。

国際経済会議における外国人待遇問題の議論は、会議の第一委員会（商業）の第一分科会（通商の自由）において、先述の国際商業会議所提出の外国人待遇条約案に沿う形で進められた。この審議の過程において、日本政府代表委員が目立った発言を行った痕跡はない[316]。国際商業会議所により具体的な外国人待遇条約案が提出されたことにより外国人衡平待遇の実現に向けた動きが既定路線となり、日本政府は概ねこの経緯に満足していたのではないかと推測される。そして国際経済会議の最終決議では、国際連盟経済委員会での議論を踏まえた上で、外国人待遇問題を扱う国際会議を開催するべしという勧告が盛り込まれたのである[317]。

国際経済会議本会議の終了に先立ち、本会議冒頭に日本政府代表として演説を行った志立は再び演説を行い、「（本会議における――引用者注）結論は称賛に値しますが、問題の研究は全く完結していません」「国家内と国家間の双方における人口分布の不均衡という問題が解決されない限り、我々は完全に満足できる結果を得られたとは考えられません」と述べた上で、「世界全体を特徴づける、まだ手つかずの問題が残っています。すなわちそれは、自由の問題、すなわち資本の移動の自由、商品の移動の自由だけでなく、人の移動の自由の問題です」と述べた。ここで注意すべき点は、国際経済会議における外国人の平等待遇に関する議論が通商の自由に関する議論の一環として進められていた、ということである。つまりここで志立は、国際経済会議の後も外国人待遇問題と人の移動の問題が継続的により深く議論されなければならないと、参加国に対して釘を刺していたのである[318]。

このように、国際経済会議が準備委員会開催を経て閉会に至るまで、日本政府は一貫して外国人待遇問題と人の移動の問題を国際経済の重要問題と位置づけ、会議の場でそれを議論することを目指していた。この人の移動の問題をめぐる議論は国際経済会議の後に国際連盟経済委員会に引き継がれ、一九二九年の国際連盟外国人待遇問題会議の開催に結実した。本節では最後にこの過程における日本政府の関与を検討したい。

二　国際連盟外国人待遇問題会議（一九二九年）

ジュネーブ国際経済会議では国際商業会議所による外国人待遇条約案が提出されるとともに、国際連盟に対して同条約案の内容を精査した上で国際連盟外国人待遇問題会議の開催を求める決議が採択された。この決議に基づき、国際連盟経済委員会は同委員のセロイス（Daniel Serruys）と国際商業会議所のリードル（先述）に外国人待遇条約の原案の作成を依頼し、一九二七年一二月の国際連盟経済委員会第二三回会議と翌年三月の同委員会第二四回会議において、セロイスとリードルによる条約原案[319]の逐条審議を行うという形で、外国人待遇問題会議での議論の原案となる条約案の起草が行われた[320]。

このように外国人待遇条約案の作成を進めていた国際連盟経済委員会の取り組みに対して、日本政府は国際連盟の中で積極的な支持を表明していた。国際連盟経済委員会第二四回会議と並行して開催されていた国際連盟理事会においてドイツ政府代表のシュトレーゼマン（Gustav Stresemann）が前年一二月の経済委員会第二三回会議の報告を行った際、日本政府代表として参加していた安達は報告後に発言し、一九二二年の段階で日本政府代表が国際連盟に通商衡平待遇実現のための活動を提案していたことを挙げた上で、一九二七年五月のジュネーブ国際経済会議から現在に至るまでの経済委員会の活動に対する満足と謝意を表明した[321]。このような日本政府の支持を受け、一九二八年三月の経済委員会第二四回会議は外国人待遇条約案の最終案を決定し、一九二八年四月、国際連盟事務局はこの外国人待遇条約案を各国に送付するとともに、同条約を採択するための国際連盟外国人待遇問題会議を開催することを各加盟国に要請することになった[322]。

日本政府はこれまで一貫して外国人待遇問題の議論を求めてきたことに従い、一九二八年一〇月という比較的早い段階で外国人待遇問題会議への参加の方針を訓令するに至った[323]。しかし、外国人待遇問題会議への参加と外国人待遇条約への加盟に対する積極的姿勢を示してきた日本政府は、国内からの批判に直面することになった。一九二九年五月に日本商工会議所が商工省を通じて外務省に提出した外国人待遇条約案に対する意見書において、日本商工会議所は条約案に対して総論として賛成する一方で、条約案において外国人の入国に関する規定が除外されていること、植民地における条約適用の除外を認める一般原則が条約案に含まれていることを批判するとともに、アメリカが条約に加盟しない限り日本が条約に加盟する効果はわずかであると述べ、アメリカの条約加盟を日本の条約加盟のための必須条件としなければならないという意見を表明した[324]。日本の経済界は外国人待遇条約案に期待を抱きつつも、条約の実効性に不安を抱き、交渉に当たる日本政府に厳しい条件を突きつけていたと言える。

このような状況の中、翌年一一月の会議開催を目前にした段階で、日本政府は決定的な困難に直面した。というのも、一九二四年の国際移民会議や一九二七年のジュネーブ国際経済会議のときと異なり、今回の国際連盟外国人待遇問題会議には、同問題について日本と密接に関係しているとされていたアメリカ、カナダ、オーストラリア、ニュージーランド、南アフリカ、南米諸国が参加しないだけでなく、中国やソ連も参加しないことが判明したのである。この事実を受け、会議に参加する日本政府代表への訓令を準備していた日本外務省の会議への態度は揺れ動くことになる。会議の日本政府代表への訓令を作成する際に外務省において作成された文書は、今回議論される外国人待遇条約は結局のところヨーロッパ諸国間の関係を定めるためのものであり、そのような条約に加盟するとしても日本が得る実益は少ないとの見方を示すとともに、日本と密接な関係にある諸国が条約に加盟しない場合は日本の条約調印を見合わせること、また、外国人待遇条約の影響により中国との通商条約改正交渉において日本が不利益を被る危険を避けるため、会議において英仏伊各国との協調を保ちつつ日本の特殊権益を保全するよう努めることという二点の指示を挙げていた。一方で同文書は、元来日本政府が長年にわたり外国人待遇条約の実現を主張し続けていた経緯を考慮し、日本政府代表が会議に参加して条約成立のために協力することや、日本政府代表が会議において日本の国内法に配慮した修正案を提案することで日本が将来改めて条約に加盟することができるように備えておくことを提案していた[325]。

最終的に会議直前に外務省から会議日本政府代表の伊藤述史に送られた訓令は、先述の文章よりも会議に対する日本政府の消極的姿勢をより明確に表すものになった。この訓令では、条約に加盟するとしても日本が得る実益は少ないとの見方、条約案に対する会議参加国の対応次第では日本代表の参加を見合わせる場合があると宣言すべきという指示、会議における領事裁判権、内水航行権、入国・居住・労働に関する待遇の議論において日本の特殊権益を保全するよう努めるべきという指示が示された一方で、会議に参加して条約成立のために協力するという指示や将来改めて条約に加盟することができるように備えておくという指示のような、先述の文書のうち条約成立に向けた積極的姿勢を表していた部分の文言は削除されていた[326]。多国間枠組みによる外国人平等待遇の実現という日本政府の長年の要望がいよいよ結実するように見えたこの場面において、日本政府は大きな方針転換を見せたのである。

実際の所、外国人待遇問題会議では日本政府の期待に応えるような提案は出されず、会議に参加した日本政府代表の伊藤も関与への意欲を失ったようである。会議中に伊藤は外務省に送った報告で、会議では新興国からの提案により原案からかけ離れた条約案の修正が多くなり、外国人の居住地や経済活動について外国人が入国する段階で受入国がどんな条件をも付与できるとする条文が設けられるなど、日本政府にとって好ましくない状況であることを述べた上で、特に訓令がない限り条約には調印せず、以後の会議の経過も外務省へ電報ではなく郵送のみで送るとの方針を進言した[327]。その後も会議の経過は日本にとって好転せず、結局会議の閉幕に至るまで、日本政府は最終議定書に署名せずに終わったのだった[328]。

国際連盟外国人待遇問題会議の開催は、人種平等提案の廃案を経てから国際経済会議の後に至るまで一貫して外国人待遇問題の議論を訴えてきた日本政府にとって、長年の努力の結晶というべきものだった。しかしその会議は日本政府の期待に沿うものにはならず、日本政府は自らが期待をかけてきた多国間枠組みを呆気ないほどに潔く見限ることになった。一九三〇年以降、大恐慌の深刻な影響は各国の保護政策の強化を引き起こし、国際連盟を中心とする経済での国際協力は大きな困難に直面することになった。そのような中でも国際連盟の経済社会分野での活動は形を変えながら続けられたが、この時期に日本は満洲事変により国際連盟と決定的な衝突を引き起こし、一九三三年三月に国際連盟からの脱退を宣言すると、国際連盟の経済分野での活動への関与も停止することになった。国際連盟を中心とする多国間の枠組みを活用しようとする日本政府の試みは、ひっそりと忘れられていったのである。

小括

先述の通り、一九二四年の排日移民法可決をきっかけに日本世論において強い反対が起こったにも拘わらず、日本政府は日米二国間の交渉では排日移民法への強い反対や問題解決に向けた具体的な提案を避けがちだった。しかし、国際連盟を中心とする多国間枠組みにおける議論に対する日本の関与の仕方を広く見ていくと、日本政府が多国間枠組みを移民問題や外国人待遇問題に関与させることで日系移民問題の解決に資するような具体的措置を実現しようとしていたことが見えてくる。

確かに、パリ講和会議での人種平等提案の廃案以後、日本は人種平等提案を多国間の場で訴えることには慎重だった。

それは人種平等提案を連盟総会で再提案する方針が早々と却下されたことだけでなく、一九二四年の国際移民会議で人種問題を俎上に載せることを避けたことにも表れている。しかし日本政府は、一九二四年の排日移民法可決以前からその後に至るまで、外国人の平等待遇を訴えるという形で、既に入国した日系移民の待遇改善に繋がりうる提案を多国間の場で一貫して訴えてきた。それは国際連盟経済財政仮委員会における外国人待遇の内国民待遇と最恵国待遇の提案という形で訴えられ、それは一九二七年の国際経済会議を経て、一九二九年の国際連盟外国人待遇問題会議の開催に結実した。

また、一九二四年のジュネーブ平和議定書の起草の場で安達修正が盛り込まれるまでの交渉過程は、日本政府が移民問題や外国人待遇問題を国内問題に解消せず、それらの問題を国際連盟などの多国間枠組みの中で解決できる余地を残そうとしたことを示す例だと言える。英仏各国が妥協案を提示したのに対して日本政府が原案を強く主張した姿には、パリ講和会議での人種平等提案の撤回に見られたような日和見主義的に大国に妥協する姿とは異なり、一般的な原則を掲げる中で自国の主張を貫徹しそれを実現するという、多国間枠組みにおける日本政府の交渉姿勢の中でも特異な姿勢を読み取ることができる。

日本政府が人種平等提案の再提案を早々と断念したにも拘わらず、外国人待遇問題やジュネーブ平和議定書の起草の議論の場で大勢順応の姿勢に留まらない一貫した姿勢を維持することが出来たのはなぜだろうか。その原因の一つとしては、人種平等提案とそれ以外の議論の性質の違いが挙げられるだろう。人種平等提案の再提出は既に決定された国際連盟規約を改正するという大掛かりな手続きを必要とするため、日本政府にとって大きな困難を伴うものだった。一方で、外国人の平等待遇の実現という主張は連盟規約第二三条（ホ）に明記された通商衡平待遇の原則を具体化するという形で主張できるものだったため、日本政府は既存の原則を正当性の根拠として自身の主張を訴えられるという点で有利であった。また、ジュネーブ平和議定書における安達修正は、国際連盟が関与できる紛争の範囲を拡大するものであり、日本政府はあらゆる紛争に対して国際連盟の下で拘束的な解決を図るという議定書の原則を修正の根拠とすることができた。

以上のことを踏まえれば、日本政府は国際連盟規約を変更するような新原則を大胆に主張することをためらいつつも、連盟規約の原則を解釈し具体化する場面では、むしろ国際連盟の活動に進んで関与し、国際機構による規範の形成に協調する姿勢を示していたと言えるのではないだろうか。ただし、そのように国際機構による規範の形成を目指す方針が日系移民の保護という実際的な動機に大きく依拠していたということと、日系移民の受入国となっている国々が多国間枠組みに参加しないことが判明した際に日本政府が早々に多国間枠組みへの期待を減退させたということには、注意が必要である。日本政府が国際機構における規範の形成に進んで関与したことは確かに重要な事実だが、そこに表れた日本政府の態度を以て日本政府が国際機構における規範の形成を戦争の防止や平和の手段として重視していたことの証左と見なすという解釈には、幾分かの留保が必要だろう。

第四章　国際人道法の形成と日本外交
——捕虜条約（一九二九年）批准の挫折——

はじめに

第一次世界大戦後から第二次世界大戦に至るまでの戦間期には、国際連盟を中心として国際紛争の平和的解決の方法が模索されるとともに、戦時における人道的措置についても国際法により改めて厳密化していくことが模索され、それは一九二九年の赤十字外交会議における赤十字（ジュネーブ）条約改正と捕虜条約の制定という成果に帰結した。第二次世界大戦後の一九四九年の赤十字外交会議では、これらの条約の精神を更に発展させつつ文民保護に関する条約を加える形でいわゆるジュネーブ四条約が採択され、これらが今日の国際人道法の基礎を担うに至っている[329]。

戦間期において大きな国際的地位を得るに至った日本は、このような国際人道法の発展の過程において、いかなる態度を示したのだろうか。日本政府は一九二九年の改正赤十字条約を一九三四年に批准したものの、捕虜条約については一九四一年の対英米開戦に至るまで遂に批准に至らなかった。対英米開戦の後、日本政府は交戦国に対して捕虜条約の準用を宣言したものの、実際には捕虜に対する過酷な虐待が行われた。第二次世界大戦においてドイツ軍とイタリア軍に捕獲された英米人捕虜の死亡率が四％だったのに対し、日本軍に捕獲された欧米六カ国の捕虜の死亡率が二七％に上ったことは、日本軍による捕虜の待遇がいかに過酷だったかを示している[330]。また、このような捕虜虐待の事実は、戦後和解の過程、とりわけ日英間のそれに長きにわたり暗い影を落としてきたことも、広く知られている[331]。

このような捕虜の虐待の背景としては、「戦陣訓」（陸訓一号）に代表されるように、捕虜を恥辱とする価値観が軍と国民に広がっていたことが挙げられることが多い。一方で、時代を遡れば、日露戦争時のロシア人捕虜の死亡率が〇・五％にとどまったことや、第一次世界大戦時のドイツ人捕虜による楽団がベートーヴェンの交響曲第九番を日本で初めて演奏したことに示されるように、第一次世界大戦までの日本軍が捕虜に対する人道的待遇を重視する態度を示していたことも事実である[332]。また、極東地域で開催される初の赤十字国際会議として、一九三四年に東京で第一五回赤十字国際会議が開催されたことも、見過ごせない事実である[333]。このような経緯にも拘らず日本軍が太平洋戦争において捕虜条約の遵守を疎かにしたことは、戦間期を経て日本軍、ひいては日本政府における国際人道法に対する意識が衰退していったことの証左として挙げられることもある[334]。

日本軍、ないし日本政府の国際人道法に対する態度は、このように第一次世界大戦後から第二次世界大戦に至る時期において変化していったのだろうか。確かに第二次世界大戦中の捕虜の待遇の実情に関しては多くの研究が存在するものの、その前段階にあたる上記の問題について詳細に検討した研究は未だ少ない[335]。例外的にこの問題を論じた先駆的研究として、一九二九年に開かれた赤十字条約改正と捕虜条約起草のための外交会議における日本政府の態度を検討した藤田久一の論文があるが、同論文は一九二九年の外交会議における日本政府の対応と一九三四年の批准に向けた枢密院審議の過程を日本外務省の文書をもとに検討するに留まっている。捕虜条約批准の失敗に至るまでの日本政府の国際人道法への対応をより正確に理解するためには、日本陸海軍の記録や外国の資料をともに用いて一九二九年に開かれた赤十字条約改正と捕虜条約起草のための外交会議における日本政府の態度を検討するとともに、同条約を含む国際人道法の諸条約を起草し準備する役割を担った赤十字国際会議での議論に対して、日本政府がいかなる対応を示していったかを検討する必要があるだろう[336]。

ここで注目すべき点は、国際連盟と国際赤十字運動の構造の違いである。国際連盟では日本を含む数カ国の大国が常任理事国として特別な地位を認められていたのに対し、国際赤十字運動においてはそのような大国の特別な地位は保証されておらず、大国と小国、そして赤十字国際委員会が対等な地位で参加するという性格があった。戦間期の国際赤十字運動における国際人道法の整備への日本政府の対応を検討することは、大国と小国の地位の差という問題が日本政府の国際機構への対応においていかなる影響を及ぼしたのかを考える視座を提供するという点でも重要なものであると考えられる。

また本章では、日本政府による国際赤十字運動と捕虜条約起草に向けた対応の過程をよりよく理解するため、捕虜条約起草に向けたイギリス政府の対応の過程について部分的に言及する。イギリスは日本と異なり最終的に改正赤十字条約と捕虜条約の双方を批准したものの、改正赤十字条約と捕虜条約が起草されていた当初、日本政府はイギリス政府に足並みを揃えることを意識して条約案への態度を決定していた（詳細は後述）。捕虜条約起草に対するイギリス政府の対応の過程を検討することは、この問題に対する日本政府及び日本軍の意思決定の特徴を比較の視座を用いてより深く理解するために資すると考えられる[337]。

以上の点を踏まえ、本章は、赤十字を中心とする国際人道法の発展に対する日本政府の対応として、一九二九年の外交会議に先立つ第一〇回から第一三回の赤十字国際会議における対応、一九二九年の外交会議における議論と条約調印までの過程における対応、条約調印後に開催された第一四回から第一六回の赤十字国際会議における対応を検討することで、この時代における国際人道法に対する日本政府の態度の一端を明らかにしようと試みるものである。

第一節　赤十字条約改正と捕虜条約起草の初期段階における日本政府の対応

赤十字条約改正と捕虜条約起草に至るまでの準備の過程とそれに対する日本政府の対応を検討するにあたり、まず本節では、第一〇回（一九二一年）から第一三回（一九二八年）までの赤十字国際会議での議論と、それに対する日本政府の対応について検討する。それに先立ち、赤十字国際会議の成り立ちと、第一次世界大戦までの時期における日本政府の同会議との関わりについて概説したい。

一　日本政府による国際赤十字運動への関与の経緯

国際赤十字運動の発端となったのは、一八五九年、イタリア統一戦争のソルフェリーノの戦いであった。旅の途中でこの戦いに遭遇したスイス・ジュネーブ出身の実業家デュナン（Henry Dunant）はその惨状を記録した『ソルフェリーノの思い出』を出版するとともに、その中で戦場における負傷者を救護するための中立の地位を持つ非政府組織を創設することを提案した。この提案に基づき、一八六二年二月、ジュネーブを拠点とする慈善団体「ジュネーブ公共福祉協会」の中にデュナンを含む五人の委員による戦傷者救護のための委員会（五人委員会）が創設されることとなった。これが現在まで続く赤十字国際委員会の起源とされている。一八六三年一〇月、同委員会の呼びかけに応じた各国からの代表が集まり、各国における救護団体（後の各国赤十字社）の役割を定める赤十字規約が定められた。さらに一八六四年八月には同委員会の呼びかけにより各国政府代表を集めた会議が開かれ、各国の軍による衛生活動の中立を定めた「戦地軍隊における傷病者の救護に関する条約」（通称ジュネーブ条約、または赤十字条約）が締結された。その後一八六七年八月、条約署名の権限を持つ政府代表による外交会議とは別に、赤十字の活動の課題について議論し条約の改正や新たな条約を準備するため、各国赤十字社の代表と各国政府の代表を集めた初の会議がパリで開かれた。これが第一回赤十字国際会議とされている。

このように誕生した国際赤十字運動は、程なくして、折しも開国から倒幕までの変動の只中にあった日本においても知られることになった。一八六七年のパリ万博に日本から参加した佐野栄寿左衛門（佐野常民。後の日本赤十字社初代社長）は、万博での赤十字国際委員会による展示に接し、赤十字の精神を知ることになった。新政府樹立後、一八七七年に西南戦争が勃発すると、日本でも戦傷者救護を敵味方の区別なく行う組織として博愛社が創設された。さらに、一八八四年に橋本綱常が大山巌とともに渡欧し日本の赤十字条約加盟のための調査に当たり、橋本が第三回赤十字国際会議にオブザーバーとして参加した後、一八八六年に日本政府は赤十字条約を批准し、翌一八八七年には博愛社が日本赤十字社に改められた。[338]

表2　赤十字国際会議における日本政府及び日本赤十字社からの出席者一覧

開催年、開催地	日本政府代表委員	日本赤十字社代表委員
第一回（1867年、パリ）、第二回（1869年、ベルリン）には参加せず		
第三回 (1884年、ジュネーブ)	橋本綱常（陸軍軍医監）○ アレキサンダー・シーボルト（外務省雇）○	
第四回 (1887年、カールスルーエ)	石黒忠悳（陸軍省医務局次長軍医監）、谷口謙（陸軍一等軍医）、森林太郎（同上）	松平乗承（日本赤十字社幹事、子爵）
第五回 (1892年、ローマ)	鮫島武之助（在伊日本代理公使）、後藤新平（内務省技師）	アレキサンダー・シーボルト（日本赤十字社中央委員）
第六回 (1897年、ウィーン)	小池正直（陸軍一等軍医正）	有賀長雄（法学博士）、芳賀榮次郎（医学博士）
第七回 (1902年、サンクトペテルブルク)	村田惇（陸軍砲兵大佐）、能勢静太（陸軍三等軍医正）	有賀長雄（法学博士）
第八回 (1907年、ロンドン)	柴五郎（陸軍砲兵大佐）、河西健次（陸軍三等軍医正）	小沢武雄（日本赤十字社副社長）、有賀長雄（法学博士）
第九回 (1912年、ワシントン)	井上一次（陸軍歩兵中佐）、秋山雅之助（陸軍省参事官）◎、井上円治（陸軍三等軍医正）◎、平賀徳太郎（海軍大佐）	小沢武雄（日本赤十字社副社長）、小笠原貞子、長崎多恵子
第一〇回 (1921年、ジュネーブ)	梅津美治郎（陸軍歩兵少佐）◎、名和克巳（陸軍一等軍医）◎、高杉新一郎（海軍軍医中佐）◎	桑田熊蔵（日本赤十字社理事）、杉田義雄（陸軍一等軍医）、神川彦松（日本赤十字社嘱託）
第一一回 (1923年、ジュネーブ)	澁谷伊之彦（陸軍歩兵中佐） 三浦省三（海軍少佐） 中村競（陸軍三等軍医正） 上田春次郎（海軍軍医中佐）	井上圓治（日本赤十字社調査部長）、松田道一（嘱託特命全権公使）、永田安吉（嘱託公使館書記官）
第一二回 (1925年、ジュネーブ)	園部和一郎（陸軍歩兵中佐）、洪泰夫（海軍中佐）、船川尤三（海軍軍医中佐）、小宮山友則（陸軍三等軍医正）	松田道一（嘱託特命全権公使）、原田豊（陸軍一等軍医）、高橋高（日本赤十字社参事）
第一三回 (1928年、ウィーン)	本野盛一（外交官補、子爵）◎、松田彰（陸軍一等軍医）、古賀峯一（海軍大佐）、神林美治（海軍軍医少佐）	河合博之（嘱託大使館参事官）、鮭延信道（日本赤十字社在外委員）、早川清（同社庶務課長）
第一四回 (1930年、ブリュッセル)	本野盛一（大使館三等書記官、子爵）◎、太田勝海（陸軍砲兵中佐）◎、三好益来（陸軍一等軍医）◎、三川軍一（海軍中佐）◎、阿久根睦（海軍軍医少佐）◎	徳川家達（日本赤十字社社長、公爵）、鮭延信道（同社在外委員）、井上圓治（同社調査部長）
第一五回 (1934年、東京)	天羽英二（外務省情報部長）、栗山茂（外務省条約局長）、以下外務省より三名。小林親彦（陸軍省医務局長、陸軍軍医総監）、橋本群（陸軍省軍務局軍事課長、陸軍砲兵大佐）、以下陸軍より四名。国府田中（海軍省医務局長、海軍軍医中将）、阿部勝雄（海軍省軍務局第一課長、海軍大佐）、以下海軍より四名。	徳川家達（日本赤十字社社長、公爵）、徳川圀順（同社副社長、公爵）、中川望（同社副社長）、日本赤十字社理事七名、日本赤十字社常議員六名、藤波正（日本赤十字社病院長）、萩原タケ（日本赤十字社病院看護婦監督）、松田道一（法学博士）
第一六回 (1938年、ロンドン)	武藤義雄（大使館一等書記官）、羽生田潔（陸軍軍医大尉）、藤木愿（海軍軍医少佐）	徳川家達（日本赤十字社社長、公爵）●、徳川家正（前特命全権大使）●、有吉忠一（日本赤十字社理事）、山内四郎（同社在外委員）、井上円治（同社調査部長）

○はオブザーバー参加。
◎は日本赤十字社代表委員との兼任。
●は渡航中の徳川家達の発病に伴い参加中止。

別表は以下の資料をもとに執筆者が作成した。

井上忠男『戦争と国際人道法――その歴史と赤十字のあゆみ』（東信堂、2015年）。

「明年十月二十日—同二十九日間東京ニ於テ開催セラルル第十五回赤十字国際会議ニ関スル件」（昭和八年九月二十五日）、外務省記録「赤十字国際会議関係一件 第二巻」（I.5.3.0.3_002）。

日本赤十字社「第十五回赤十字国際会議出席委員名簿」、外務省記録「赤十字国際会議関係一件 第四巻」（I.5.3.0.3_004）。

昭和十三年五月三日広田外相発吉田駐英大使宛略第一四七号、外務省記録「赤十字国際会議関係一件　第六巻」（I.5.3.0.3_006）。

日本赤十字社が創設された一八八七年に第四回赤十字国際会議が開かれると、日本政府と日本赤十字社それぞれの代表が赤十字国際会議に出席するようになった。以降第二次世界大戦が始まる以前の第一六回会議までの赤十字国際会議における日本政府代表委員と日本赤十字社代表委員の構成をまとめたものが、表2である。第一次世界大戦が勃発する以前の第九回までの各回の赤十字国際会議における日本政府及び日本赤十字社からの代表委員の構成は、第五回を例外として、概ね政府代表として陸軍から二～三名、日本赤十字社代表として一～二名が参加していた。一九二三年三月に第一一回会議に向けた準備のために外務省でまとめられた文書によると、第五回会議への政府代表派遣については外務省が主となって対応したものの、第六回会議から第八回会議にかけては「陸軍省主トナリ外務省へ一応会議ノ上」政府代表派遣についての対応がなされていた。また、第九回会議では新たに海軍から政府代表委員が参加することになると、陸海軍が別々に代表派遣について討議した上で外務省に派遣人員を通知するとの方式が採られた(339)。

同文書によると、日本政府代表には会議における討議と表決に加わる権利が与えられていたが、そのための意思決定に関しては「従来陸軍又ハ陸海軍ノミニテ決定シタルカ如シ或ハ外務省モ合議ニ与リタルヤモ計ラレサルモ書類上外務省ノ干与シタル形跡ナシ」とされていた。代表派遣に関する意思決定においても陸軍省が主となっていたことと合わせて考える限り、元来赤十字国際会議における日本政府代表の意思は専ら陸軍省に依拠するものだったのではないかと推量される。もっとも、同文書には「議題ノ性質ニ依リテハ外務省モ加ハルノ必要アルヘク殊ニ陸海両省ヨリ委員ヲ派遣スルニ至レル今日又条約局ノ成立ニ鑑ミ外務省ニテ主催スルモ支障ナカルヘキカ」との意見が付されており、実際にこの意見に沿う形で、第一一回会議からは在外の外交官が日本赤十字社からの嘱託という形で会議に参加するようになった。

二　赤十字条約改正と捕虜条約起草の開始と日本政府の対応

以上の経緯を踏まえた上で、第一次世界大戦以降の赤十字国際会議と日本政府の対応に目を向けたい。第一次世界大戦の戦禍を経て、一九二一年三月から同四月に第一〇回赤十字国際会議が開かれると、大戦の経験を踏まえた多くの問題が議題に挙げられ、赤十字条約の改正と新たな捕虜条約の起草も議論の俎上に上ることになった。この会議の結果、毒ガス兵器の禁止や航空機の制限、経済封鎖の一部緩和といった戦争の制限に関する希望をまとめた決議（決議一二）が採択されるとともに、捕虜の待遇に関して一九〇七年のハーグ陸戦条約に代わる新たな条約を起草することを求め、新条約において定められるべき原則を一七個にわたり提示する決議（決議一五）が採択され、さらには、一九〇六年に改正された赤十字条約の改正を求め、具体的な条文案を提示する決議（決議一六）が採択されるに至った。[340] 同会議終了後、赤十字国際委員会は日本を含む赤十字条約の各加盟国政府に宛てて、戦争の制限、捕虜条約の起草、赤十字条約の改正の三項目について、各加盟国政府の見解を尋ねる回章を送付した。[341]

回章を受け取った外務省は、一九二一年七月に陸軍省と海軍省に対して回章に記された議題についての検討を求める通達を送ったが、[342] 通達が送られてから一年以上の間、陸海軍は同通達に対する返答をせず、対応の動きは緩やかだった。一九二二年六月に赤十字国際委員会が各加盟国に対して再度問い合わせを送った後、[343] 同年一〇月にようやく日本政府は陸海軍からの通知を受けて赤十字国際委員会への回答を通達した。同回答において、日本政府は赤十字条約改正については主義上賛成し、第一〇回赤十字国際会議で採択された赤十字条約改正案（決議一六）についても大体賛成との見解を示したが、捕虜条約の起草については、条約の審議そのものや起草のための外交会議への参加には賛成したものの、第一〇回赤十字国際会議で採択された原則（決議一五）への賛否については、「目下審議中」と返答し、態度の明言を避けた。[344] この時点において、日本政府の捕虜条約起草への態度は、総論としては賛成であるものの、赤十字条約改正に比べてやや保留的態度を示すものだったと言えるだろう。

このように赤十字条約改正と捕虜条約起草への準備が進み始めたところで、新たな問題が浮上し始めた。第一〇回赤十字国際会議が開かれた後、一九二一年末から一九二二年にワシントン会議が開かれ、その中でアメリカ代表のルートが音頭を取る形で戦時国際法の改正が議題に挙げられるとともに、戦時法規改正法律家委員会を設ける決議が可決したのである。[345] これにより、国際人道法に関する議論を行う場として、戦時法規改正法律家委員会と赤十字国際会議が競合するという問題が発生することになった。これに対し、オランダ政府が一九二二年一一月にグラエフ駐日公使を通じて日本の外務省に「和蘭国政府ハ右（ワシントン会議——引用者注）ニ先ンジテ赤十字国際委員会ノ発議ニ依リ戦時捕虜ニ関スル件ヲ規定セントスル同委員会ノ提議ニ応スルヲ適当ナラスト存候」との見解を伝え、捕虜条約起草については戦時法規改正法律家委員会での議論より先に赤十字国際委員会での議論を進めることに反対するという態度を示した(346)。

このオランダ政府からの問い合わせに対し、日本外務省は陸軍省、海軍省と協議した上で、同年一二月に駐日オランダ代理公使を通じてオランダ政府に返答し、「帝国政府ハ俘虜ニ関スル国際法規改正ハ暫ラク後日ノ問題ニ譲リ度キ考ニ有之候」との見解を示した(347)。日本政府はオランダ政府に同調する形で、赤十字国際会議を中心とする捕虜条約起草の議論よりも、ワシントン会議に参加したアメリカなどの大国を中心とする戦時法規改正法律家委員会での議論を優先したのである。しかし、この日本政府の回答には、戦時法規改正法律家委員会での審議について「航空及無線通信ノ問題ニ限ラムトノ提議ニ接シ之ニ同意ヲ表シ居候」との記述がある。捕虜条約起草が戦時法規改正法律家委員会での当面の議題にならないことがわかっていたにも関わらず、捕虜条約起草の議論を後日に譲ろうとしたことは、いささか矛盾した対応だったと言わざるを得ない。このような日本政府の対応は新たな捕虜条約を起草することに対して日本政府が警戒する姿勢をとっていたことの表れだったとも考えられるが、一方で、日本政府が捕虜条約などの国際法に関する議論について小国や非政府組織を含む多国間の枠組みで進めることよりも大国中心の枠組みで進めることを望ましいと考えていたことの表れだったとも推量される。

このように日本政府が捕虜条約起草について先延ばしにすることを望む態度を示した一方で、捕虜条約起草のための外交会議の開催への動きは遅れていき、最終的には先の第一〇回赤十字国際会議における決議から一九二九年七月に赤十字条約改正と捕虜条約起草のための外交会議が開かれるまで実に八年余りの年月を要するに至った。それでは、その年月の間、捕虜条約などの国際人道法に対する日本政府の態度はどのような形で表れたのだろうか。これを知るためには、この間に開かれた、第一一回から第一三回までの赤十字国際会議における日本政府代表の対応に目を向ける必要がある。

先述の通り、一八八七年に日本赤十字社が創設されるとともに赤十字国際会議に日本政府代表及び日本赤十字社代表が参加するようになってから、同会議における日本政府代表の構成は、陸軍の強い影響力の下で決められていた。これに加えて、赤十字国際会議に参加する日本政府代表のうち、陸軍から派遣される者に対しては、陸軍省から訓令が発せられていた。管見の限り、海軍省から派遣される日本政府代表委員や、日本赤十字社嘱託などの形で会議に参加していた外交官に対して、同様の訓令が本省から与えられた形跡は見当たらない。

一九二三年の第一一回赤十字国際会議に参加するにあたって陸軍から派遣される日本政府代表委員に対して陸軍省が与えた訓令の内容は、以下のようなものだった。まず、同会議における日本政府代表参加の目的を「将来条約改正ノ目的ヲ以テ開催セラルヘキ国際会議ニ対シ準備研究ノ資料ヲ提供スルニ在リ」としつつ、会議の決議に対する全般的な態度としては「将来条約締結ニ方リ帝国政府ノ意志ヲ拘束スルノ顧慮アル重要ノ案件ニ対シテハ極東ニ於ケル帝国ノ特殊地位ニ鑑ミ要スレハ保留的態度ニ出ツヘシ」との態度を示していた。また、より具体的な議論としては、ベルギー赤十字社が赤十字条約の遵守厳格化のために提案していた、交戦国の間で赤十字社社員を交換するよう定めるとの提案に関しては、「其ノ必要ナキ意見ナリ」との見解を示していた[348]。総じて言えば、陸軍省は「極東ニ於ケル帝国ノ特殊地位」を根拠として、国際赤十字運動の活動の厳格化を目指す動きに対して慎重な、悪く言えば消極的な態度をとろうとしていたと言うことができるだろう。

赤十字国際会議に参加するにあたっての陸軍省のこのような態度は、一九二五年開催の第一二回会議、一九二八年開催の第一三回会議への参加にあたっても受け継がれたようである。第一二回会議に参加するにあたって陸軍からの日本政府代表委員に対して陸軍省が与えた訓令では、会議における日本政府代表参加の目的について、前回第一一回会議における訓令で述べたものに加えて「会議ノ趨勢ヲシテ我陸軍衛生勤務ニ有利ナラシムル如ク努ムル」ことに言及した上で、第一一回会議における訓令と同様に「将来条約締結ニ方リ帝国政府ノ意志ヲ拘束スルノ顧慮アル重要ノ案件ニ対シテハ極東ニ於ケル帝国ノ特殊地位ニ鑑ミ要スレハ保留的態度ニ出ツヘシ」との指示を与えた[349]。また、第一三回会議において陸軍からの日本政府代表委員に対して陸軍省が与えた訓令でも、「極東ニ於ケル帝国ノ特殊地位ニ鑑ミ要スレハ保留的態度ニ出ツヘシ」との指示が繰り返されていた[350]。国際赤十字運動の活動を厳格化する動きに対して慎重な態度をとることは、一九二九年の赤十字条約改正と捕虜条約起草のための外交会議が開かれるまでの時期において、陸軍省の一貫した方針だったと言うことができるだろう。

それでは、これらのような日本政府及び日本軍の対応は、赤十字条約改正と捕虜条約起草に向けた各国の対応と比較して、どのような特徴をもつといえるだろうか。その手がかりとして、赤十字条約改正と捕虜条約起草に向けたイギリス政府の対応の過程を検討したい。

一九二一年四月に第一〇回赤十字国際会議により捕虜条約起草と赤十字条約改正のための外交会議を開催する決議が採択されてから、一九二九年七月に赤十字条約改正と捕虜条約起草のための外交会議が開会するまでの間に、イギリス政府では捕虜条約案を検討するため、三回にわたり帝国防衛委員会分科会（Sub-Committee, Committee of Imperial Defence）が設けられた。一回目は一九二二年一二月、一九二一年四月の第一〇回赤十字国際会議での決議を経て一九二一年九月に国際法協会（International Law Association, ILA）の第三〇回総会においてイギリス控訴院判事のヤンガー（Robert Younger）が座長を務める委員会が起草した捕虜条約草案が採択されたことを受け、同協会の草案をもとに捕虜条約案を準備するために組織されたものだった。この分科会では元駐伊大使で国際連盟におけるイギリス政府代表を務めていたロッド（Rennel Rodd）が座長となり、分科会は一九二三年八月に最終報告書と条約案を帝国防衛委員会に提出した（以下、ロッド分科会と表記）[351]。二回目は一九二五年四月、首相の要請に応じ、赤十字国際委員会から送られてきた条約案をもとに改正赤十字条約案と捕虜条約案、文民保護条約の草案を合わせて検討するための分科会として組織されたものだった。この分科会では当時ランカスター公領大臣で長きにわたりイギリスの対国際連盟政策に携わっていたセシル（Lord Robert Cecil）が座長となり（以下、セシル分科会と表記）、分科会は計一二回の討議を経て一九二五年一二月に最終報告書と条約案を帝国防衛委員会に提出した[352]。三回目は一九二九年五月、赤十字国際委員会からイギリス政府に改正赤十字条約案と捕虜条約案に対する各国の修正案をまとめた通達が送られてきたことを受け、一九二九年七月の外交会議開催に先立ち各国の修正案を踏まえてイギリス側の赤十字条約改正案と捕虜条約案を再検討するために設けられたものだった。この分科会ではイギリス外務省法律顧問として長らくイギリスの対国際連盟政策に携わってきたハースト（Cecil Hurst）が座長となり（以下、ハースト分科会と表記）、一ヶ月余りの期間に計五回の討議を経て一九二九年六月に最終報告書と条約案を帝国防衛委員会に提出した。[353]

ここで注目するべき点は各分科会の構成である。一九二二年のロッド分科会は座長の他に陸軍省から三名、海軍省から二名、外務省・空軍省・インド省から各一名（座長を含め文民四名、軍人五名）、書記官一名（軍人）により構成されていた。一九二五年のセシル分科会は座長の他に陸軍省・海軍省・空軍省から各二名、外務省・内務省・植民地省・インド省から各一名（座長を含め文民六名、軍人五名）、書記官二名（軍人）から構成されていた。一九二九年のハースト分科会は座長の他に海軍省から三名、陸軍省・空軍省から各二名、外務省・内務省・自治領省・植民地省・インド省から各一名（座長を含め文民七名、軍人六名）、書記官一名（軍人）により構成されていた。[354] 一九二九年七月に捕虜条約起草と赤十字条約改正のための外交会議が開催されるまで日本政府において同会議で扱われる条約案について議論する機会がほとんど設けられなかったのに対し、イギリスでは軍人だけでなく文民を含めて多くの人材が集まり、捕虜条約起草と赤十字条約改正のための準備作業が行われていたことが窺える。

また、ハースト分科会において参照されていた改正赤十字条約案と捕虜条約案に対する各国修正案の一覧によると、外交会議開催前の段階で大国と小国を含め多くの国々から既に条約案に対する逐条修正案が提出されていたことがわかる。外交会議に参加した四八カ国（インドとマルタ騎士団を含む）のうち、事前に改正赤十字条約案と捕虜条約案の両方について逐条修正案を提出した国は一三カ国、赤十字条約のみについて逐条修正案を提出した国は三カ国、捕虜条約のみについて逐条式の修正案を提出した国は二カ国あり、イギリス、フランス、ドイツはいずれも改正赤十字条約案と捕虜条約案の両方について修正案を提出していた。改正赤十字条約案と捕虜条約案に対する日本政府の態度決定は比較的遅かったと言うことができる[355]。

第一一回から第一三回の赤十字国際会議における日本政府代表の対応の中には、捕虜条約案に対して直接的に言及するものはあまりない。しかし、その対応の中に見られるような、国際赤十字運動の活動を厳格化しようとする動きに対して留保的な態度を保とうとしていた態度は、捕虜条約起草の動きに対して総論としては賛成しつつも具体的な点では態度を保留していたことや、大国中心の枠組みを重視する見地から議論の先延ばしを目論んだことに見られる態度と相通じるものであったと考えられる。

第二節　赤十字条約改正と捕虜条約起草のための外交会議（一九二九年）における日本政府の対応

日本政府、なかんずく陸軍において存在した、国際赤十字運動の活動の厳格化に対して留保を求める態度や、大国中心の枠組みを重視する態度は、一九二九年七月に赤十字条約改正と捕虜条約起草のための外交会議が実現した際、どのような形で表れていったのだろうか。本節では、外交会議の開催直前から終了後にかけての捕虜条約に対する日本政府の態度を検討する。

一　外交会議における方針の策定

一九二三年の第一一回赤十字国際会議において改正赤十字条約案と捕虜条約案が採択された後、両条約案を成文化するための外交会議の開催はスイス政府に委ねられ、一九二五年二月には駐日スイス公使館を通じて日本の外務省に両条約案を審議する会議に関する日本政府の意見を求める書翰が届けられた[356]。この報を受けた陸軍省は、同年七月に外務省に宛てた回答で、赤十字条約改正のための会議に参加し捕虜条約起草にも主義上協力すると伝えたが、「「ジュネーヴ」条約改正案及俘虜ニ関スル法典案ニ関シ目下差当リ何等ノ提議又ハ意見ヲ有セス」とも申し伝え、態度を保留していた[357]。その後、スイス政府は一九二八年一一月に駐日スイス公使館から日本の外務省に書翰を送り、会議の開催が一九二九年六月に決定した（その後、実際には七月一日から開催された）ことを伝えるとともに、日本政府の意見を求めた[358]。この報を受け、海軍省は「二条約案共ニ議題トシテ審議スルコト差支ナシ」との見解を示したが[359]、陸軍省は「条約改正案及法典案其性質上詳細ニ規定シ置クコトハ一面必要ナルヘシト雖モ余リニ細目ニ亘リテ規定シ之カ適用ニ際シ反ツテ実際ニ合セサルカ如キ結果ヲ生スルノ虞アルヲ以テ成ルヘク条約案ヲ簡単ナラシムルノ要アルヘク就中俘虜収容所ノ設備、衛生、栄養、被服、将校ニ関スル特定事項ノ如キハ一層緩和セシムルヲ可トス」との見解を示し[360]、外務省は両者の意見を併記した回答をスイス政府に通達した[361]。

一九二九年七月一日に開会されることになった会議における日本政府代表は六月二七日に決定し、外務省から吉田伊三郎（駐スイス公使）、陸軍から下村定（駐仏砲兵中佐）、海軍から三浦省三（駐仏海軍中佐）が委員に任じられるとともに、天城篤治（駐スイス外務書記官）、本野盛一（同上）、松田彰（陸軍一等軍医）、神林美治（海軍軍医少佐）の四名が随員に任じられ、外務書記生三名が委員付に任命された[362]。このうち下村が七月五日に宇垣一成陸軍大臣に送った報告書によると、下村は委員任命に先立ち内示を受けて随員の松田とともに六月二八日にベルンに入り、日本公使館の吉田を訪問するとともに、赤十字条約改正案と捕虜条約案に対する自らの意見を提出していた。同意見書は、赤十字条約改正案において衛生航空機による戦線の横断の制限と中立国の衛生要員が自由に交戦地帯で行動することの制限を設けるべきとし、捕虜条約案については「原案ノ規定ハ一般ニ詳細ニ過キ且斯クノ優遇ヲ捕虜ニ与ヘ交戦国ノ国情及軍事上ノ要求ヲ軽視スル点アリ」と述べた上で、「俘虜ニ対シテ収容国軍人ヨリモ良好ナ待遇ヲ与フルコトハ各種ノ意味ニ於テ之ヲ避クルヲ適当トス」「俘虜取締及処罰ニ関スル原案ノ規定ハ我国現行ノ法令規則ニ抵触スル点少シトセス」「俘虜ノ通信取締ニ関スル規定ニ欠陥アリ」と指摘していた。吉田はこれら下村の意見に同意したとのことである[363]。

下村が吉田と会談した翌日の六月二九日、吉田に宛てて陸軍海軍外務三大臣の名で会議の日本政府委員に対する訓令が届けられた。この訓令では、まず一般方針として、三月に日本政府からスイス政府に送られた回答で示された見解を述べるとともに、捕虜条約案に対して「特ニ俘虜ニ関スル法典案ノ如キハ本邦ハ欧米諸国ト生活様式ヲ異ニスルヲ以テ精細ナル規定ハ実行不可能ナリ」という厳しい意見が加えられた。続く逐条方針では、改正赤十字条約案のうち条文九項目に関して訂正案が示されるとともに、捕虜条約案については条文六項目について訂正案が示された。(364)

このように、欧米人と日本人の生活様式の違いに着目し、捕虜条約案が細目にわたる規定を設けすぎることの緩和を求めるという日本政府代表の態度は、七月一日に外交会議が始まると、早速日本政府代表の発言に反映されることになった。七月二日に開かれた外交会議捕虜条約委員会の第一回会合の冒頭で、日本政府代表として出席した吉田は以下のように発言している。

「作業開始に当たり、我が国は皆様に、過剰に詳細な規則から生じる深刻な弊害に目を向けていただきたいと存じます。これらの弊害は規範や慣習を同じくする国々の間でも深刻な障害となり、生活様式が大きく異なる国々の間では尚更深刻なものになるでしょう。そのため我が国は、スイス政府から各国に配布された文章に示されている、細目に立ち入りすぎないというアメリカが表明した見解に同意するのであり、この見解はここにいる代表のほとんどに共通するものであると存じます。繰り返しではございますが、捕虜の命運の改善は、複雑な記述の有無ではなく、交戦国の人道感覚と良心に懸かっているということを、再確認していただければと存じます（拍手）。(365)」

捕虜条約案の詳細な規定を批判するために吉田はアメリカ政府の見解を引き合いに出していたが、確かにこの時、アメリカ政府は捕虜条約案の詳細な規定に対して慎重な姿勢を示していた。この会合で吉田の発言に続く形でアメリカ政府代表のウィルソン（Hugh R. Wilson）（駐スイス公使）が発言し、ここでウィルソンは、捕虜条約案において捕虜の待遇を具体的かつ詳細に規定すると結果的に各国の中で最も低い水準の待遇しか捕虜に与えられない国に合わせて基準を定めなければならなくなるため条約が捕虜の待遇改善のために役立たなくなる恐れがあること、砂漠のような僻地で捕虜が捕らえられた場合に具体的で詳細な規定を適用することが困難になること、戦争放棄に向けた取り組みが進む中で次の戦争に備える条約を準備することに矛盾があることを指摘し、具体的で詳細な規定を盛り込んだ条約よりも柔軟に運用可能な原則を示す条約を起草するべきであるという見解を示した(366)。これに加えてアメリカ政府代表は赤十字国際委員会が準備した捕虜条約草案とは異なる独自の捕虜条約草案を提出したが、同草案は参考資料とされ、会議の審議はあくまで赤十字国際委員会案に従って行われることになった(367)。アメリカと歩調を合わせた日本政府代表は、早くも会議において劣勢に転じたようである。

外交会議が始まると、下村や陸軍省が会議の開催前から捕虜条約案に慎重な態度を示していたことに加えて、海軍代表委員の三浦も捕虜条約案に対する慎重な態度を示すようになった。会議開始後の七月七日、三浦は海軍大臣に報告を送り、スイス政府代表が捕虜条約案の規定を海戦や空戦における交戦者に適用する案を提出したことを伝えるとともに、「此ノ場合帝国トシテハ曩ニ瑞西ニ回答セル次第モアリ之ニ反対スルノ理由ナキモ小官ノ意見トシテハ元来今回改定制定セントスル条約ハ俘虜ノ待遇余リニ鄭重ニ過キ戦時非常ノ際斯ノ如キ義務ヲ遂行シ得ルヤ甚タ疑ハシク海戦ノ場合ニ負フ義務ヲ軽減スルヲ得策ト思考スル」との意見を付し、同案に対する海軍省の見解を尋ねていた(368)。この報告に対し、海軍省は七月一五日に返信を送り、三浦の意見に賛同を示しつつ、「海戦ニ於ケル戦闘動作ノ妨碍トナル如キ規定及海上ニ於テ俘虜取扱上実行困難ナル如キ条項ヲ加ヘサル様努ムヘシ」との指示を与えた(369)。

会議に提出された捕虜条約案の中で会議開始後の日本政府代表が警戒していたものの一つは、復仇の禁止に関する規定だった。復仇を禁止する規定はハーグ陸戦条約における捕虜に関する規定には含まれていなかったものであり、捕虜条約案の画期的な意義を象徴する目玉条文とも言うべきものだった。この条文に対して日本政府代表は真っ先に反対を表明し、イギリスとトルコがこれに同調したものの、分科会審議において参加国の多くが次々に復仇の容認を非難する意見を表明し、復仇禁止の規定を盛り込むことは会議の趨勢となった(370)。会議における日本政府代表の劣勢は明らかだった。

捕虜条約案の中で日本政府代表が警戒していたもう一つのものが、捕虜の処罰に関する規定だった。七月一五日に外務省から会議委員に送られた訓令では、条約案第四七条における「あらゆる体罰（toutes les peines corporelles）」を禁じる規定が死刑の禁止を含意すると解釈されうる一方で、日本の国内法（俘虜取扱規則第六条が逃走を図った捕虜の殺害を認めていること）に条約案第四七条が抵触するため、同条文の削除を求める指示が与えられていた。また同訓令では、条約案第四九条で懲戒罰（非司法的処分、peine disciplinaire）の対象として列挙されているものの中に日本の国内法において刑事罰（司法的処分、peine judiciaire）に処されるものが含まれているとして、第四九条を削除するべしとの指示が与えられていた。[371]興味深い点は、これらの訓令が上記二条項の削除にあたってイギリス政府委員が同様の提案をしていることを指摘し、イギリスとの協調により条項の削除を図ることを示唆していたという点である。しかし、イギリスは懲戒罰と刑事罰の対象となる捕虜の行動を具体的に列挙する方式の条文を簡略化するという点では日本の方針に沿う提案をしていたが、捕虜に対する体罰を禁止することについては、日本と異なり賛成の立場を示していた。[372]日本がイギリスと歩調を合わせることを目論む一方で、日本とイギリスの間の足並みは乱れていた。

これらに加えて、捕虜条約案の中で日本政府代表が特に警戒していたもの一つが、中立国や赤十字国際委員会による交戦国の条約遵守の監督について定める規定だった。この条項について意見を提案するのに際し、日本政府委員はアメリカ政府委員とイギリス政府委員に内話して調整を行っていた。七月九日に日本政府委員から送られた報告によると、日本政府委員は捕虜条約案において中立国と赤十字国際委員会の関与を定める規定をなるべく阻止したいとの方針をイギリス政府委員に伝え、中立国と赤十字国際委員会の関与について交戦国の同意を条件とすることを主張するイギリス政府委員と歩調を合わせる姿勢を示した。また、捕虜の取り扱いについて赤十字国際委員会の関与を認める方針だったアメリカ政府委員に対し、吉田は赤十字国際委員会からの派遣員は交戦国の望まない人物ではないものとするという条件を付すことを提案し、アメリカ政府委員の同意を得ていた。[373]その後七月一二日には、吉田が米国委員と再び会談し、中立国と赤十字国際委員会の関与について交戦国の同意を条件とするという英国の主張について日米でともに支持するとの言質を取り付けるに至っていた。[374]ただし、中立国や赤十字国際委員会による交戦国の条約遵守の監督について、日本とイギリスとの間で必ずしも歩調が一致しているわけではなかった。例えば、条約案第九八条において中立国や赤十字国際委員会による査察団が捕虜と立会人なしで面談できる権利が定められていたことについて、日本政府は分科会での審議の段階で反対を表明していたが、イギリスは同条項が捕虜になった自国軍人を助けるとして、同条項に賛成に回っていた[375]。イギリスと歩調を合わせるという日本政府代表の目論見は、ここでもつまずきを見せていたのである。

二　外交会議における議論と条約調印

このように会議の趨勢が日本に不利に傾いていたことを、日本政府代表はどう評価していたのだろうか。改正赤十字条約案と捕虜条約案それぞれについて大半の審議が終わった七月一七日に日本政府委員が日本の外務省に宛てた報告は、改正赤十字条約案における衛生航空機による戦線の横断の制限や中立国の衛生要員が自由に交戦地帯で行動することの制限、捕虜条約案における捕虜の衣食住に関する規定の緩和については「既ニ報告セル程度ニテ総会ノ通過スルナラント思ハル」と報告する一方、「会議ノ空気トシテ最近戦役ニ鑑ミ可成具体的ニ傷病者衛生各機関ノ保護及俘虜ノ優遇手段ヲ規定シ且国際的ニ之カ履行ヲ調査監督シ得ヘキ方法ヲ定メントスル希望多数国委員ノ間ニ横溢シアルト総テノ決議カ多数決ナルトノ為完璧ニ我カ主張ヲ貫徹シ又ハ条約ヲ簡単ナラシメ得サル場合鮮カラサルハ遺憾ナリ」と述べ、中立国と赤十字国際委員会による交戦国の条約遵守の監督に関する規定については日本やイギリスからの反対意見が十分に反映されない見込みが強いことを示唆していた。また、報告は「三委員ハ我カ重要ナル法令ニ抵触スル事項我カ国情及軍事上承諾シ難キ意見或ハ条約ノ履行ニ当リ無制限ニ中立国又ハ赤十字国際委員会ノ干渉的行為ヲ認メントスル条項等ニ対シテハ其ノ都度之ニ反対シアルモ若シ最後ノ会議ニ於テ我カ主張破ルルカ如キ場合ニハ留保ノ已ムナキニ至ル事アルヘシト信ス」と述べ、国内法に抵触するとして反対していた捕虜の処罰に関する条項についても、日本政府の意見を条約に反映させられない可能性を示唆していた。日本政府委員は部分的には当初の要望を実現することができると考えつつも、いくつかの点では満足できる修正を実現できない可能性が高いと考えていたようである[376]。

もっとも、その後の会議の最終局面に当たる分科会終了後の本会議では、日本が反対する諸々の規定について、いくつかの妥協案が実現した。例えば、条約第一条による海戦での捕虜への条約の適用については、条約が捕虜の上陸時からではなく捕虜が捕虜収容所に到着した時点から条約が適用されることになった。条約第二条における復仇の禁止については、「復仇措置は禁止される」とされていた原案が「捕虜に対する（à leur égard）復仇は禁止される」という形に修正された。条約第五一条においては脱走を幇助した捕虜の処罰を禁止する原案が改められ、脱走を幇助した捕虜に懲戒罰を課すことが認められた。条約第八六条における中立国や赤十字国際委員会による査察団に関する規定では、査察団が捕虜と「立会人なしで（sans témoin）」面談できるとされた点について、「原則として立会人なしで（en règle général sans témoin）」面談できるという形に改められた(377)。

これらの議論を受け、日本政府委員は七月二六日に外務省に宛てた報告で、「両条約ニ対スル我政府ノ訓令及従来各委員ヨリ電報セシ意見ハ我国内法抵触条項ノ若干ヲ除クノ外概ネ採用セラレ少クモ実行上他ヨリ拘束ヲ受クル虞ナカルヘシ」と伝えるとともに、捕虜処罰、中立国と赤十字国際委員会による交戦国の条約遵守の監督、捕虜条約の海戦への適用についても相当の緩和が見られたとして、「之ヲ要スルニ両条約共立法関係事項ノ外ハ先ツ留保ノ必要ナカラント認ム」との見解を示した。この見解は日本政府委員が改正赤十字条約と捕虜条約それぞれの最終案を受け入れたことを示すかのようにも見受けられるが、重要なのは、その中に「我国内法抵触条項ノ若干ヲ除クノ外」という部分や「立法関係事項ノ外」という部分に見られるように例外事項が示されていたことである。つまり、日本政府委員は両条約の最終案については大筋で合意したものの、捕虜条約の捕虜処罰に関する項目については国内法改正の必要のため留保する姿勢を示した、ということである。後述するが、この部分こそ、後に捕虜条約を批准する上で大きな桎梏となったのである(378)。

改正赤十字条約案と捕虜条約案は七月二六日の審議により成文となり、外交会議は翌二七日の調印式をもって終了した(379)。日本政府はこの調印式において最終議定書のみに調印し、両条約への調印は後の機会に譲ることとなった。会議を終えた吉田、下村、三浦の三名の日本政府委員が連名で作成した報告書によると、調印式では三二か国が両条約に調印した一方、最終議定書のみに調印したのは日本の外イギリスとその自治領の計四か国のみであり、会議の最中に日本政府代表が調整を働きかけていたアメリカの政府代表委員は両条約に調印していた。また同報告書は、「会議ニ関スル所見並条約調印ニ関スル意見」として、政府委員三名の会議の結果に対する所感を詳細に論じている。報告書は、捕虜条約案の審議の全体的傾向について「将来自ラ戦争ニ加ハルコトヲ予想シ居ラザル小国ハ漠然タル人道的見地ヨリ之ヲ支持スルガ多俘虜ノ取締ト其ノ優遇トヲ調和セル正当ナル主張モ否決セラルルコトナシトセザリキ」「我委員ハ主トシテ条約締結ノ暁帝国ガ敵国俘虜待遇ニ関シ負フベキ義務ノ見地ヨリ本問題ヲ考究シ居ルニ対シ他国委員ノ殆ト全部ハ自国軍人ガ俘虜トナリタル場合ノ見地ヨリ本条約ヲ考察シ居ルヲ以テ彼我ノ間ニ大ナル意見ノ相違在リタルハ免レザル次第ナリ」と述べ、会議に参加した大多数の主張と日本政府の主張との間に大きな隔たりがあったことを吐露した。また、捕虜処罰の規定に関して、現行法に抵触する若干の規定が多数決にて可決したと伝えた上で、「該条約第三編第五章第三節ニ就テハ当該委員会ニ於テ包括的ニ留保シ置キタリ」と報告した。さらに興味深いことに、報告書はこれらの報告に加えて、「赤十字国際委員会ノ代表者ガ本会議ニ参加シ自ラ締約国トシテ責任ヲ負コトナキ関係上往々人道博愛ノミヲ基調トスル提案ヲナシ列国委員亦同会ノ従来ノ功績及同会ガ条約原案起草者タル面目ニ鑑ミ已ムヲ得ズソノ意見ヲ尊重支持セシコト一再ナラズ将来外交会議ニ於テハ其当初ニ於テナルベク私的団体ノ参加ヲ回避スルコト必要ナリト信ズ」「本会議議事規則上総テノ決議ヲ多数決ニ依リタルタメ重要ナル問題ノ採決上遺憾ノ点少ナカラザリキ」と述べていた。日本政府委員は、赤十字国際委員会の関与や多数決による審議といった会議の基礎とも言えるような事柄についても、不満を示していたのである[380]。

日本政府代表は外交会議最終日の調印式において改正赤十字条約と捕虜条約に調印しなかったが、イギリスによる両条約の調印を受け、ようやく両条約に調印することになった。一九二九年一二月二〇日、イギリスが改正赤十字条約については第二八条（スイス国徽章の保護に関する規定）を留保して調印し、捕虜条約については留保無しで調印するとの見通しを松平恒雄駐英大使が日本外務省に伝えると[381]、同月二八日に日本外務省はスイスの吉田公使に宛てて捕虜条約について留保無しで調印すべしとの訓令を発し[382]、翌年一月八日には改正赤十字条約についてイギリスと同様に第二八条を留保して調印すべしとの訓令を発した[383]。この二つの訓令を受け、吉田公使は一月九日、スイス外務省にて両条約に調印するに至った[384]。日本政府は国内法抵触条項の存在など捕虜条約の内容に不満を残しながらも、イギリスに足並みをそろえる形で改正赤十字条約と捕虜条約に調印することになったのである。

内容に不満を残しながらも捕虜条約に留保無しで調印することに対し、政府内から反対の声はなかったのだろうか。調印に先立つ一九二九年一二月六日、日本外務省において改正赤十字条約と捕虜条約への調印に向けた外務省、陸軍省、海軍省の協議会が開かれていた。同協議会では、陸軍が第五一条（捕虜逃走幇助に対する処罰に関する規定）について解釈次第では陸軍刑法の改正が必要になるとしながらも、同時に「其他ニモ陸軍トシテ云ヒ分ハアルカ既ニ会議ニ於テ日本ノ主張ヲ大イニ述ヘタコトテアルカラ条約ノ人道的精神ニモ鑑ミ今更「ケチ」ヲ付ケ度クナシ且俘虜待遇ニ関スル日本人ノ従来ノ態度ニ鑑ミテモ決シテ俘虜ヲ虐待スル様ナ事モナイト思フカラ無条件テ署印シテモ差支ナシト思フ」とも述べた[385]。後に捕虜条約が批准に至らなかったことを踏まえて考えれば、陸軍のこのような見解は第一次世界大戦までの日本軍の捕虜政策を過大評価したものであり、捕虜条約と国内法の抵触という問題点を楽観視しすぎたものだったと言わざるを得ないだろう。

このように、日本政府は改正赤十字条約と捕虜条約の双方に調印したものの、実際には捕虜条約に対して強い不満を残していた。外交会議が始まる段階で、日本政府委員は復仇の禁止、捕虜条約の規定の海戦への適用、中立国や赤十字国際委員会による交戦国の条約遵守の監督、捕虜への処罰の制限という四点について特に反対し、部分的には条件の緩和を実現できたものの、完全には緩和を実現しきれなかった。また、日本政府委員は会議での交渉にあたり、イギリス、アメリカという大国に対して条約に対する意見の調整を働きかけており、調印の時期についてもイギリスに足並みをそろえていた。会議における日本政府の態度は、総じて「大勢順応」というよりは「大国順応」であり、しかもそれは条約案に対する大国の慎重な態度に期待をかけるという点で「消極的大国順応」と呼ぶべきものだったと言えるだろう。

第三節　捕虜条約批准の挫折と国際赤十字運動への態度の変容

日本政府は、捕虜条約に不満を残しながらも、国内法の改正について楽観的な見通しを立てることで、改正赤十字条約と捕虜条約の双方に調印するに至った。しかし、太平洋戦争開戦に至るまで遂に捕虜条約批准には至らず、改正赤十字条約の批准についても一九三四年の一〇月まで年月を要した。なぜこのようなことになったのか。そして、太平洋戦争開戦に至るまでのこの時期に、日本政府の国際赤十字運動への態度は変化したのだろうか。

一　第一五回赤十字国際会議（一九三四年）と捕虜条約批准の挫折

一九三〇年一月に吉田が改正赤十字条約と捕虜条約に調印してから、国内における批准に向けた動きは遅々として進まなかった。やがて外交会議が終了してから一年半が経過した一九三一年一月、日本政府は日本赤十字社を通じて赤十字国際委員会から改正赤十字条約と捕虜条約の速やかな批准を求める通牒を受けるに至った。ただし、この時期の日本では改正赤十字条約と捕虜条約に限らず多国間条約の批准に向けた枢密院での審議の過程が遅れがちだったということには留意する必要がある。一九三一年九月に外務省条約局第二課が作成した覚書によると、外務省条約局が改正赤十字条約と捕虜条約の批准審議のための相談を法制局第一部の入江俊郎参事官に持ちかけたところ、法制局は国際衛生条約[386]と東方賠償計画[387]に関する審議の為多忙となっているため、改正赤十字条約と捕虜条約については関係書類の提出のみを受け付け、審議の開始時期は追って検討したいとの返答を受けていた[388]。国際衛生条約の改正は一九二六年のことであり、その条約の批准が先延ばしにされている以上、改正赤十字条約と捕虜条約についても批准を急ぐことは難しい、という事情が存在したのである。

その一方で、日本政府として改正赤十字条約と捕虜条約への態度を明確にすることを迫られる事情も存在した。かねてよりの招致活動が結実し、一九三四年に第一五回赤十字国際会議が東京で開催されることになったのである[389]。この第一五回会議では日本政府と日本赤十字社それぞれの代表としてこれまでにない大人数が参加することになり、同時に同会議が来日する各国政府代表や各国赤十字社代表に対して日本政府の国際赤十字運動への関与や日本赤十字社の活動について宣伝する機会になるという期待も存在したため、改正赤十字条約と捕虜条約に対する日本政府の態度を明確にすることは急務となっていた。会議開催が近づく一九三四年八月、外務省は陸軍省と海軍省に宛て、近いうちに改正赤十字条約と捕虜条約の批准手続きを進める意向を示し、両条約に対する各省の意見を求める通知を送った[390]。

この通知に対して、陸軍省は同年九月六日、改正赤十字条約の批准に異存はないものの、捕虜条約については批准するべきでないと回答した。この回答において、捕虜条約の批准に反対する具体的な理由は示されていない[391]。具体的な理由が回答に付されなかった背景としては、赤十字国際会議の開催が一〇月に迫っており批准に向けた枢密院での審議を早く進める必要があったとのことが推量されるが、それだけでなく、赤十字国際会議での議論に向けて外務省、陸軍省、海軍省の人員が協議する機会があり、その中で捕虜条約の批准について議論することが予想されていたことも、具体的な理由が回答に付されなかったことに影響したのではないかと推量される。

実際に、第一五回赤十字国際会議に向けた外務省、陸軍省、海軍省、内務省、日本赤十字社の協議会が、同年の九月一四日と一〇月九日に開かれていた。海軍省がまとめた覚書によると、まず一回目の九月一四日の協議会では、会議全体の運営方法が主な議題となり、会議の議題について「大体争ノ起ル問題ヲ避ケ国内事業促進ノ予定」との見通しが述べられていた[392]。赤十字国際委員会が赤十字国際会議の議事素案を作成する際に各国間の意見の対立――もちろんそれは日本政府とその他諸国の政府との対立を含む――が目立ちやすい条約の整備といった問題の議論を避け、赤十字の国内事業推進といった意見の対立を招く恐れが少ない――言い換えれば当たり障りのない――問題の議論を優先する姿勢を取っていたのに対し、会議の進行を務める日本政府と日本赤十字社もこの方針に順応し、日本赤十字社の業績や積極性を宣伝しやすい分野の議論に会議の重点を置こうとしたのではないかと考えられる。

続いて一〇月九日に開かれた二回目の協議会では、大会開催に先立ち決定された議題一覧[393]に従い、日本政府代表の対応が検討された。この協議会について海軍省がまとめた覚書によると、この際、改正赤十字条約及び捕虜条約と国内法との調和が議題番号8とされていたことについて、「赤十字条約近ク批准ノ運ビナル」「俘虜条約ハ陸軍ガ困ル、国内的ニ問題アリ」との意見が共有されていた[394]。一九二九年の外交会議において日本政府委員らが捕虜の処罰に関する規定について国内法との抵触を理由として最後まで反対する姿勢をとっていたことを考慮すると、ここで言う「国内的ニ問題アリ」ということは、捕虜処罰に関する規定の国内法との抵触という問題のことを指していたのではないかと考えられる。赤十字国際会議に向けて日本政府の対応を準備する過程を通して、捕虜処罰に関する規定と国内法との抵触により捕虜条約の批准が困難になっているとの見解が共有されたのである。

もっとも、この一〇月九日の協議会において、捕虜条約に関する議論は割合としては少なかった。むしろこの協議会での議論において多くの割合を占めたのは、敵地における非軍人の保護に関する条約案（文民保護条約）（議題番号9）と、宣戦布告を伴わない武力衝突における赤十字条約と捕虜条約の準用（議題番号10）に関する議論だった。このうち敵地における非軍人の保護に関する条約案については、「突然デ外務モ困ル」との発言もあったが、日露戦争中のロシア在留の日本人の待遇、第一次世界大戦における日本在留のドイツ人の待遇といった例を踏まえて議論がかわされ、「在米邦人ヲ如何ニスルカ　此ノ見地カラコノ條約ハアッタ方ガヨイ」との意見も出されていた。赤十字国際会議において条約に関する議論を進めることに消極的だった日本政府も、この問題に関してはむしろ条約の確立に利益を見出す態度を示していたのである。一方で、宣戦布告を伴わない武力衝突における赤十字条約と捕虜条約の準用については、「人道上文句イヘヌ恐レ」「武力ノ衝突ガアル場合ニハ赤十字条約準用ナリ　趣旨ハ反対デキヌ」「議題トシテハ反対セズトモ可」とのように準用を受け入れる見解が示される一方、「満洲デ匪賊討伐、桎梏ノ状況生ズ」「結論ハ結構ナルモ実際ハムツカシイ」「実際問題トシテ大シタ実ナシ」とのように準用に懸念を示す意見も出されるなど、賛否両論が混在する結果となっており、結局「日本ニ対シテ不愉快ナ言説ガナケレバ実質的ニハ差支ナシ」との結論が示されていた[395]。

第一五回赤十字国際会議では、国際赤十字運動に関する東京宣言が採択された。同宣言は四八の決議から成り、その中には、化学戦及び空中戦における非軍人の保護の方法について研究を継続するという決議三七や、宣戦布告を伴わない武力衝突における赤十字条約と捕虜条約の準用を希望するという決議三八の他、敵地における非軍人の保護に関する条約の草案成文（通称、東京草案）を採択した決議三九が含まれていた。一方で、四八の決議の大半は少年赤十字の推進や災害時の救援活動の強化といった赤十字の平時活動に関するものが大半であり、また先述の決議三九も、各国政府に対し条約草案に「賛成する」ことを勧告するものではなく、各国政府に対し「注意を払う」ことを勧告するにとどまった[396]。同会議の議事は、結果的におおよそ「大体争ノ起ル問題ヲ避ケ国内事業促進ノ予定」という日本政府の目論見に沿ったものになったと言えるだろう。

第一五回赤十字国際会議は東京にて一九三四年一〇月二〇日に開会し、同月二九日に閉会を迎えたが、この間の一〇月二四日、改正赤十字条約の批准のための枢密院審議が行われた。この審議において改正赤十字条約の批准が無事に可決した一方で、同審議において広田外務大臣は「俘虜条約ニ付テハ最モ関係深キ陸海軍両省ニ於テ大体之ヲ批准セサル方宜シカルヘシトノ意見ヲ以テ政府トシテハ俘虜条約ト切離シ赤十字条約ノミニ付手続ヲ進ムルコトトセリ」との説明を述べるに至った[397]。改正赤十字条約とともに捕虜条約に批准する可能性は、ここに潰えたのである。

日本政府が捕虜条約を批准しなかった理由を示す資料として先行研究においてしばしば言及されてきた、海軍省から外務省への回答が通知されたのは、この枢密院審議と第一五回赤十字国際会議が終了した後、一一月一五日のことだった。同通知は捕虜条約の批准に反対する理由として、「帝国軍人ノ観念ヨリスレバ俘虜タルコトハ予期セザルニ反シ外国軍人ノ観念ニ於テハ必シモ然ラズ本条約ハ形式ハ相互的ナルモ実質上ハ我方ノミ義務ヲ負フ片務的ノモノナリ」「俘虜ニ関スル優遇ノ保証ヲ与フルコトトナルヲ以テ例ヘバ敵国将士ガ其ノ目的達成後俘虜タルコトヲ期シテ空襲ヲ企図スル場合ニハ航空機ノ行動半径倍大シ帝国トシテ被空襲ノ危険益大トナル等我海軍ノ作戦上不利ヲ招クニ至ル虞アリ」「第八十六条ノ規定ニ依リ第三国代表ガ立会人ナク俘虜ト会談シ得ル点ハ軍事上支障アリ」「本条約ノ俘虜ニ対スル処罰ノ規定ハ帝国軍人以上ニ俘虜ヲ優遇シアルヲ以テ海軍懲罰令、海軍刑法、海軍軍法会議法、海軍監獄令等諸法規ノ改正ヲ要スルコトトナルモ右ハ軍規維持ヲ目的トスル各法規ノ趣旨ニ徴シ不可ナリ」という四点を挙げている[398]。この四点の反対意見が海軍内においてどのような議論の過程を経て浮かび上がったものだったのかを示す資料は、残念ながら見つからなかった。また、一番目の意見と二番目の意見がこれ以前の捕虜条約に対する意見の中にはあまり見られない点であることは気になるところである。しかし、三番目の意見にあるような中立国や赤十字国際委員会による立会人なしでの捕虜との面談への反対や、四番目の意見にあるような捕虜処罰の規定に対する反対は、一九二九年の外交会議における日本政府委員の態度の中に既に見られたものだった。この回答における海軍の反対意見は、捕虜条約の内容を海軍内のみにおいて議論した結果というよりは、一九二九年の外交会議や一九三四年の第一五回赤十字国際会議のときも含めて陸軍、海軍、外務省の三者で議論してきた内容を踏まえた結果だったのではないかと推量される。

二　第一六回赤十字国際会議（一九三八年）までの日本政府の対応

このように、一九三四年の第一五回赤十字国際会議を経て、捕虜条約の批准の見込みは立たなくなった。さらにこれに続く一九三八年の第一六回赤十字国際会議に至る時期には、国際赤十字運動に対する日本政府の消極な態度はより強まることになる。一九三六年七月、スイス政府が一九二九年七月の外交会議での決議に基づいて敵地における非軍人の保護に関する条約案と戦地における衛生航空機の使用に関する条約案を審議するための外交会議を開くことについて赤十字条約加盟国に対し意見を求める通知を日本外務省に提出すると[399]、外務省から問い合わせを受けた陸軍省はこれに回答し、衛生航空機の使用について「飛行機ノ異常ナル発達ニ伴ヒ所謂衛生飛行機ナルモノノ戦時行動領域モ一層強化セラルヘク従テ赤十字目的以外一般軍事行動ニ流用セラルヘキ虞亦頗ル大ナリ」と述べるとともに、敵地における非軍人の保護に関する条約案についても「航空ノ発達ニ伴ヒ戦闘地域ノ限定殆ト不可能ナルノミナラス空襲カ重要ナル一戦争手段トナリアル現状ニ於テ其ノ解決ハ恐ク至難ナルヘシ」と述べた上で、スイス政府が提唱した会議の開催について「右会議開催方ニ関シ

（中略）殆ト期待ヲ有シアラサル」との見解を示した[400]。陸軍は第一五回赤十字国際会議の時期に賛成の余地があるとされていた敵地における非軍人の保護に関する条約案についても、この時期には反対の意向を示すようになったのである。また、陸軍省からの回答に続いて海軍省から送られた回答では、「現在ノ欧州情勢ハ此ノ手会議ノ開催ニ対シ適当ト思惟セラレザルヲ以テ将来国際情勢ノ安定ヲ待テ更ニ提案セラルルヲ可ト認ムル」との見解が示されていた[401]。陸軍だけでなく海軍もまた、国際赤十字運動を通じた国際人道法の形成に対する期待を失っていたのである。

やがて一九三七年七月に日中戦争が勃発した後、一九三八年六月にロンドンで第一六回赤十字国際会議が開かれることになった。これに当たって日本政府委員に送られた訓令は、会議での議論について「努メテ急激ナル変化ヲ避クルコトヲ期シ且我方ノ利益ト為ル様適当措置スベク事柄ノ特ニ重要ナルモノニ付テハ請訓ヲ為スベシ」「今回会議ニ提出セラレタル意見ハ概ネ細密ニ過ギ徒ラニ条約規定ヲ繁鎖ナラシメ今日ノ国際ノ実情ニ即セザル嫌アルヲ以テ現行条約ノ範囲内ニテ我方ノ自由措置ヲ認メシムル様努力スベシ」と指示し、赤十字国際会議を通じて新たな条約を準備することに対する消極的な姿勢をとった。また、訓令は日中戦争に関する議論について「会議ニ於テ右ヲ議題トセザル様措置セラレ度尤モ万一支那代表等カ本件ニ言及シタル場合ハ既送ノ資料ニ依リ我方ノ公正ナル態度ヲ闡明セラレタシ」と指示するとともに、「個々ノ問題ニ関シテハ独伊ノ委員ト連絡シ我方主張ノ貫徹ニ資スベシ」との指示を与えた[402]。これまで日本政府は国際赤十字運動や国際人道法に関する議論においてアメリカやイギリスに歩調を合わせる姿勢を見せていたが、日本が満洲事変と日中戦争勃発を経て国際的に孤立し、ドイツとイタリアに接近していったのに合わせて、国際赤十字運動や国際人道法の議論においてもドイツとイタリアに歩調を合わせることになったのである。また、日本赤十字社は第一六回会議への代表出席に際し、戦地における中国人民に対する医療活動の実績を報告するための資料や、中国側の毒ガス製造や細菌兵器の使用といった非人道的行為を報告するための資料を準備していた[403]。先述の政府訓令のうち「既送ノ資料ニ依リ我方ノ公正ナル態度ヲ闡明セラレタシ」との文言で挙げられていた資料は、この資料のことを指すと思われる。赤十字国際会議は、日中戦争の最中にある日本にとって、自らの戦争における行動の正当性を弁明するための場と見なされたのである。

以上のように、一九三〇年初めの調印の段階で既に消極的とも言えた日本政府の捕虜条約に対する態度は、条約批准のための枢密院審議が他の条約の批准過程との兼ね合いにより遅れていく中でさらに硬化していき、捕虜条約批准の可能性は遂に潰えてしまった。その中で大きな要因となったのは、一九二九年の外交会議の際にも特に問題視されていた、捕虜の処罰に関する規定と国内法の抵触という問題だった。もっとも、第一五回赤十字国際会議開催に際しての準備過程において、日本政府の中に敵地における非軍人の保護に関する条約案を国際赤十字運動の枠組みにおいて議論することを受け入れる声があったことは見逃せない。しかし、第一六回赤十字国際会議が開かれるに当たっては、国際赤十字運動に対する期待そのものが失われてしまった。また、かねてより日本政府の中に見られた「消極的大国順応」と呼ぶべき姿勢も、日中戦争勃発を経た後には、「消極的枢軸国順応」と呼ぶべきものに変化していった。結果として、日本政府は第一次世界大戦の惨禍を経た国際人道法の発展に与る機会を逃したまま、対英米開戦に踏み切ることになったのである。

小　括

捕虜条約の起草に代表される第一次世界大戦終結から日本の対英米開戦に至るまでの国際赤十字運動を中心とした国際人道法の形成に向けた動きに対する日本の態度に見られたのは、態度の変遷よりも、むしろ一貫した消極的な態度だった。赤十字国際会議では赤十字条約の改正と捕虜条約の起草が第一次世界大戦終結後のかなり早い段階から準備されていたにも関わらず、日本政府は長らく両条約に対する態度を保留し続け、赤十字国際会議に際しても「極東ニ於ケル帝国ノ特殊地位」を根拠に留保的な姿勢をとり続けた。また、一九二九年に赤十字条約改正と捕虜条約起草のための外交会議が開かれると、日本政府委員は当初から捕虜条約に対して厳しい姿勢を取るとともに、会議終了後も会議での議論の趨勢に対して不満を示した。そして、一九三四年に日本政府は改正赤十字条約を批准したものの、捕虜条約の批准については当面断念するとの決断が下されたのである。

捕虜条約の中で日本政府が特に反対を示していたのが、復仇の禁止、捕虜条約の海戦への適用、中立国や赤十字国際委員会による交戦国の条約遵守の監督、捕虜処罰に関する規定だった。これらについては一九二九年の外交会議の終盤において一定の緩和が見られたものの、日本政府委員の意向が完全に反映されたわけではなかった。日本政府はイギリスが両条約に調印するのに合わせて両条約に調印したものの、それは捕虜条約の捕虜の処罰に関する規定に合わせた国内法の改正についての楽観的な見通しを前提としたものであり、最終的にはこの点が桎梏となることにより捕虜条約の批准が実現できなくなってしまったのである。

また、捕虜条約起草に向けた動きに対する日本政府の態度の中に一貫して見られたのは、アメリカやイギリスといった大国の留保的な態度に歩調を合わせ、大国を中心として議論を進めようとする「消極的大国順応」と呼ぶべき態度だった。ワシントン会議を経て戦時法規改正法律家委員会が組織されると、日本政府は同委員会での議論を優先するため赤十字国際会議を中心として捕虜条約の起草準備を進めることを先延ばしにしようとした。また、一九二九年の外交会議の際は捕虜条約案に対して意見を提案するに当たってイギリスやアメリカと意見を調整し、改正赤十字条約と捕虜条約への調印に当たってもイギリスが調印する時機に合わせて調印を行った。しかしこのような「消極的大国順応」と呼ぶべき態度も、やがてはさらに「消極的枢軸国順応」へと変化していったのである。

日本政府の捕虜条約批准が実現しなかった原因をより正確に理解するためには、日本人の捕虜観の変化といった間接的な原因についても考える必要があるだろう。例えば、一九三〇年一月に日本政府が捕虜条約に調印してから一九三四年一〇月に日本政府が捕虜条約の批准を経ないまま改正赤十字条約を批准するに至るまでの間には、上海事変において捕虜となった空閑昇陸軍少佐の自殺事件が発生していた(404)。捕虜条約批准に向けた議論において同事件が影響したことを示す資料は管見の限り見当たらないが、戦間期に陸海軍内部と国民一般それぞれにおける捕虜観がどう変化し、相互にどう結びついたのかについては、尚も検討の余地がある。また、捕虜条約批准の挫折だけが、太平洋戦争における日本軍による捕虜の虐待をもたらした要因だったわけではない。捕虜虐待の要因としては、戦争初期における大量の捕虜発生に伴う捕虜管理体制構築の不備や日本軍の捕虜収容所におけるリーダーシップの欠如、人種差別的な意識や戦友を失ったことによる復讐心など、様々なものが指摘されており、多様な要因が結びつく形で捕虜への虐待が生み出されていったと考えられている(405)。それでも、本章で明らかにされたような、戦間期における国際人道法の形成に向けた動きに対する日本の態度の実相からは、大国の特権的地位が認められていた国際連盟や常設国際司法裁判所への日本の対応に見られたような、ある程度まで国際機構の活動成果を認めようとする態度とは異なる性格が見受けられる。これは第一次世界大戦の惨禍を経て国際社会や国際法の在り方が大きく変化していったことに対する日本の対応の過程のうち、重要な一側面を示すものだと言えるのではないだろうか。

終　章　日本の多国間外交の可能性と限界

第一次世界大戦後、国際連盟をはじめとする多くの国際機構が創設され、かつ戦間期の時代を通して多くの多国間会議が開催されたことにより、国際秩序には徐々に様々な変化がもたらされた。国際連盟の創設を経て、以前より存在した国際裁判も新たな意義付けを与えられ、その形を変えていった。また、国際連盟や国際機構、多国間会議の活動は、国際紛争の平和的解決に向けた制度設計だけでなく、それ以外の分野においても徐々に影響を拡げるようになった。またこの時期には、国際赤十字運動といった国際機構の活動や多国間会議の開催を通して、国際人道法の発展がもたらされることになった。本書では、これらのように戦間期という時代に国際機構の活動と多国間会議により国際秩序が様々な面で変化していったことに対して、日本政府がその政策をどこまで変化させていったのか、もしくはさせなかったのかを検討してきた。本章ではこれまでの各章で論じたことを踏まえた上で、戦間期における日本の国際機構に関わる外交政策の変化の実態とその原因を検討し、本書の締めくくりとしたい。

パリ講和会議を経て国際連盟が創設された時期に合わせ、日本外務省には条約局が設けられ、同局は後に国際法に関する政策に加え国際連盟に関する政策を担うことになった。しかし、このような外務省の機構改革は外交政策における国際機構への対応の重要性を認識したことによる計画的な取り組みの結果というよりも、業務内容や人員の急増への対応、政府全体の行政整理といった別の問題に対応するための場当たり的な取り組みの結果というべきものだった。また、戦間期のイギリスやフランスの外務省においては法律顧問の役職が整備され、それが国際機構への対応において大きな役割を担うようになったが、日本外務省において同様の役職が整備されたとは言い難く、日本外務省は国際法と国際機構への対応において立作太郎のような非公式の法律顧問や安達峰一郎や杉村陽太郎といった出先の外交官に大きく頼ることになった。

戦間期における国際裁判の制度化に対する日本政府の対応は、一貫して消極的なものだったと見られてきたが、その対応をいくつかの時期の個別の外交交渉に分けてつぶさに観察すると、日本政府の対応には徐々に変化が見られ、国際裁判への参加についてもある程度その意義を認めていたことが窺える。常設国際司法裁判所創設以来日本がはじめて仲裁裁判条約を締結した例である日本＝スイス仲裁裁判条約において、日本政府は伝統的な仲裁裁判条約における紛争の管轄範囲を維持しようとした。しかし、この交渉とジュネーブ平和議定書起草における議論を経て、日本政府は紛争の管轄範囲を拡大させることを受け入れる姿勢を見せるようになる。一九二八年の日米仲裁裁判調停条約締結交渉においては一切の法律的紛争を国際裁判に付託するという原則を条約に定めようと試み、その試みは実現を見なかったものの、この原則はのちの日蘭仲裁裁判調停条約に反映されることになった。また、一九二九年に諸国が相次いで常設国際司法裁判所規程選択条項の受諾を宣言すると、日本政府内においても一度は選択条項受諾のための準備が進められるに至った。満洲事変を経て日本は国際連盟脱退を宣言したが、これに合わせて常設国際司法裁判所からも脱退することはせず、国際連盟非加盟国として常設国際司法裁判所に参加する方法を模索した。しかし、日本による仲裁裁判調停条約の締結は日蘭間の条約にとどまり、その後日本が常設国際司法裁判所規程選択条項を受諾することは叶わなかった。戦間期における国際裁判の制度化において、日本が一貫してそれを阻害しようとしていたとは言い難く、日本の政策の中には平和的手段によって解決できる紛争の範囲を拡大していこうとする契機も存在していた。ただしそれは、アメリカが国際裁判に参加しうるという見通しや、国際裁判の構成において日本人判事が確実に参加しうるという見通しを条件として成り立つものであり、戦争の防止や平和のために制度としての国際裁判が必要であるという認識によるものではなかったと考えられる。

国際連盟における経済社会分野の活動、特に通商衡平待遇に関する活動は、国際連盟の活動の中でも日本政府が特に注意を払って関与したものだった。その背景には、通商の拡大を目指す意図だけではなく、通商衡平待遇に関する活動を通して外国人の平等待遇を実現し、日系移民の保護に役立てようとする意図があった。初期の国際連盟の議論において、日本政府は人種平等提案を再提案する方針を早々に取り下げた一方で、通商衡平待遇とともに外国人平等待遇の実現を推進することを積極的に提案した。また、一九二四年の国際連盟総会におけるジュネーブ平和議定書の起草過程では、国内問題に関する紛争を国際連盟などによる平和的解決の枠組みにより解決する余地を残し、外国人の待遇の問題を国際連盟の枠組みに取り込むことに強い意欲を示した。国際連盟において外国人平等待遇の実現を推進する方針は一九二七年のジュネーブ国際経済会議における日本政府代表の方針にも反映されることになり、一九二九年にはこの日本政府の方針が反映される形で国際連盟外国人待遇問題会議が開催された。しかし、同会議に移民受入国の多くが参加しないことが判明すると、日本政府は同会議への期待を大きく減退させ、同会議の最終議定書にも調印しなかった。その後満洲事変を経て日本が国際連盟脱退を宣言したため、国際連盟を利用して外国人平等待遇の実現を推進しようとする日本政府の取り組みは頓挫してしまった。日本政府は国際連盟規約を変更するような新原則を大胆に主張することはしなかったものの、連盟規約の原則を解釈し具体化する場面では、むしろ国際連盟の活動に進んで関与し、国際機構による規範の形成を模索していたと言える。

戦間期における国際赤十字運動における国際人道法の形成に対する日本政府の対応は、先述の二つの事例に比べて、この時代の日本政府の国際機構や多国間会議への対応における異なる側面が特に強く現れた事例だった。赤十字国際会議では赤十字条約の改正と捕虜条約の起草が第一次世界大戦終結後のかなり早い段階から準備されていたにも関わらず、日本政府は長らく両条約に対する態度を保留し続け、赤十字国際会議に際しても「極東ニ於ケル帝国ノ特殊地位」を根拠に留保的な姿勢をとり続けた。また、ワシントン会議を経て戦時法規改正法律家委員会が組織されると、日本政府は同委員会での議論を優先するため赤十字国際会議を中心として捕虜条約の起草準備を進めることを先延ばしにしようとした。一九二九年に赤十字条約改正と捕虜条約起草のための外交会議が開催されると、日本政府はアメリカやイギリスといった大国の留保的な態度に歩調を合わせる「消極的大国順応」と呼ぶべき姿勢のもとで、復仇の禁止、捕虜条約の海戦への適用、中立国や赤十字国際委員会による交戦国の条約遵守の監督、捕虜処罰に関する規定において反対意見を表明した。会議の趨勢は日本政府にとって好ましい方向には進まず、会議に参加した日本全権団は会議終了後も会議での議論の趨勢に対して不満を示した。日本政府はイギリスが改正赤十字条約と捕虜条約に調印したのに合わせて両条約に調印したが、それは捕虜条約の捕虜の処罰に関する規定に合わせた国内法の改正についての楽観的な見通しを前提としたものであり、最終的にはこの点が桎梏となり、一九三四年に第一五回赤十字国際会議の東京開催が実現したにも関わらず、捕虜条約の批准が実現しないことになった。一九三四年の時点で日本政府は赤十字国際会議における敵地における非軍人の保護に関する条約の準備に向けた動きには一度前向きな姿勢を見せたものの、その後の国際赤十字運動における条約起草の動きに対しては期待を失い、関与を避けるようになった。戦間期における国際人道法の形成に対する日本政府の対応は、大国との協議に期待をかける一方、大国と小国、国際機構の事務局といった非政府組織が同じ場所で議論し、共通の規範を創出するという、第一次世界大戦後の国際機構や多国間会議の基本原則を尊重しないままに進められたものだったと言えるだろう。

以上の事例を踏まえると、第一次世界大戦後の国際機構や多国間会議による国際秩序の形成に向けた試みが戦間期の日本の外交政策に及ぼした変化について、以下のように評価できると考えられる。

まず言えることは、第一次世界大戦終結後、満洲事変が勃発する以前の時期やそれ以後の時期において、日本政府が一貫して多国間条約や国際機構の行動による自国の行動への制限の拡大を阻止しようとしていたわけではなく、徐々にかつ部分的にではあるものの、その拡大を受け入れようとしていたということである。一九二四年の日本＝スイス仲裁裁判条約の締結以来、日本政府は仲裁裁判における紛争の付託範囲の拡大を受け入れようとするようになり、ロカルノ条約以降の日米仲裁裁判調停条約の締結交渉や、日蘭仲裁裁判調停条約の締結交渉においては、原則として一切の法律的紛争を仲裁裁判に付託することを受け入れる姿勢を示した。また、常設国際司法裁判所規程の選択条項受諾についても、最終的な受諾は実現しなかったものの、受諾を想定してその留保条件を検討するまでには至っていた。また、国際赤十字運動における国際人道法の形成の議論のうち、敵地における非軍人の保護に関する条約の検討について、日本政府が僅かにではあるが肯定的な姿勢を示したことを無視してはならない。

次に言えることは、パリ講和会議において日本政府による人種平等提案が廃案になってからも、日本政府は国際秩序全体に関わる原則を提案することを断念していたわけではなく、形を変えて新たな原則を多国間の議論の場で提唱していたということである。日本政府は人種平等提案の再提出については早い段階で断念したものの、国際連盟や多国間会議の場で外国人の平等待遇の実現を強く主張し続けた。また、ジュネーブ平和議定書の起草作業においては、国際紛争の平和的解決の制度における国内管轄事項の一方的な除外に対しても根強い反対の姿勢を示した。

しかし、これらのように国際機構や多国間会議による国際秩序の形成に対して日本政府が肯定的な姿勢を示すに当たっては、いくつかの限界が存在していたと考えられる。そしてこれらの限界こそ、国際機構や多国間会議に対する日本政府の対応が変化した原因であり、あるいはそれが変化しなかった原因であったと考えられる。

まず一つの限界は、戦間期における日本の国際機構や多国間会議に関わる外交政策においてはその日米関係への影響が重視され、このため日本の国際機構に関わる外交政策がアメリカの国際機構に対する不安定なコミットメントにより大きく左右されていた、ということである。戦間期に日本が携わった仲裁裁判条約締結交渉の中でも、日本はアメリカとの仲裁裁判条約締結を特に重視し、その交渉の中で国際裁判に付託する紛争の範囲を拡大する態度を特にはっきりと示していた。また、アメリカ政府が常設国際司法裁判所への加盟への意思を示した際には、多くの留保条件が提示されていたにも関わらず、日本政府はアメリカの加盟に前向きな意思を示した。また、国際連盟が通商衡平待遇のための活動を進めるようになると、日本政府はその活動の中で日系移民問題を意識しつつ外国人の平等待遇の推進を目指すことを主張した。加えて、戦間期における国際赤十字運動においても、日本政府は捕虜条約の起草に対して当初から否定的な態度を示していた一方で、敵地における非軍人の保護に関する条約案に対しては前向きな姿勢を示していた。これらを考慮すると、アメリカが国際連盟に加盟していなかったにも関わらず、日本政府はアメリカを相手とする問題に国際機構が関与する可能性を想定し、あるいはアメリカにおける日系移民の保護を有利に進めるための先例を作る場として国際機構を重視していたと考えられる。逆に言えば、アメリカが国際連盟に加盟せず、常設国際司法裁判所にも遂に加盟しなかったことは、日本政府が国際機構の役割を重視しそれに関与することを大きく阻害する原因になったのではないかと推量される。

戦間期における日本政府の国際機構や多国間会議への対応における二つ目の限界は、日本政府が国際連盟創設時における「五大国」としての威信や既得権を温存することを重視していたということである。一九二〇年に日本外務省に臨時平和条約事務局が設けられた際には、その目的として日本の「五大国」としての威信の保持が掲げられていた。常設国際司法裁判所が創設される際には、日本政府は日本出身の裁判官が確実に選出されるよう、選挙方法の選定に強く関与した。日本が国際連盟脱退を宣言した後も、日本政府は日本の常設国際司法裁判所への残留を決定し、常設国際司法裁判所に加盟する国際連盟非加盟国（つまりブラジル）の地位に関する先例を参照することで、常設国際司法裁判所の判事選挙に参加し続けることに強い意欲を示した。日本政府のこれらの対応は、国際連盟常任理事国という優越的な地位を利用して、国際機構の人的構成における優越的な地位を獲得した後、それを維持することを重視していたことの一例と考えることができる。また、日本政府が国際連盟規約における人種平等提案の再提案を早々に引き下げ、既存の国際連盟規約を維持しようとしていたことも、この文脈で理解することができる。というのも、国際連盟規約改正の先例が作られることは、同規約により定められた日本の常任理事国としての地位を変更するための敷居を低くする先例となりうるからである。また、捕虜条約起草のための外交会議に参加した日本政府代表は、外交会議の議論において人道的見地を重視する小国や赤十字国際委員会の意見が重視されていたことに対して、はっきりと不満を書き残していた。日本政府は国際機構の中でも国際連盟のように自国の大国としての特別な地位が認められていた機構に対してはある程度積極的に協力しようとする一方、大国と小国が対等な地位で参加する機構に対しては不満を抱いていたと考えられる。

戦間期における日本政府の国際機構や多国間会議への対応における三つ目の限界は、日本政府の国際機構や多国間会議への対応が、政策分野ごとの担当部局の違い（いわゆる縦割り行政）により左右されやすく、強い指導力による統一した政策形成がなされなかったということである。国際連盟における国際紛争の平和的解決のための取り組みや、常設国際司法裁判所、仲裁裁判条約に関する対応は外務省条約局の管轄下にあり、国際移民会議や国際連盟経済委員会の活動への対応は、外務省の中でも通商局が関わる分野であった。戦間期における国際赤十字運動への対応は、外務省が関わる部分もあったものの、専ら陸海軍の主導により形成されていた。どのような政策をどのような範囲まで国際機構や多国間会議の下で管理すべきかについて、複数の省庁や複数の部局の間で全体的な指針が協議された機会はかなり少なく、国際連盟や各種国際機構への対応の全体的な指針が大臣レベルで明確に示された機会も少なかった。確かに日本政府の国際機構や多国間会議への対応においては石井菊次郎や安達峰一郎、杉村陽太郎といった出先で交渉に当たる「連盟派」の外交官がある程度の指導力を発揮していたが、その指導力には限界があったということを忘れてはならない。

そして、戦間期における日本政府の国際機構や多国間会議への対応における限界として最後に指摘されることは、日本政府の対応において、国際機構における規範形成を通して機構に加盟する各国と日本との間でお互いに譲歩することで互いの利益を強化しようとする互恵主義の発想は、満洲事変以前においても不十分だったということである。日本政府は仲裁裁判条約の締結と常設国際司法裁判所の選択条項受諾に向けた対応において、国際連盟による戦争の防止を確実にするために国際裁判に付託しうる紛争の範囲を拡大すべきであるという見方を積極的に示すことはなかった。日本政府は国際連盟の通商衡平待遇に関する議論において、外国人の平等待遇を実現することに意欲を示したが、それはあくまで治外法権に関する議論が除外されることを前提としたものだった。また、日本政府は捕虜条約起草の議論において、確保した捕虜の規律と優遇を調和させるという観点から条約に対応することに留まり、自国の軍人が捕虜となった際の地位を保障するために自国が獲得した捕虜の地位を保障するという観点から捕虜条約への対応を考える意識は希薄だった。このような国際機構への対応における互恵主義の発想の希薄さは、第一次世界大戦の戦禍を経てその戦禍の再来を防ぐために国際機構に求められる役割が変化したことを日本政府が軽視していたことの表れだったと言うこともできる。

最後に、戦間期における日本外交の国際機構への対応の実態とその限界を踏まえた上で、第二次世界大戦を経て国際連合が創設された後の国際機構の活動に対する日本政府の対応が、戦間期における日本外交の国際機構への対応からどの点で断絶し、またどの点で連続したのかについて、若干の展望を述べることで、本書を締めくくりたい。

戦間期における日本外交の国際機構への対応を大きく左右していた、アメリカの国際機構への不安定なコミットメントという要因は、第二次世界大戦を経て大きく変化した。アメリカは新たに創設された国際連合の加盟国となっただけでなく、その安全保障理事会の常任理事国となり、国際連合において特権的な地位を占めるに至った。これとともに、戦間期においてアメリカの国際機構への不安定なコミットメントをもたらした孤立主義は、第二次世界大戦後のアメリカの政策においては鳴りを潜めるようになった。また、戦間期における日本外交の国際機構への対応を大きく左右していた、国際連盟創設時における「五大国」としての威信や既得権という要因も、第二次世界大戦を経て大きく変化した。日本は第二次世界大戦における敗戦国として国際連合の創設の過程から除外されただけでなく、敗戦による帝国の喪失と戦災により、大国としての力と威信の双方を喪失するに至った。戦間期における日本外交の国際機構への対応を左右した二つの大きな要因は、第二次世界大戦を経た国際関係の変動により、その前提条件を失うに至ったと言えるだろう(406)。

第二次世界大戦を経て国際機構が扱う問題の性質が変化したことも、日本外交の国際機構への対応を左右する条件の変容をもたらした。例えば、本書で採り上げた国際機構の活動における外国人待遇問題の位置づけも、第二次世界大戦後には変化することになった。戦間期とは異なり、第二次世界大戦後に締結された多くの通商条約においては、締約国双方において外国人の内国民待遇を幅広く認める慣行が広がることになった。一方で、一九四八年一二月に国連総会にて世界人権宣言が採択されたことをきっかけに、第二次世界大戦後には新たに人権の保護が国際機構の活動に含まれるようになった。一九六六年に採択された国連人権規約（自由権規約）が外国人を含めた領域内のあらゆる個人の権利を保障したように、戦間期においては通商衡平待遇に関する取り組みの中で議論されていた外国人待遇問題は、第二次世界大戦後には人権に関する取り組みの中で議論されうるようになった(407)。第二次世界大戦後の日本は、このような国際機構における新たな問題領域の発生に対応することを求められたのである。

日本外交の国際機構への対応を左右する新たな条件は、国際関係だけでなく、日本の国内の変化によってももたらされた。一九四一年四月に国際会議帝国事務局が廃止され、その後四年を経て敗戦に至ると、日本は外交権を喪失した。これにより、先行研究で言うところの「連盟派」という集団を特徴づけるキャリアパスの継承は困難となった。敗戦後の日本外務省でも条約局は存続したが、一九五一年一二月に国際協力局が設けられると、[408]国際機構への対応の所管は条約局ではなく国際協力局（後に国際連合局に改組）によって担われることになった。また、国際赤十字運動と国際人道法の形成への対応において主要な担い手となっていた陸海軍は、敗戦を経てともに解体された。第二次世界大戦の経験を踏まえた現行のジュネーブ四条約が一九四九年の外交会議により採択された際、占領下の日本政府はこの会議に代表を派遣することができなかった。日本国内の世論においては、かつてのように日系移民の待遇改善を求める声が鳴りを潜める一方で、凄絶な戦争体験に裏付けられた平和主義の思想が力を持つに至った。国際連合創設後の日本外交の国際機構への対応は、国際機構の性格の変化と日本における政策決定主体の変化による断絶を経た上で再構築されたものだったと考えられる。

一方で、第二次世界大戦後の日本の外交政策と国際機構との関係が、大戦前の日本外交の国際機構への対応から全く断絶した形で再構築されていったわけではない。国際連盟帝国事務局長として国際連盟への対応に当たった佐藤尚武は、戦後においては参議院議員として長らく政治に関わるとともに、晩年まで日本国際連合協会や日本ユニセフ協会の活動に関わり続け、国際機構に対する日本の外交政策に対して発言を続けた。[409]また、「連盟派」の外交官としてキャリアを歩んだ後に政党政治家に転身した芦田均は、戦後には首相となるとともに、日本の再軍備と安全保障体制の確立において決定的な役割を果たした。先行研究では、戦後における佐藤や芦田の再軍備論に国際連盟の時代における彼らの集団安全保障への見方が反映されていることが指摘されているだけでなく、サンフランシスコ講和条約と日米安全保障条約の締結において大きな役割を果たした外務省条約局長の西村熊雄が日米安全保障条約と国際連合憲章における集団的自衛権の規定との関係を明確にしようとしたことについて、佐藤や芦田の国際連盟時代における集団安全保障への見方を反映したものだったとの評価がなされている。[410]このように戦間期における「連盟派」外交官の経験が戦後における日本の外交政策の構想に影響を及ぼしたとの見方には一定の妥当性があるものの、それはいくつかの個人に焦点を当てた上での概略的な考察にとどまるものであり、戦間期における国際連盟への対応という経験が第二次世界大戦後の日本外交、特にその国際機構との関係においてどのような影響を及ぼしたのかについては、なお再検討の余地があるだろう。

また、国際連盟期の日本と国際機構の関係と国際連合期の日本と国際機構の関係の連続性を考えるうえで注目すべき存在として、国際連盟期の日本人国際公務員らが挙げられる。本書で度々採り上げた石井や安達、杉村のように、国際連盟において活躍した外交官らのほとんどが国際連合の創設を目にすることなく生涯を終えたのに対し、国際連盟期に国際機構の事務局員として国際機構に携わった日本人には比較的に若い世代の人物が多く、その中には、原田健、古垣鉄郎、鮎沢巌のように、敗戦後の日本において外交官となった者や要職を担った者、あるいは国際連合をはじめとする国際機構を支える活動に携わった者がいた[411]。これらの人物が国際連盟期に国際公務員として勤めたことによる経験がその後の彼らの活動にどのような影響を与えたのかを検討することは、国際連盟期の日本と国際機構の関係と国際連合期の日本と国際機構の関係がいかなる形で連続していたかを考えるための大きな手がかりになると考えられる。

本書で扱った戦間期における国際機構の活動への日本政府の対応の各事例——常設国際司法裁判所の選択条項受諾、外国人待遇条約の具体化、捕虜条約の批准——は、いずれも具体的成果に結実しなかった「未発の可能性」に関するものである。しかし、その「未発の可能性」が未発に終わるに至った過程を詳しく検証すると、この時代の日本が国際機構により形成される規範を受け入れるためにどのような条件を必要としたのか、もしくはどのような条件が規範の受け入れを阻害したのかを知ることができる。戦間期の国際機構の活動において日本が果たした役割を正確に評価するためには、日本が国際連盟の満洲事変への対応を不服として国際連盟を脱退したことや各種の条約を批准しなかったことという結果に目を向けるだけでなく、その結果に至るまでの過程に見られた意図の多様性にも目を向けるべきではないだろうか。

注

【序　章　多国間外交の時代としての戦間期と日本】

(1) 高坂正堯『古典外交の成熟と崩壊』(中央公論社、一九七八年)、三四八頁。

(2) 北岡伸一『国連の政治力学――日本はどこにいるのか』(中央公論新社、二〇〇七年)、iv頁。

(3) 山崎正和「会議は劇場、言葉が勝負する」同『大停滞の時代を超えて』(中央公論新社、二〇一三年)、一三頁。

(4) 北岡、前掲『国連の政治力学』、第三章。北岡伸一「古くかつ新しい原則」『外交フォーラム』一九九三年一〇月号、二二―三〇頁。

(5) 大芝亮「多国間外交と多国間主義――国連、G8・G20、ブレトンウッズ機関」同(編)『日本の外交　第5巻　対外政策　課題編』(岩波書店、二〇一三年)、二九一―三一九頁。

(6) 国際連合加盟前から冷戦終結までの日本と国際連合との関係について包括的に論じた近年の重要な研究成果として、以下の研究がある。潘亮『日本の国連外交――戦前から現代まで』(名古屋大学出版会、二〇二四年)。

(7) 第一次世界大戦以前の国際機構について、第一次世界大戦以後の国際連盟や第二次世界大戦後の国際連合などの国際機構とともに論じた著作として、以下のものがある。マーク・マゾワー『国際協調の先駆者たち――理想と現実の二〇〇年』(NTT出版、二〇一五年)。また、一八九九年と一九〇七年のハーグ万国平和会議に関する最新の研究については、以下を参照。Maartje Abbenhuis, Christopher Ernest Barber, Annalise R. Higgins (eds.), *War, Peace and International Order?: The Legacies of the Hague Conferences of 1899 and 1907* (London: Routledge, 2017), Maartje Abbenhuis, *The Hague Conferences and International Politics, 1898-1915* (London: Bloomsbury Academic, 2018), 原田明利沙「第一次世界大戦前の戦時法整備と万国国際法学会(IDI)――ハーグ平和会議との関連で」『国際関係論研究』第三九号、二〇二四年、四五―七四頁。ハーグ万国平和会議と日本外交の関係については、酒井一臣による先行研究がある。酒井一臣『近代日本外交とアジア太平洋秩序』(昭和堂、二〇〇九年)、第二章。

(8) 「国際聯盟規約」外務省(編)『日本外交年表並主要文書　上巻』(原書房、一九六五年)、四九三―五〇〇頁。

(9) 「御署名原本・大正十年・条約第六号・常設国際司法裁判所規程ニ関スル署名議定書及常設国際司法裁判所規程」(御 1339100)、

国立公文書館。

（10）国際連盟を中心とする国際紛争の平和的解決のための制度設計の過程について、第一次世界大戦中の構想に遡って検討した近年の研究として、以下のものがある。Stephen Wertheim, "The League That Wasn't: American Designs for a Legalist-Sanctionist League of Nations and the Intellectual Origins of International Organization, 1914–1920" *Diplomatic History*, vol. 35, No. 5, November 2011, pp. 797–836. Stephan Wertheim, "The League of Nations: a retreat from international law?" *Journal of Global History*, vol. 7, No. 2, July 2012, pp. 210–232. Sakiko Kaiga, *Britain and the Intellectual Origins of The League of Nations, 1914–1919*（Cambridge: Cambridge University Press, 2021).

（11）近年、これらの専門的国際機構が戦間期にどのような思想的背景を踏まえて設計されていったのかという点や、それらの活動が当時の国際関係からどのような影響を受け、第二次世界大戦後の専門的国際機構にどのような遺産をもたらしたかという点について、史料をもとに詳細に検討する様々な研究が登場している。まず、国際連盟に関する研究史をまとめる中でこれらの専門的国際機構の歴史的研究に着目した代表的な研究動向論文として、以下のものがある。Susan Pedersen, "Back to the League of Nations," *The American Historical Review*, vol. 112, Issue 4, 2007, pp. 1091–1117. 戦間期における専門的国際機構の活動のうち、経済財政委員会、国際連盟保健機関、委任統治制度に関する近年の代表的研究として、以下のものがある。Patricia Clavin, *Securing the World Economy: The Reinvention of the League of Nations, 1920–1946*（Oxford: Oxford University Press, 2013). 安田佳代『国際政治のなかの国際保健事業——国際連盟保健機関から世界保健機関、ユニセフへ』（ミネルヴァ書房、二〇一四年）。Susan Pedersen, *the Guardians: The League of Nations and the Crisis of Empire*（Oxford: Oxford University Press, 2015). 委任統治制度と日本との関わりについては、以下の先行研究がある。等松春夫『日本帝国と委任統治——南洋群島をめぐる国際政治　１９１４—１９４７』（名古屋大学出版会、二〇一一年）。

（12）海野芳郎『国際連盟と日本』（原書房、一九七二年）。鹿島平和研究所（編）『日本外交史14　国際連盟における日本』（鹿島研究所出版会、一九七二年）。

（13）パリ講和会議における日本政府代表による人種平等提案とその挫折について論じた研究に、以下のものがある。大沼保昭「遥かなる人種平等の理想——国際連盟規約への人種平等条項提案と日本の国際法観」大沼保昭（編）『国際法、国際連合と日本』（弘文堂、一九八七年）、四二七—四八〇頁。Naoko Shimazu, *Japan, Race, and Equality: The Racial Equality Proposal of 1919*（London: Routledge, 1998). また、満洲事変における日本外交と国際連盟との関係については、以下のものがある。Ian Nish, *Japan's Struggle with Interna-*

tionalism: Japan, China, and the League of Nations, 1931–3 (London: K. Paul International, 1993). 伊香俊哉『近代日本と戦争違法化体制――第一次世界大戦から日中戦争へ』（吉川弘文館、二〇〇二年）、第四章。国際連盟、もしくはアメリカ、イギリスの視点から満洲事変について論じたものとして、以下のものがある。クリストファー・ソーン（市川洋一訳）『満州事変とは何だったのか――国際連盟と外交政策の限界』（上下巻）（草思社、一九九四年）。

（14）Thomas W. Burkman, *Japan and the League of Nations: Empire and World Order, 1914–1938* (Honolulu: University of Hawaii Press, 2008). 篠原初枝『国際連盟――世界平和への夢と挫折』（中央公論新社、二〇一〇年）、第三章。柳原正治『帝国日本と不戦条約――外交官が見た国際法の限界と希望』（NHK出版、二〇二二年）。渡邉公太『石井菊次郎――戦争の時代を駆け抜けた外交官の生涯』（吉田書店、二〇二三年）。

（15）この点に関する先行研究は枚挙にいとまがないが、ここでは代表的なもののみを紹介する。まず、最も古典的な研究として、以下のものがある。入江昭『極東新秩序の模索』（原書房、一九六八年）、細谷千博『両大戦間の日本外交――1914―1945』（岩波書店、一九八八年）、麻田貞雄『両大戦間の日米関係』（東京大学出版会、一九九三年）、三谷太一郎『ウォール・ストリートと極東――政治における国際金融資本』（東京大学出版会、二〇〇九年）、北岡伸一「ワシントン体制の崩壊とマクマリ・メモランダム」（同『門戸開放政策と日本』（東京大学出版会、二〇一五年）、第三章）。一九二〇年代の日本の外交政策と東アジア・太平洋地域の国際関係について、上記の古典的研究を踏まえた上で新たな史料や視点を取り入れて論じたものとして、以下のものが挙げられる。服部龍二『東アジア国際環境の変動と日本外交　1918―1931』（有斐閣、二〇〇一年）、中谷直司『強いアメリカと弱いアメリカの狭間で――第一次世界大戦後の東アジア秩序をめぐる日米英関係』（千倉書房、二〇一六年）。一九三〇年代の日本の外交政策について論じた代表的な研究としては、以下のものがある。酒井哲哉『大正デモクラシー体制の崩壊――内政と外交』（東京大学出版会、一九九二年）、井上寿一『危機のなかの協調外交――日中戦争に至る対外政策の形成と展開』（山川出版社、一九九四年）、湯川勇人『外務省と日本外交の1930年代――東アジア新秩序構想の模索と挫折』（千倉書房、二〇二二年）。この時代の東アジア・太平洋地域の国際関係についてイギリスの視点や日英関係を中心に論じたものとしては、以下のものがある。後藤春美『上海をめぐる日英関係　1925―1932年――日英同盟後の協調と対抗』（東京大学出版会、二〇〇六年）。また、この問題についてアメリカの視点を中心に論じたものとしては、以下のものがある。高光佳絵『アメリカと戦間期の東アジア――アジア・太平洋国際秩序形成と「グローバリゼーション」』（青弓社、二〇〇八年）。

（16）国際連盟事務局員の手による国際連盟の通史として広く知られているウォルターズの著作においても、満洲事変や日中戦争への対応、委任統治の問題を除いて国際連盟と東アジア、太平洋地域との関わりを論じた部分は少ない。Francis P. Walters, *A History of the League of Nations* (London: Oxford University Press, 1952).

（17）帯谷俊輔『国際連盟――国際機構の普遍性と地域性』（東京大学出版会、二〇一九年）、第三章。樋口真魚『国際連盟と日本外交――集団安全保障の「再発見」』（東京大学出版会、二〇二一年）、第二章。不戦条約の起草から各国による調印までの過程と同条約への日本政府の対応について論じた近年の研究として、以下を参照。牧野雅彦『不戦条約――戦後日本の原点』（東京大学出版会、二〇二〇年）。

（18）帯谷、前掲書、第二章。

（19）後藤春美『国際主義との格闘――日本、国際連盟、イギリス帝国』（中央公論新社、二〇一六年）。

（20）小野坂元「戦間期上海租界労働問題におけるYWCAとILOの活動――自己変革の思索とその実践」『国際政治』第一九五号、二〇一九年、一二三―一三六頁、小野坂元「日中戦争、第二次世界大戦中の国際労働機関、国際労働組合、キリスト教社会主義運動――連合国の戦争目的としての「生活水準の向上」を支えた国際的な連帯」『国際関係論研究』第三六号、二〇二二年、一―二四頁。

（21）伊香、前掲書、第一章。

（22）種稲秀司「日本外務省と国際連盟軍縮、安全保障問題――国際協調の限界とアジア・モンロー主義的政策の形成過程」「二〇世紀と日本」研究会（編）『もうひとつの戦後史――第一次世界大戦後の日本・アジア・太平洋』（千倉書房、二〇一九年）。

（23）大窪有太「日本陸軍と対国際連盟政策――ジュネーブ一般軍縮会議・満洲事変への対応を中心に」『史学雑誌』第一三〇巻一〇号、二〇二一年、一―三三頁。

（24）樋口、前掲書。

（25）和田華子「国際連盟と日本――「連盟中心主義外交」と通商衡平化問題」小風秀雅、季武嘉也（編）『グローバル化のなかの近代日本――基軸と展開』（有志舎、二〇一五年）、二三二―二六七頁。

（26）高橋力也『国際法を編む――国際連盟の法典化事業と日本』（名古屋大学出版会、二〇二三年）。

（27）杉島正秋「日本の化学軍縮政策（一九一八―一九二五）」桐山孝信、杉島正秋、船尾章子（編）『転換期国際法の構造と機能――石本泰雄先生古稀記念論文集』（国際書院、二〇〇〇年）、一三五―一六〇頁。吉見義明『毒ガス戦と日本軍』（岩波書店、二〇〇四年）。太田聡一郎「戦時国際法と「警察」概念――戦間期日本における催涙性ガス使用の事例から」『史学雑誌』第一二九巻一一号、三七―

六〇頁。

（28）櫛田明日夢「日本陸軍における防空と国際法——戦間期国際場裡における方針転換とその意味」（防衛大学校総合安全保障研究科二〇二一年度修士論文）。同論文によると、一九二二年の戦時法規改正委員会において日本政府代表は米英仏が空爆の全面禁止に反対する中で空爆に対するできる限り強い制限を課すことを主張したが、一九三二年のジュネーブ一般軍縮会議において日本政府代表は米英仏が空爆の全面禁止容認に転じる中でも軍事目標に対する爆撃の容認を主張するようになった。この変化の背景として、同論文では、戦時法規改正委員会の時点では日本の空軍力が未発達である一方、中華民国とソ連の空軍力も未発達であったのに対し、ジュネーブ一般軍縮会議の時点では沿海州におけるソ連空軍の脅威が高まり、ソ連による条約遵守への強い不信と合わせてソ連の空軍基地を攻撃する必要性への認識が日本軍において高まったということが挙げられている。

（29）オリーヴ・チェックランド『天皇と赤十字——日本の人道主義100年』（法政大学出版局、二〇〇二年）、九六—一〇四頁。飯森明子「赤十字国際会議と東京招致問題」『常磐国際紀要』第六号、二〇〇二年、五一—七一頁。増田由貴「一九三四年赤十字国際会議東京開催をめぐる日本赤十字社と政府」（東京大学文学部歴史文化学科日本史学専修課程二〇一五年度卒業論文）。Michiko Suzuki, *Humanitarian Internationalism Under Empire: The Global Evolution of the Japanese Red Cross Movement, 1877-1945* (New York: Columbia University Press, 2024).

（30）例外として挙げられるものが、藤田久一の研究である。藤田久一「戦争法から人道法へ——戦間期日本の「実行」」国際法学会（編）『日本と国際法の100年　10　安全保障』（三省堂、二〇〇一年）、一四三—一六五頁。この論文と本書の関係については、第四章で詳述する。

（31）矢嶋光「外務省連盟派とその政策——戦前外交官のキャリアパスと「機関哲学」の形成と継承」『名城法学』第六八巻一号、二〇一八年、一〇二—一八〇頁。矢嶋光『芦田均と日本外交——連盟外交から日米同盟へ』（吉川弘文館、二〇一九年）。

【第一章　外務省における組織改革と国際機構】

（32）この時期における日本外務省の組織改革について、以下を参照。外務省（編）『外務省の百年』（原書房、一九六九年）、上巻第三編第五章、下巻第四編第一章。また、外務省革新同志会については、以下の研究でも言及されている。戸部良一『外務省革新派——世界新秩序の幻影』（中央公論新社、二〇一〇年）、第一章。

（33）矢嶋、前掲書、補論1。渡邉公太「外務省「連盟派」と第一次世界大戦後のヨーロッパ安全保障――ダンツィヒ自由市問題を事例として」『帝京大学文学部紀要　日本文化学』第五二号、二〇二一年、一―二五頁。また、前掲の樋口真魚の研究も、一九三〇年代の日本外交における「連盟派」の役割を強調して論じている。樋口、前掲書。
（34）熊本史雄「戦間期日本外務省における対中外交の組織的対応――亜細亜局設置の外交史的意義」『国際政治』第一六八号、二〇一二年、一―一五頁。
（35）種稲秀司「戦前期日本外務省における人事構造の変容――人事、派閥研究再考の手がかりとして」『国史学』第二四〇号、二〇二三年、八七―一二四頁。
（36）外務省（編）、前掲『外務省の百年』、一三四一―一三四七頁。
（37）幣原喜重郎『外交五十年』（中央公論新社、改版二〇〇七年）、二四四―二四五頁。渡邉、前掲『石井菊次郎』、三〇一―三〇三頁。
（38）外務省（編）、前掲『外務省の百年』、一三四七―一三五三頁。
（39）Shinya Murase, "Thomas Baty in Japan: Seeing Through the Twilight" *British Yearbook of International Law*, vol. 73, Issue 1, 2002, pp. 315-342. 村瀬信也「トワイライトの向こうに――悲劇の国際法学者トーマス・ベイティ（一）（二）（三）」『外交フォーラム』二〇〇三年四月号（七〇―七七頁）、五月号（七二―七九頁）、六月号（七八―八五頁）。これらの論文では、ベイティが法律顧問の地位にありながら重要性が低い業務を担うにとどまっていた背景として、ベイティの就任に前後して外務省と在外公館の連絡手段が英語から日本語に切り替わるようになっておりベイティがデニソンと同様に多くの交信記録に目を通すことが難しくなっていたことや、彼が密かにアイリーン・クライド（Irene Clyde）の名義で急進的フェミニズムに基づいた小説や評論を執筆していたことが指摘されている。
（40）国際法学会と国際法協会日本支部による国際法典編纂事業準備委員会の活動について、高橋、前掲書、第四章。
（41）村瀬、前掲「トワイライトの向こうに（二）」、七六―七八頁。
（42）外務省（編）、前掲『外務省の百年』上巻、一〇二二―一〇二七頁。
（43）明石欽司「立作太郎の国際法理論とその現実的意義――日本における国際法受容の一断面」『法学研究』第八五巻第二号、二〇一二年、一―三四頁。高橋力也、前掲書、第五章、第七章。
（44）外務省（編）、前掲『外務省の百年』、一〇二二―一〇二七頁。高橋、前掲書、第七章。
（45）「外務省官制改正（大正八年六月三十日勅令三百十九号）」『官報』第二〇七二号（大正八年七月二日）。

(46)「外務省分課中規程改正」『官報』第二〇七三号（大正八年七月三日）。
(47)「外務省官制改正ニ関スル説明書」（日付不明）戦前期外務省記録「帝国外務省官制雑件　第三巻」（6.1.2.13_003）、外務省外交史料館。
(48) 前掲「外務省官制改正ニ関スル説明書」（日付不明）戦前期外務省記録（6.1.2.13_003）。
(49)「外務省ニ臨時平和条約事務局ヲ置ク（大正九年四月一日勅令第八十四号）」『官報』号外（大正九年四月一日）。
(50)「臨時平和条約事務局事務分掌規程」『官報』第二三二二号（大正九年五月一日）。
(51) 大正八年一二月一〇日内田外相発原首相宛機密送第一〇四号、戦前期外務省記録「帝国外務省官制雑件 第四巻」（6.1.2.13_004）、外務省外交史料館。
(52)「閣議請求案」（日付不明）、戦前期外務省記録（6.1.2.13_004）。
(53)「大正九年四月二十三日午前十時半外務次官室ニ左ノ諸官参集セリ」（日付不明）、戦前期外務省記録（6.1.2.13_004）。
(54)「大正九年勅令第八十四号外務省ニ臨時平和条約事務局ヲ置クノ件廃止（大正十四年十二月二十日勅令第三百十五号）」『官報』号外（大正一四年一二月二〇日）。
(55)「外務省分課規程中改正」『官報』第三七〇二号（大正一三年一二月二三日）。
(56)「局課ノ統一及整理ニ関スル件」「第六十七回参事官会議議事要録」戦前期外務省記録「外務省参事官会議一件／議事要録 第三巻」（6.1.2.75-1_003）、外務省外交史料館。外務省の参事官制度及び参事官会議については、以下を参照。熊本史雄「外務省外交史料館所蔵・外務省参事官会議関係史料——会議の設置・運用・廃止の局面を中心に」『駒沢史学』第七一号、二〇〇八年、七〇—八九頁。
(57)「局課ノ統一及整理ニ関スル件」「第百五十五回参事官会議議事要録」戦前期外務省記録「外務省参事官会議一件／議事要録 第五巻」（6.1.2.75-1_005）、外務省外交史料館。
(58)「第百五十八回参事官会議議事要録」戦前期外務省記録（6.1.2.75-1_005）。
(59) 大正一四年三月二七日「摂政宮外務省主管事務御説明資料」戦前期外務省記録「外務省官制及内規関係雑件（制度改正ニ関スル参考書報）第一巻」（M.1.2.0.2_001）、外務省外交史料館。
(60)「外務省官制改正（昭和八年十二月二十七日勅令三百二十四号）」『官報』第二〇九八号（昭和八年一二月二八日）、「外務省分課規程中改正」『官報』第二一〇四号（昭和九年一月十日）。

(61)「外務省官制改正（昭和九年五月三十一日勅令百四十四号）」『官報』第二二二三号（昭和九年六月一日）、「外務省分課規程中改正」『官報』第二二二六号（昭和九年六月五日）。

(62)「外務省官制改正（昭和十五年十一月十二日勅令七百五十四号）」『官報』第四一五七号（昭和一五年一一月一三日）、「外務省分課規程中改正」『官報』第四一六二号（昭和一五年一一月一九日）。

(63)『職員録』（一九二一年から一九三八年まで各年度ごとに発行）（印刷局発行、一九二四年度以降は内閣印刷局発行）をもとに、著者がグラフを作成した。

(64) 前掲「外務省分課規程中改正」『官報』第二二二六号（昭和九年六月五日）。

(65)「組織改造ノ大綱私案」（日付作成者不明）戦前期外務省記録「外務省官制及内規関係雑件（制度改正ニ関スル参考書報）第二巻」（M.1.2.0.2_002）、外務省外交史料館。文書の日付は不明だが、文書は「組織改善ニ関スル一般論」（昭和四年六月一一日）という文書に添付されており、同時期に起草されたものと考えられる。

(66) Sir John Tilley & Stephen Gaselee, *The Foreign Office* (London, New York; Putnam's Son, 1933).

(67) *Ibid*., pp. 287–295.

(68) 一九二四年一二月改正の外務省分課規程において、大臣官房人事課は「信任状、解任状、委任状、認可状及証認状」「謁見其ノ他儀式」について管掌するとされた。一九三七年七月に大臣官房儀典課が設けられ、上記の業務を人事課から引き継いだ。「外務省分課規程中改正」『官報』第三二四八号（昭和九年七月二日）。

(69) 一九二四年一二月改正の外務省分課規程において、通商局第三課は「移民、旅券、戸籍及国籍並在外帝国臣民ノ保護」「外国人ノ出入国」を管掌するとされた。一九三四年六月の外務省分課規程改正により、旅券に関する事項は亜米利加局第三課に移され、在外邦人の保護に関する事項は亜細亜局第二課に移された。

(70) Tilley & Gaselee, *op. cit*., pp. 266–268.

(71) Kate Jones, "Making Foreign Policy by Justice: The Legal Advisers to the Foreign Office, 1876–1953", Robert McCorquodale & Jean-Pierre Gauti (eds.) *British Influence on International Law, 1915–2015* (Brill Nijhoff, 2016), pp. 28–55. 同論文によると、第一次世界大戦以前のイギリス外務省の法律顧問だったポーンスフォート（Sir Julian Pauncefote）やデヴィッドソン（Sir Edward Davidson）は、スエズ運河自由航行条約や赤十字条約の海戦への適用のための条約、ハーグ陸戦条約といった各種の条約の起草に関わったものの、

その関与は各国との外交交渉や政治的な問題に関わらない範囲にとどまっており、法律顧問が本文に示したような広範な範囲に影響を及ぼすようになったのはハーストが就任してからのことだった。

（72） Tilley & Gasele, *op. cit.*, pp. 262–263. 西方部は国際連盟以外ではベネルクス諸国、フランス、モロッコ、ニューヘブリディーズ諸島、ポルトガル、スペイン、スイスを分掌していた。一九三三年以降、ベネルクス諸国とフランスが中央部（Central Department）に移管された。

（73） *Ibid.*, pp. 262–263.

（74） Foreign Office Munite（March 25th 1924）, C 5014/5/22, FO 371/9929, The National Archives（Kew, London, United Kingdom）（hereafter, TNA）.

（75） Tilley & Gasele, *op. cit.*, p. 269.

（76） Colin Mackie（ed.）, *A Directory of British Diplomats*（Foreign & Commonwealth Office, 2014）, pp. 81, 467, 471（viewed online on July 11, 2022, https://issuu.com/fcohistorians）. 同役職に就任したのは、カドガン（Alexander Cadogan）（一九三〇―一九三四年）、ストラング（William Strang）（一九三四―一九三七年）、スティーブンソン（Ralph Stevenson）（一九三七―一九三九年）の三名である。

（77） *Ibid.*, p. 933.

（78） *Ibid.*, p. 904, Jones, *op. cit.*.

（79） Centre national de la recherche scientifique（ed.）, *Les Affaires étrangères et le corps diplomatique français tome 2. 1870–1980*（Paris: Centre national de la recherche scientifique, 1984）, pp. 104–105.

（80） *Ibid.*, pp. 105–106.

（81） *Ibid.*, pp. 333–334.

（82） *Ibid.*, pp. 388–390.

（83） *Ibid.*, pp. 386–387.

（84） Maurice Vaïsse, 'L'adaptation du Quai d'Orsay aux nouvelles conditions diplomatiques（1919–1939）', *Revue d'histoire moderne et contemporaine*, tome 32 N°1, Janvier-mars 1985. pp. 150–151.

（85） *Ibid.*, p. 155.

（86）Centre national de la recherche scientifique（ed.）, *op. cit.*, p. 387.

（87）*Ibid.*, pp. 387-388.

（88）Vincenzo Pellegrini（ed.）, *Il Ministero degli affari esteri*（*Organizzazione e funzionamento della pubblica amministrazione, 20; L'Amministrazione centrale dall'Unità alla Repubblica: le strutture e i dirigenti*（*a cura di Guido Melis*）, *1*）（Bologna : Il Mulino, 1992）, pp. 93, 102, 105, 117, 118, 121, 132, 135, 152, 161, 171.

（89）*Ibid.*, pp. 104, 117, 118, 132.

（90）Alan Cassels, *Italian Foreign Policy 1918-1945: A Guide to Research and Research Materials*（Wilmington, Del: Scholarly Resources, Inc., 1981）, pp. 8-9.

（91）Vincenzo Pellegrini（ed.）, *op. cit.*, pp. 149-150.

（92）*Ibid.*, pp. 154, 170.

（93）Emanuele Stolfi, "SCIALOJA, Vittorio", *Dizionario Biografico degli Italiani*, vol. 91（viewed online on July 11, 2022, https://www.treccani.it/enciclopedia）.

（94）Elisabetta Tollardo, *Fascist Italy and the League of Nations, 1922-1935*（London: Palgrave Macmillan, 2016）, Chapter 1. 同書によると、イタリア政府は自国に本部を置く国際機関を国際連盟の関連団体として認めさせることでファシズム体制の正当性を宣伝しようとしていただけでなく、国際連盟の軍縮事業を通してドイツの再軍備阻止やフランスとの軍事力の均衡を目論むとともに、国際連盟をイタリアによる植民地支配を正当化するために利用しようとするなど、実利的な観点からも国際連盟の価値を認めていた。

【第二章　国際裁判の制度化と日本外交】

（95）前掲「国際聯盟規約」。立作太郎はこの連盟規約前文について「国際連盟規約の前文は長きこと法性寺入道の名に勝り、並べ立てたることは「デパートメント、ストーア」の陳列品も宜しくといふの体裁である」と論じている。立作太郎「国際聯盟の目的」『国際法外交雑誌』第二一巻一〇号、大正一一年一二月一五日。

（96）本章では、一般に「仲裁裁判」と呼ばれる仲裁裁判調停条約による裁判と、一般に「司法的解決（司法裁判）」と呼ばれる常設国際司法裁判所や国際司法裁判所における裁判を、まとめて「国際裁判」と呼称する。渡邉公太の研究では、政治問題に属する紛争を扱うものを仲裁裁判とし、法律問題に属する紛争を扱うものを司法裁判と呼んでいる（渡邉、前掲『石井菊次郎』、一九一頁）。しかし、一般には仲裁裁判も司法裁判も法律的紛争を扱うものとされており、政治的紛争はこれらとは異なる調停により扱われるとされているので、注意が必要である。小和田恒「国際裁判」、廣瀬和子「政治的紛争」、同「法律的紛争」、国際法学会（編）『国際関係法辞典　第2版』（三省堂、二〇〇五年）、二八一―二八三頁、五一五頁、八〇二頁。

(97) 前掲「国際聯盟規約」。

(98) 前掲「御署名原本・大正十年・条約第六号・常設国際司法裁判所規程ニ関スル署名議定書及常設国際司法裁判所規程」。

(99) 当時のイギリスにおける国際裁判を軸とした平和運動について、以下を参照。ローナ・ロイド「フィリップ・ノエル＝ベーカーと法による平和」デーヴィッド・ロング／ピーター・ウィルソン（編著）、宮本盛太郎／関静雄監訳『危機の二〇年と思想家たち――戦間期理想主義の再評価』ミネルヴァ書房、二〇〇二年。

(100) 篠原、前掲書、一一五―一一九頁、一五九―一六二頁。Burkman, *op. cit.*, pp. 119–122, 133–134.

(101) Lorna Lloyd, *Peace through Law: Britain and the International Court in the 1920s* (Woodbridge, Suffolk: Boydell Press for the Royal Historical Society, 1997).

(102) 伊香、前掲書。

(103) 横田喜三郎「国際裁判と日本」同『国際法論集Ⅰ』（有斐閣、一九七六年）。

(104) 千葉功『旧外交の形成――日本外交一九〇〇～一九一九』（勁草書房、二〇〇八年）、第Ⅴ章。千葉の研究は一九〇五年の家屋税事件敗訴から一九一九年のパリ講和会議までを扱っているが、一九二〇年代以降の問題については若干の言及にとどまっている。

(105) 関野昭一『国際司法制度形成史論序説――我が国の外交文書から見たハーグ国際司法裁判所の創設と日本の投影』（国際書院、二〇〇〇年）。

(106) 牧田幸人「国際裁判と日本」国際法学会（編）『日本と国際法の１００年　９　紛争の解決』（三省堂、二〇〇一年）、二四三―二六九頁。渡邉公太「日本外務省における新秩序と国際連盟――集団安全保障と国際裁判への認識を中心に」『東アジア近代史』第二七号、二〇二三年、二五―三九頁。柳原正治「近代日本と国際裁判――「裁判嫌い」は神話なのか？」『国際法外交雑誌』第一一三巻三号、二〇一四年、三〇一―三二四頁。李禎之「安達峰一郎と国際裁判制度」柳原正治、篠原初枝（編）『安達峰一郎――日本の外交官から世界の裁判官へ』（東京大学出版会、二〇一七年）、第十章。

(107) 神山晃令「日本の国際連盟脱退と常設国際司法裁判所との関係について」『外交史料館報』第六号、一九九三年、一六―四〇頁。神山晃令「昭和一三年一〇月一二日付澤田廉三宛長岡春一書簡――常設国際司法裁判所との協力終止に関して」『外交史料館報』第二八号、二〇一六年、八一―八八頁。
(108) 関野、前掲書。柳原、前掲「近代日本と国際裁判」。
(109) 大正九年四月一六日安達駐ベルギー公使発内田外相宛第一八号、『日本外交文書』大正九年第三冊上巻（以下、『日外』大九―三―上）、文書二二九。大正九年五月一八日内田外相発安達在白公使宛第一一号、『日外』大九―三―上、文書二三一。
(110) 大正九年六月二七日落合駐蘭公使発内田外相宛第一一二号、『日外』大九―三―上、文書二四二。
(111) 前掲『日外』大九―三―上、文書二三一。
(112) 大正九年六月一七日落合駐蘭公使発内田外相宛（欠号）、『日外』大九―三―上、文書二三五。
(113) 大正九年六月一八日落合駐蘭公使発内田外相宛第一〇四号、『日外』大九―三―上、文書二三六。
(114) 大正九年六月二二日落合駐蘭公使発内田外相宛第一〇七号、『日外』大九―三―上、文書二三九。
(115) 大正九年六月二七日内田外相発落合駐蘭公使宛第三一号、『日外』大九―三―上、文書二四一。
(116) 大正九年七月一日落合駐蘭公使発内田外相宛第一〇七号、『日外』大九―三―上、文書二四四。
(117) 大正九年七月六日落合駐蘭公使発内田外相宛第一二四号、『日外』大九―三―上、文書二四七。大正九年七月八日落合駐蘭公使発内田外相宛第一〇七号、『日外』大九―三―上、文書二四九。
(118) 大正一〇年一〇月六日起草「高裁案」、戦前期外務省記録「日、瑞西間司法的解決条約締結一件（仲裁裁判条約）」(2.8.1.30)、外務省外交史料館。
(119) 「日米仲裁裁判条約和文」、『日本外交文書』第四十一巻第一冊、文書一〇三付属書。
(120) 「帝国瑞西間ノ仲裁裁判条約締結問題」、戦前期外務省記録 (2.8.1.30)。
(121) 大正一〇年一一月二三日「覚書」（ラーディー駐日スイス公使発田中外務次官代理宛）、戦前期外務省記録 (2.8.1.30)。
(122) 大正一一年五月三〇日「覚書」（ラーディー駐日スイス公使発埴原外務次官代理宛）、戦前期外務省記録 (2.8.1.30)。
(123) 「国際連盟の内国際仲裁裁判条約に関する重要なる瑞西国政府の提議」『国際法外交雑誌』第一九巻一号、一九二〇年。
(124) 大正一一年八月一二日「高裁案」、戦前期外務省記録 (2.8.1.30)。

(125)「日本瑞西間仲裁裁判条約締結ノ件ニ関シ両国間往復ノ要旨並常設国際司法裁判所ニ管轄権ヲ付与スルノ問題」、戦前期外務省記録（2.8.1.30）。

(126) 大正一二年八月一八日「覚書」（日本外務省発ラーディー駐日スイス公使宛）、戦前期外務省記録（2.8.1.30）。

(127) 大正一三年一月二二日「覚書」（ラーディー駐日スイス公使館発日本国外務省宛）、戦前期外務省記録（2.8.1.30）。

(128) 横田喜三郎は、日本＝スイス仲裁裁判条約は、日本が一九二四年採択のジュネーブ平和議定書制定過程において受けた批判をかわすために打算的に締結されたとしている（横田、前掲書、一九〇―一九七頁）。しかし、日本＝スイス仲裁裁判条約の留保条件をめぐる日本側の協議と二国間交渉は、平和議定書が連盟総会において討議される前の段階で、ほぼ最終段階に達していた。このことを踏まえれば、日本＝スイス仲裁裁判条約が平和議定書採択における日本の批判をかわす意図で打算的に締結されたとはいえないと判断できる。

(129)「帝国諸外国間ニ締結スヘキ仲裁裁判条約ノ内容ニ就テ」、戦前期外務省記録「帝国諸外国間仲裁裁判条約締結雑件」（2.8.1.14）、外務省外交史料館。千葉功は、締約国の緊切なる利益・独立・名誉に関する紛争の除外という留保を堅持する方針を示すものとして同資料を解釈しているが、この解釈は不正確と思われる。千葉、前掲書、「注　第五部おわりに（1）」、五六一頁。同史料は柳原の先行研究でも紹介されており、本書における同史料への評価は柳原の評価に同意するものである。柳原、前掲「近代日本と国際裁判」、一四頁。

(130) 最終的な条約案全文について、*British Documents on Foreign Affairs*, Part 2, Series J, Volume 3 (hereafter, *BDFA* 2-J-3), Doc. 1 を参照。相互援助条約案の背景について、植田隆子『地域的安全保障の史的研究――国際連盟時代における地域的安全保障制度の発達』（山川出版社、一九八九年）、四五頁。柳原、前掲『帝国日本と不戦条約』、一二四頁。渡邉公太の研究では、相互援助条約案が提出されたのが一九二四年の国際連盟総会であり、その成立の背景にイギリスとフランスの政権交代があったとされているが、相互援助条約案が採択されたのは一九二三年の第四回国際連盟総会であり、イギリスでのマクドナルド内閣成立は一九二四年一月、フランスでのエリオ内閣成立は一九二四年六月であるため、この記述は誤りであると考えられる。渡邉、前掲『石井菊次郎』、一九六頁。

(131) イギリス政府は一九二四年八月に国際連盟事務局に相互援助条約案に加盟しない旨を伝えた。この通知においてイギリス政府は、条約案によって確立される安全保障に限界がある根拠として、条約案における侵略の定義が曖昧であること、理事会が全会一致により侵略国を定義するとしてもそれには時間がかかり、制裁の初動が遅れることにより制裁の実効性が低くなることを指摘していた。Mr. MacDonald to Secretary-General, League of Nations, July 5, 1924, *BDFA 2-J-3*, Doc. 4.

(132) この見方は、第五回連盟総会における英国代表マクドナルド首相の演説に表れている。"Verbatim Record of the Fifth Assembly of the League of Nations, Sixth Preliminary Meeting, Thursday, September 4, at 11:00 am", BDFA 2-J-3, Doc. 7; *League of Nations Official Journal special supplement* (hereafter, *LNOJss*) vol. 23, pp. 41-45.
(133) 「第一委員会へ報告ノ議定書条文仮案」、『日本外交文書』大正十三年第二冊（以下、『日外』大十三―二）、文書四二別電。
(134) 大正一三年九月七日連盟総会代表発幣原外相宛第二八号、『日外』大十三―二、文書二四。
(135) 大正一三年九月一三日、幣原外相発連盟総会代表宛第三五号、『日外』大十三―二、文書二九。
(136) 幣原外相発連盟総会代表宛第三五号草稿、戦前期外務省記録「国際紛争平和的処理条約関係一件　第一巻」（B.10.3.0.3_001）、外務省外交史料館。
(137) 大正一三年九月一九日幣原外相発連盟総会代表宛第四四号、『日外』大十三―二、文書三五。
(138) 大正一三年九月二〇日連盟総会代表発幣原外相宛第五四号、『日外』大十三―二、文書三八。
(139) 大正一三年九月二二日、幣原外相発連盟総会代表宛第四七号、『日外』大十三―二、文書四一。
(140) 篠原、前掲書、一五九―一六二頁。
(141) *BDFA 2-J-3*, Doc. 40、『日外』大十三―二、文書六一付記二。
(142) 「平和議定書ニ就テ」（一〇月七日付）、戦前期外務省記録「国際紛争平和的処理条約関係一件　第二巻」（B.10.3.0.3_002）、外務省外交史料館。
(143) 「平和議定書調印ニ付テノ考量」、戦前期外務省記録（B.10.3.0.3_002）。日付はないが、内容から、イギリスでの総選挙（一〇月二九日）以前とされる。
(144) 軍縮準備委員会の第一回は、一〇月二四日に開催された。
(145) 「陸軍側意見」、戦前期外務省記録（B.10.3.0.3_002）。
(146) 「軍備縮小準備委員会第一回議事録」（大正一三年一〇月二四日）、戦前期外務省記録（B.10.3.0.3_002）。
(147) 大正一三年一〇月七日在パリ松田連盟帝国事務局長発幣原外相宛連第一九三号、『日外』大十三―二、文書六四。
(148) 大正一三年一〇月一八日林駐英大使発幣原外相宛第七二五号、『日外』大十三―二、文書六六。
(149) 大正一三年一〇月八日落合駐伊大使発幣原外相宛第一九八号、戦前期外務省記録（B.10.3.0.3_002）。大正一三年一〇月九日落合駐伊大使発幣原外相宛第一九九号、大正一三年一〇月一八日落合駐伊大使発幣原外相宛第二〇一号、戦前期外務省記録（B.10.3.0.3_002）。

(150) 大正一三年一〇月一八日林駐英大使発幣原外相宛第七〇八号、戦前期外務省記録（B.10.3.0.3_002）。

(151) Foreign Office to the Secretary-General, League of Nations, November 18, 1924, *BDFA* 2-J-3, Doc. 53.

(152) 「平和議定書批准問題ニ関スル英国大使トノ会見録」（大正一三年一一月二一日）、戦前期外務省記録「国際紛争平和的処理条約関係一件　第三巻」（B.10.3.0.3_003）、外務省外交史料館。

(153) 大正一四年三月一二日在ジュネーブ石井理事発幣原外務大臣宛第二号、『日本外交文書』大正十四年第一冊（以下、『日外』大十四―一）、文書七三、大正一四年三月一三日林駐英大使発幣原外務大臣宛第一二六号、『日外』大十四―一、文書七四。

(154) 「平和議定書修正ニ関スル意見」、『日外』大十四―一、文書七二付記一、戦前期外務省記録「国際紛争平和的処理条約関係一件　第四巻」（B.10.3.0.3_004）、外務省外交史料館。起草は山川端夫条約局長である。柳原、前掲「近代日本と国際裁判」、一〇―一一頁。

(155) 「国際司法裁判所ノ応訴義務受諾ニ関スル留保案」、『日外』大十四―一、文書七二付記二。

(156) 前掲「帝国諸外国間ニ締結スヘキ仲裁裁判条約ノ内容ニ就テ」、戦前期外務省記録（2.8.1.14）。

(157) 『日外』大十四―一、文書七二付記二。伊香俊哉は同資料を、日本が平和議定書における応訴義務を骨抜きにしようとしていたことを示すものとして解釈している。しかし、日本＝スイス間の仲裁裁判条約において「独立、名誉及緊切ナル利益」に関する紛争の除外という条件が頑なに維持された点に鑑みれば、この史料はむしろ日本政府の従来の態度の軟化を示すものとして解釈されるべきである。伊香、前掲書、三四―三五頁。

(158) 「「ロカルノ」諸条約」外務省条約局『外国条約集　第一輯第二巻』、大正一五年四月二八日編纂。ロカルノ条約の成立過程については、以下を参照。牧野雅彦『ロカルノ条約――シュトレーゼマンとヨーロッパの再建』（中央公論新社、二〇一二年）。

(159) 立作太郎「ロカルノ条約と国際連盟」『外交時報』第五〇六号、大正一五年一月一日。杉村陽太郎「寿府平和議定書と「ロカルノ」協定」『国際法外交雑誌』第二五巻九号、大正一五年一一月一日。立作太郎と外務省の関わりについては、明石、前掲論文。高橋、前掲書、第五章。

(160) 横田喜三郎「常設国際司法裁判所合衆国参加論の歴史的背景」『外交時報』第四六五―第四六六号、大正一三年四月一五日～五月一日、森島守人「米国と常設司法裁判所加入問題」『外交時報』第五〇一号―第五〇五号、大正一四年一〇月一五日～一二月一五日。

(161) President Harding to the Senate, Feb. 24, 1923. *Papers Relating to the Foreign Relations of the United States* (hereafter, *FRUS*)

1923 vol. 1, pp. 17–18; The Secretary of State to President Harding, Feb. 17, 1923, *ibid.*, pp. 10–17.

(162) Senate Resolution No. 5, Jan. *27* (Legislative Day Jan. 16, 1926), *FRUS* 1926 vol. 1, pp. 1–2.

(163) The Secretary of State to President Harding, Mar. 1, 1923. *FRUS* 1923 vol. 1, pp. 19–24.

(164) Senate Resolution No. 5, Jan. *27.* 日本語訳は以下を参照した。昭和一〇年一月条約局「アメリカ合衆国ノ常設国際司法裁判所加入問題ニ関スル研究」『日本外交文書』昭和期Ⅰ第2部第2巻（以下、『日外』昭Ⅰ‐2‐2）、文書485付記。

(165) The British Ambassador (Howard) to the Secretary of State, Dec. 23, 1926. *FRUS* 1926 vol. 1, pp. 30–38.

(166) 「戦争放棄に関する条約」、外務省（編）『日本外交年表並主要文書　下巻』（原書房、一九六六年）、文書編一二〇―一二一頁。

(167) 「昭和二年十二月三十一日付日米仲裁裁判条約改訂に関する米国国務長官来翰写」（昭和三年一月六日松平駐米大使発田中外相宛機密公第二号）、『日本外交文書』昭和期Ⅰ第2部第1巻（以下、『日外』昭Ⅰ‐2‐1）、文書403別紙。

(168) 同上。

(169) 「米国ノ提議セル仲裁裁判及ビ調停条約案ニ対スル方針案」昭和三年一月三〇日、『日外』昭Ⅰ‐2‐1、文書403付記。

(170) 同上。

(171) 外務省条約局第二課「現行日米仲裁々判条約ト米国新提案トノ比較」（日付なし）、戦前期外務省記録「日、米間仲裁裁判条約関係一件　第一巻」（B.5.0.0.J/U1_001）、外務省外交史料館。三月に提示された新たな条約案の内容が検討されていない点から、起草はそれ以前と推測される。

(172) 外務省条約局第二課「国内問題ノ本質ト限界」（日付なし）、戦前期外務省記録（B.5.0.0.J/U1_001）。起草は一九二八年六月と推測される。

(173) このような日本政府のアメリカ案に対する評価は、日本の外交論壇における多くの論者にも共有されていた。清沢冽「日米不戦条約に対する一提案」『外交時報』第五五七号、昭和三年二月一五日、神川彦松「不戦条約の価値批判」『外交時報』第五七二号、昭和三年一〇月一日、同「米仏仲裁々判条約と我國の対策」『外交時報』五六〇号、昭和三年四月一日。

(174) 昭和三年八月二日田中外相発澤田臨時代理大使宛第一七四号、『日外』昭Ⅰ‐2‐1、文書429。

(175) 昭和三年八月三日澤田駐米臨時代理大使発田中外相宛第二七七号、『日外』昭Ⅰ‐2‐1、文書430。

(176) 以下の日蘭交渉について、「日蘭仲裁裁判条約締結問題経過概況（昭和六年六月二日）」戦前期外務省記録「日、米間仲裁裁判条約

関係一件　第二巻」（B.5.0.0.J/U1_002）。

(177) 大正一四年六月一七日皆川駐蘭代理公使発幣原外相宛第二九号、戦前期外務省記録「帝国諸外国間仲裁裁判条約締結雑件」（2.8.1.14）。

(178) 前掲「日蘭仲裁裁判条約締結問題経過概況」、戦前期外務省記録（B.5.0.0.J/U1_002）。

(179) 昭和三年八月一五日広田駐蘭公使発田中外相宛第三四号、戦前期外務省記録（B.5.0.0.J/U1_001）。

(180) 昭和四年四月一〇日杉村陽太郎発山川端夫宛、山川端夫関係文書（東京大学社会科学研究所蔵）。もっとも、既に国際連盟事務局次長に就任していた杉村が日蘭仲裁裁判条約の締結交渉に立ち会っていたことは、国際機構の中立性に対する配慮を欠いた対応だったとの批判を免れないだろう。

(181) 昭和四年五月一日山川端夫発石井菊次郎宛、同上。五月三日発の石井から杉村への返信の内容が書き加えられている。

(182) 第八回連盟総会において、オランダ代表のナンセン（Nansen）による提議をきっかけに、仲裁裁判や国際司法裁判、調停といった紛争の平和的解決の方法を定めた議定書の起草が着手されたもの。

(183) 昭和三年佐藤連盟帝国事務局長発田中外相宛第三号、戦前期外務省記録「国際連盟安全保障問題一件」（B.9.4.0.6）、外務省外交史料館。

(184) 昭和三年二月二一日青木節一国際連盟事務局東京支局長発内報第六号、戦前期外務省記録（B.9.4.0.6）。

(185) 昭和三年五月二五日田中外相発佐藤連盟帝国事務局長宛第一六八号、戦前期外務省記録（B.9.4.0.6）。

(186) 条文について、以下を参照。*LNOJss* vol. 65 pp. 130–138.

(187) *LNOJss* vol. 64 pp. 51–52.

(188) 前掲、『日外』昭Ⅰ－２－２、文書４８５付記。

(189) 昭和三年一一月三〇日出淵駐米大使発田中外相宛普通公第六一九号、『日外』昭Ⅰ－２－２、文書４８６。

(190) 田中外相発佐藤国際連盟帝国事務局長宛第二九号、『日外』昭Ⅰ－２－２、文書４８９。

(191) 「常設国際司法裁判所規程改正委員会報告」（日付不明）、戦前期外務省記録「常設国際司法裁判所関係一件　米国加入問題　規則改定並米国加盟ニ関スル議定書関係　第一巻」（B.9.1.0.3-1-1_001）、外務省外交史料館。

(192) 「常設国際司法裁判所規定改正ニ関スル国際会議報告」（昭和四年九月）、戦前期外務省記録（B.9.1. 0.3-1-1_001）。作成者は会議に参加した吉田伊三郎だと思われる。

(193) 同上。一九二六年の国際連盟総会に先立ち理事会の構成改革が検討された際、ブラジルはドイツと同様に常任理事国として認められることを求めたが、要望が認められなかったことを不服とし、同年六月に国際連盟を脱退した。帯谷、前掲書、第一章。

(194) 「常設国際司法裁判所規程改正ニ関スル議定書・御署名原本・昭和十一年・条約第二号」（御 20409100）、国立公文書館。

(195) 幣原外相発国際連盟総会帝国全権宛暗第九号、戦前期外務省記録（B.9.1.0.3-1-1_001）。

(196) 幣原外相発国際連盟総会帝国全権宛暗第一二号、戦前期外務省記録（B.9.1.0.3-1-1_001）。

(197) 幣原外相発吉田駐スイス公使宛暗第一九号、戦前期外務省記録（B.9.1.0.3-1-1_001）。

(198) *LNOJss* vol. 75, pp. 34-35.

(199) 選択条項受諾の宣言は、以下を参照。Viscount Cecil to Mr. Henderson, Sep. 25 1929, *BDFA* 2-J-9 Doc. 51; "Final declaration", *BDFA* 2-J-9 Doc. 54. また、イギリス政府がこの受諾を決定する過程については、以下を参照。Lloyd, *op. cit.*, Chapter 6, 7.

(200) 締結状況と各国の留保について、「常設国際司法裁判所規程第三十六条受諾に附したる各国の留保」『国際法外交雑誌』二九巻八号、昭和五年一〇月一日。

(201) 昭和四年九月七日連盟総会三全権発幣原外相宛第一八号、戦前期外務省記録「常設国際司法裁判所関係一件　裁判所規程署名議定書関係　裁判所規程選択条項関係」（B.9.1.0.3-4-1）、外務省外交史料館。

(202) 昭和四年九月九日連盟総会三全権発幣原外相宛第二〇号、戦前期外務省記録（B.9.1.0.3-4-1）。

(203) また、この原因の一つとして、同年九月は日本政府が中ソ紛争の調停を試みている最中であり、外務省が対応に追われていたということも考えられる。種稲秀司『近代日本外交と「死活的利益」――第二次幣原外交と太平洋戦争への序曲』（芙蓉書房出版、二〇一四年）、第二章。

(204) 昭和四年一〇月八日佐藤連盟帝国事務局長発幣原外相宛機密第六二一号、戦前期外務省記録「国際連盟総会関係一件／第九回総会関係　第二巻」（B.9.1.0.2-9_002）、外務省外交史料館。ファイルは第九回総会と題されているが、杉村とドラモンドの会談の内容に中ソ紛争の話題が含まれていることから、第九回総会という部分は誤植であると考えられる。なお、杉村は第一〇回国際連盟総会の閉会後、太平洋問題調査会（ＩＰＲ）京都会議への出席のため来日している。

(205) 戦前期外務省記録「国際連盟仲裁条約締結普及方関係一件」（B.9.3.0.3）、外務省外交史料館。

(206) これに関連して、佐藤尚武は後の回顧で、佐藤が連盟帝国事務局長に就任後一時帰朝した際、満洲問題が連盟の土俵に上がった際に日本が連盟内で確固たる地盤を築いていないことがないように自分が努めていると訴えたところ、本省の人間が「あたかも初めて聞いた話であるかのごとく、目を見張り、そういう考えで貴下方は働いていたのか、という嘆声さえも発した者のあった」ということを回想している。佐藤尚武『回顧八十年』（時事通信社、一九六三年）、二二一―二二二頁。

(207) 神川彦松「国際司法裁判所任意条項を受諾せよ」『外交時報』第五九六号、一九二九年一〇月一日、横田喜三郎「国際強制裁判の展望」『国際知識』昭和四年一一月号。「速に応訴義務を受諾す可し」『時事新報』一九三〇年五月二日、「国際裁判と日本」『東京朝日新聞』一九三〇年七月三一日。

(208) 戦前期外務省記録（B.9.1.0.3-4-1）。

(209) 「常設国際司法裁判所応訴義務受諾ニ関スル決議」、戦前期外務省記録（B.9.1.0.3.4）。

(210) 戦前期外務省記録（B.9.1.0.3-4-1）。

(211) 石井菊次郎『外交余録』（岩波書店、一九三〇年）、二八二頁。

(212) 昭和五年四月六日杉村連盟事務局次長発松永条約局長宛書翰、戦前期外務省記録（B.9.1.0.3-4-1）。

(213) Sir John Tilley to Mr. Henderson, July 30, 1930 (received August 25), *BDFA* 2-J-9, Doc. 69.

(214) 「常設国際司法裁判所規程改正ニ関スル議定書及亜米利加合衆国ノ常設国際司法裁判所規程ニ関スル署名議定書ヘノ加入ニ関スル議定書御批准ノ枢密院審議委員会議事概況」昭和五年八月二日、『日外』昭Ｉ－２－２、文書４９８付記。

(215) 「常設国際司法裁判所規程ノ選択条項受諾ニ関スル宣言（試案）」（日付及作成者名なし）、戦前期外務省記録（B.9.1.0.3-4-1）。当資料には日付と作成者が書かれていないが、一九三〇年一〇月付の安達峰一郎発書簡とともにファイルに保存されていることから、当資料は安達が私信に添えて送信したものではないかと推測される。昭和五年一〇月一日安達峰一郎発筒井宛、戦前期外務省記録（B.9.1.0.3-4-1）。

(216) 「日米仲裁裁判及調停条約締結交渉方針」昭和四年一二月二七日、戦前期外務省記録（B.5.0.0.J/U1_002）。

(217) 日本が国際連盟を脱退した経緯について、井上寿一、前掲書、第一章。また、日本外務省が国際連盟脱退に至るまでの国際連盟における交渉に当たり、国際連盟を中心とする国際紛争の平和的解決の仕組みについてどのような解釈を考えていたかについて、樋口、前掲書、第一章。

(218) 柳原、前掲「近代日本と国際裁判」、一五―一七頁。神山、前掲「日本の国際連盟脱退と常設国際司法裁判所との関係について」。

神山、前掲「昭和一三年一〇月一二日付澤田廉三宛長岡春一書簡」。

(219) 昭和八年四月六日外務省松田局長発安達峰一郎宛書簡、柳原正治（編）『世界万国の平和を期して――安達峰一郎著作選』（東京大学出版会、二〇一九年）、三〇九―三一三頁。

(220) 昭和八年五月一八日安達峰一郎発松田条約局長宛書簡、柳原（編）、前掲書、三一四―三一六頁。

(221) 「帝国ガ国際聯盟脱退後更ニ常設国際司法裁判所規程署名議定書ヨリ脱退スルコトノ得失ニ関スル法的考察」昭和八年六月、外務省茗荷谷研修所旧蔵記録「常設国際司法裁判所関係一件　第二巻」（B173）、外務省外交史料館。

(222) 「帝国ノ国際聯盟脱退後ニ於ケル常設国際司法裁判所トノ関係ニ就テ」昭和八年六月二四日、外務省茗荷谷研修所旧蔵記録（B173）。

(223) 前掲、「日蘭間仲裁裁判条約締結問題経過概況（昭和六年六月二日）」、戦前期外務省記録（B.5.0.0.J/U1_002）。

(224) 「仲裁裁判及調停条約本邦案及蘭国案対照（昭和六年七月）」、戦前期外務省記録（B.5.0.0.J/U1_002）。

(225) 「仲裁裁判及調停条約ニ関スル蘭国案ト本邦案トノ相異ノ要点（昭和六年六月）」、戦前期外務省記録（B.5.0.0.J/U1_002）。

(226) 昭和八年四月一二日内田外相発斎藤首相宛条二機密第一六九号、『日本外交文書』昭和期Ⅱ第2部第2巻（以下、『日外』昭Ⅱ-2-2）、文書597。

(227) 「国際関係より見たる時局処理方針案」（昭和七年八月二七日閣議決定）、前掲『日本外交年表並主要文書』下巻文書編、二〇六―二一〇頁。

(228) 同上。

(229) 「日蘭仲裁裁判条約締結ニ関スル内閣法制局、陸、海、司三省トノ打合顛末」、『日外』昭Ⅱ-2-2、文書597付記一。

(230) 昭和八年四月二〇日内田外相発斎藤首相宛条二普通第一九六号、『日外』昭Ⅱ-2-2、文書597付記二。

(231) 日蘭会商の交渉内容について、籠谷直人『アジア国際通商秩序と近代日本』（名古屋大学出版会、二〇〇〇年）、第八章。

(232) 「日本国和蘭国間司法的解決、仲裁裁判及調停条約ニ関スル第一回枢密院審査委員会議事録」、戦前期外務省記録「日、蘭間仲裁裁判条約関係一件　第二巻」（B.5.0.0.J/N1_002）、外務省外交史料館。

(233) 「日本国和蘭国間司法的解決、仲裁裁判及調停条約ニ関スル第二回枢密院審査委員会議事録」、戦前期外務省記録（B.5.0.0.J/N1_002）。

(234) 「日本国和蘭国間司法的解決、仲裁裁判及調停条約ニ関スル第三回枢密院審査委員会議事録」、戦前期外務省記録（B.5.0.0.J/N1_002）。

(235) この間、一九三四年一二月に当時欧州歴訪中だった吉田茂が重光次官に宛てた書簡で日蘭仲裁裁判及調停条約の批准審議を進めることを求め、重光は翌年三月に平沼騏一郎を訪問し批准審議の再開を求めていた。一九三四年一二月二七日吉田茂発重光葵宛書簡、「日蘭仲裁裁判条約批准手続速進方ニ関シ重光次官、平沼枢府副議長訪問ノ件」（日付作成者なし）、戦前期外務省記録（B.5.0.0.J/N1_002）。

(236)「日本国和蘭国間司法的解決、仲裁裁判及調停条約ニ関スル第四回枢密院審査委員会議事録」、戦前期外務省記録（B.5.0.0.J/N1_002）。

(237)「御署名原本・昭和一〇年・条約第八号・日本国和蘭国間司法的解決、仲裁裁判及調停条約」（御19859100）、国立公文書館。

(238) 昭和一〇年一月三〇日斎藤駐米大使発広田外相宛第四三号、『日本外交文書』昭和期Ⅱ第2部第4巻、文書12。

(239) 昭和一三年一〇月一四日近衛外相発在ジュネーブ宇佐美国際会議事務局長代理兼総領事宛電第一一九号、『日本外交文書』日中戦争第三冊、文書993。同史料に関連する史料紹介として、神山、前掲論文（二〇一六年）。また、日中戦争開戦から日本の国際連盟関連機関との協力終止宣言に至るまでの過程について、樋口、前掲書、第六章。

(240) 外務省「国際連盟諸機関との協力関係終止の実施要綱」（昭和一三年一〇月九日）、『日本外交文書』日中戦争第三冊、文書993付記。

(241) 外務省条約局第三課「国際聯盟諸機関トノ協力関係終止問題　擬問擬答」（昭和一三年一〇月）、戦前期外務省記録「帝国政府ノ国際連盟脱退関係一件／国際連盟諸機関トノ協力終止関係」（B.9.1.0.8-2）、外務省外交史料館。

(242) 日本政府が天羽国際会議帝国事務局長（兼駐スイス大使）を通じてアヴノール国際連盟事務局長に日本と国際連盟関連機関との協力関係を終止することを通告したのは、同年一一月二日のことだった。「国際諸機関トノ協力終止ニ関スル情報部長談」（昭和一三年一一月二日）、『日本外交文書』日中戦争第三冊、文書995。しかし、長岡はこの通告の後すぐに常設国際司法裁判所判事を辞職したわけではなかった。一九三九年に予定されていた判事選挙は開催されず、長岡は少なくとも形式上はそのまま留任する形となった。小田滋によると、長岡は一九三九年六月のベルギー商事会社事件（A/B78）の判決には参加しているが、同年一二月のソフィア・ブルガリア電力公社事件（A/B79）の仮保全措置に関する命令には参加しておらず、長岡が常設国際司法裁判所を離れたのはその間のことであると考えられる。長岡が最終的に常設国際司法裁判所に辞表を提出し正式に判事を退任したのは、一九四二年一月一五日のことだった。小田滋『国際司法裁判所』（日本評論社、一九八七年）、六〇—六二頁。

(243) 樋口、前掲書。

【第三章　外国人待遇問題と日本外交】

（244）Clavin, *op. cit.*, 安田、前掲書。
（245）和田、前掲論文。
（246）蓑原俊洋『排日移民法と日米関係――「埴原書簡」の真相とその「重大なる結果」』（岩波書店、二〇〇二年）、二三五―二四三頁。寺崎英成、マリコ・テラサキ・ミラー（編著）『昭和天皇独白録　寺崎英成・御用掛日記』（文藝春秋、一九九一年）、一五頁。
（247）矢内原忠雄「米国の日本移民排斥に就て」（一九二六年）『矢内原忠雄全集　第一巻』（岩波書店、一九六三年）、六〇八―六〇九頁。また、矢内原と同様、一九二〇年代において資源の偏在と人口増加の不均衡を国際管理により解決することを提唱した知識人として、国際政治学者の神川彦松（東京帝国大学法学部教授）が挙げられる。春名展生『人口・資源・領土――近代日本の外交思想と国際政治学』（千倉書房、二〇一五年）、二二一―二二五頁。
（248）Ryoko Nakano, *Beyond the Western Liberal Order: Yanaihara Tadao and Empire as Society* (New York: Palgrave Macmillan, 2013), pp. 45-52.
（249）大沼保昭、前掲論文。Naoko Shimazu, *op. cit.*
（250）前掲「国際聯盟規約」、外務省（編）『日本外交年表並主要文書　上巻』。
（251）Izumi Hirobe, *Japanese Pride, American Prejudice: Modifying the Exclusion Clause of the 1924 Immigration Act* (Stanford, Calif.: Stanford University Press, 2001). 飯野正子「日英通商航海条約とカナダの日本人移民問題――日本・カナダ関係の史的展開」『国際政治』第七九号、一九八五年、一―一八頁。
（252）例外として、これに関連して民間組織である日本国際連盟協会の外国人待遇問題に対する取り組みに着目した近年の画期的な研究として、寺田晋の研究がある。Kuniyuki Terada, *Actors of International Cooperation in Prewar Japan: The Discourse on International Migration and the League of Nations Association of Japan* (Baden-Baden: Nomos, 2018). 寺田の研究は一九二七年のジュネーブ国際経済会議への日本政府の対応に若干言及しているものの、この時代の日本政府の外国人待遇問題への対応の全体像を示す点では課題を残している。
（253）大沼、前掲論文。
（254）「国際聯盟総会第一回会議日本代表ニ対スル訓令ノ件」（大正九年十一月九日閣議決定）、『日外』大九―三―上、文書一九八。もっとも同訓令では、第三国が人種平等提案を提起する場合にはそれに賛同すべきとも指示されている。
(255) 大正九年一二月一日在ジュネーブ国際連盟総会代表発内田外相宛第七四号、『日外』大九―三―上、文書二一五、「第一回国際聯盟総会ニ於ケル石井大使ノ演説中人種問題ニ関スル部分抜粋（大正九年一一月三〇日聯盟総会議事録抜粋）」、戦前期外務省記録「人種差別撤廃」(2.4.2.2)、外務省外交史料館。
(256) 大正一〇年二月七日在パリ石井大使発内田外相宛第一八二号、戦前期外務省記録(2.4.2.2)。
(257) 大正一〇年四月二二日内田外相発在パリ石井大使宛第三七五号、戦前期外務省記録(2.4.2.2)。
(258) 大正一〇年五月一二日在ブエノスアイレス山崎代理公使発内田外相宛第二八号、大正一〇年六月二〇日内田外相発在ブエノスアイレス山崎代理公使宛第一二号、戦前期外務省記録(2.4.2.2)。
(259) 第一回国際移民会議に関する日本政府の外交文書を紹介したものとして、山田宙子の以下の小論がある。山田宙子「第一回国際移民会議」『外交史料館報』第四号、一九九一年、五九―七三頁。
(260) 国際移民会議の第二回会議は一九二八年にキューバのハバナで開かれたものの第一回会議に比べて参加国が集まらず、第三回以降は開催されなかった。
(261) 大正一二年五月一七日「口頭回答案」、戦前期外務省記録「国際移民会議一件」(2.9.3.27)、外務省外交史料館。
(262) 大正一二年七月二七日閣議決定「羅馬ニ開催ノ移民会議ニ本邦委員派遣ニ関スル件」、戦前期外務省記録(2.9.3.27)。
(263) 大正一二年一二月一五日在伊落合大使発伊集院外相宛第二三二号、大正十二年十二月二六日在伊落合大使発伊集院外相宛第二四〇号、戦前期外務省記録(2.9.3.27)。
(264) 大正一二年一二月二七日在伊落合大使発伊集院外相宛第二四一号、戦前期外務省記録(2.9.3.27)。
(265) 大正一三年一月一四日在ローマ落合謙太郎大使発松井慶四郎外相宛第五号、戦前期外務省記録(2.9.3.27)。
(266) 大正一三年五月一五日松井外相発在伊落合大使宛第六四号、戦前期外務省記録(2.9.3.27)。
(267) 和田華子、前掲論文。
(268) 前掲、『日外』大九―三―上、文書一九八。
(269) 大正一〇年四月一八日在バルセロナ松田代表委員発内田外相宛交通第九七号、『日本外交文書』大正十年第三冊下巻、文書七三三。
(270) 大正一〇年九月二三日在ジュネーブ国際連盟総会代表発内田外相宛第一〇一号、『日本外交文書』大正十年第三冊上巻、文書一六七。

和田、前掲論文、二三六頁。一九二七年五月のジュネーブ国際経済会議の開催後、同年一二月の国際連盟経済委員会第二三回会議において後の国際連盟外国人待遇問題会議で扱う外国人待遇条約の原案を作成するための審議が行われた際（詳細後述）、議長を務めたセロイス（Daniel Serruys）は、国際連盟における外国人待遇問題の議論が始まった最初のきっかけがこの安達による第二回連盟総会での報告だったと紹介している。"Minutes of the Twenty-third Session (Fourth Meeting held on December 17th, 1927), League of Nations Economic Committee", File 765317, League of Nations Official Documents, League of Nations Archives (Geneva, Switzerland).

(271) 「国際連盟仮経済委員会第四回会議議事経過報告」、戦前期外務省記録「財政経済仮委員会　経済部会議」(2.4.2.9.2)、外務省外交史料館。和田、前掲論文、二三八―二三九頁。

(272) 大正一一年在ジュネーブ国際連盟総会代表発内田外相宛第四八号、戦前期外務省記録「国際連盟総会／第三回総会　第二巻」(2.4.2.20-3_002)、外務省外交史料館。

(273) 大正一一年九月二八日在ジュネーブ国際連盟総会代表発内田外相宛第八九号、『日本外交文書』大正十一年第三冊、文書四五三。和田、前掲論文、二三六―七頁。

(274) *League of Nations Official Journal* (hereafter, *LNOJ*) vol. 4, pp. 857–9, pp. 948–66.

(275) 大正一二年八月三〇日内田外相発国際連盟総会全権宛第一四号別電第一七号、『日本外交文書』大正十二年第三冊（以下、『日外』大十二―三）、文書二五三。

(276) 大正一二年九月二一日国際連盟総会全権発伊集院外相宛第三八号及第三九号、『日外』大十二―三、文書二六二。

(277) *LNOJ* vol. 6, p. 878, pp. 953–64.

(278) 国際紛争の平和的解決のための構想としてジュネーブ平和議定書が登場した背景と、それが日本政府の国際裁判に対する見方に与えた影響について、本書第二章を参照。

(279) ジュネーブ平和議定書の機能的性質を国連憲章における集団安全保障の機能的性質と比較して詳細に論じた研究として、以下のものがある。西平等『法と力――戦間期国際秩序思想の系譜』（名古屋大学出版会、二〇一八年）、第四章、特に1（1）。

(280) 大正一三年九月七日連盟総会代表発幣原外相宛第二八号、大正一三年九月一三日幣原外相発連盟総会代表宛第三五号、『日外』大十三―二、文書二四、文書二九。

(281) 前掲、幣原外相発連盟総会代表宛第三五号草稿、戦前期外務省記録（B.10.3.0.3_001）。

(282) 前掲、『日外』大十三—二、文書三八。
(283) 前掲、『日外』大十三—二、文書四一。
(284) 「第一委員会へ報告ノ議定書条文仮案」、『日外』大十三—二、文書四二別電。
(285) *LNOJss* vol. 24, p. 45.
(286) 前掲「第一委員会へ報告ノ議定書条文仮案」。
(287) 大正一三年九月二五日連盟総会代表発幣原外相宛第七六号、『日外』大十三—二、文書四四。
(288) 大正一三年九月二六日連盟総会代表発幣原外相宛第八三号、大正一三年九月二六日、『日外』大十三—二、文書四七別電。
(289) *LNOJss* vol. 24, pp. 54-56.
(290) 大正一三年九月二六日連盟総会代表発幣原外相宛第八一号、『日外』大十三—二、文書四六。
(291) 大正一三年九月二七日連盟総会代表発幣原外相宛第八六号、『日外』大十三—二、文書四八。
(292) *LNOJss* vol. 24, pp. 80-82.
(293) 大正一三年九月二九日連盟総会代表発幣原外相宛第九九号、『日外』大十三—二、文書五四。石井の後年の回想によると、石井はこの時、議定書原案の問題点を以下のように例えて説得したようである。「茲に患者あり、来りて苦痛を訴へ療治を乞ふたるに対し、其は拙者の能力の外なり拙者は何等の薬石をも勧告する事克はずとて手を引きたる医師ありと仮定し、患者が苦痛の余り劇薬を服用したりとせば諸君は此患者を劇薬使用違犯として罰する積りなりやと借問した。」石井、前掲書、一八一頁。
(294) 大正一三年九月三〇日連盟総会代表発幣原外相宛第一〇二号、『日外』大十三—二、文書五五別電、微修正を加えた最終的な条文について、同文書五七。
(295) 大正一三年九月三〇日連盟総会代表発幣原外相宛第一〇四号、大正一三年一〇月一日幣原外相発連盟総会代表宛第五九号、『日外』大十三—二、文書五七、文書五九。
(296) 『日外』大十三—二、文書六一付記二。
(297) 大正一三年一〇月三日連盟総会代表発幣原外相宛第一一八号、『日外』大十三—二、文書六二。
(298) 石井駐仏大使発幣原外相宛第四五八号、大正一三年一〇月一四日、戦前期外務省記録（B.10.3.0.3）。
(299) 大正一三年一〇月六日在サンフランシスコ大山総領事発幣原外相宛第二七二号、『日外』大十三—二、文書六三。

（300）クローデル発フランス外務省宛書簡（十月三日）、ポール・クローデル（奈良道子訳）『孤独な帝国　日本の一九二〇年代——ポール・クローデル外交書簡　一九二一—二七』（草思社、二〇一八年）、三九〇—三九三頁。

（301）Eliot to MacDonald, Oct. 18, 1925（Received November 27）, W 10291/134/98, FO 371/10572, TNA.

（302）前掲、「平和議定書調印ニ付テノ考量」、戦前期外務省記録（B.10.3.0.3_002）。

（303）大正一三年一〇月七日吉田代理大使発幣原外相宛第七〇七号、大正一三年一〇月一〇日吉田代理大使から幣原外相宛第七一一号、大正一三年一〇月一五日吉田代理大使から幣原外相宛第七一七号、戦前期外務省記録（B.10.3.0.3_002）。David Burks, "United States and the Geneva Protocol of 1924: "A New Holy Alliance"?" *American Historical Review*, vol. 64 No. 4, 1959, pp. 892-893.

（304）"Minute by Sir Eyre Crowe", November 17, 1924, *BDFA* 2-J-3, Doc. 52, "A Review of the Protocol for the Pacific Settlement of International Disputes（Memorandum by Mr. Campbell）", November 20, 1924, *BDFA* 2-J-3, Doc. 55.

（305）前掲、大正一三年一一月二一日「平和議定書批准問題ニ関スル英国大使トノ会見録」、戦前期外務省記録（B.10.3.0.3_003）。

（306）Hirobe, *op. cit.*, pp. 141-2.

（307）ジュネーブ国際経済会議の開催までの経緯と会議での議論の内容について、以下を参照。安達清昭「一九二七年ジュネーブ国際経済会議——二〇年代の「経済的困難」とその解決策をめぐって」藤瀬浩司（編）『世界大不況と国際連盟』（名古屋大学出版会、一九九四年）。Clavin, *op. cit.*, pp. 41-45.

（308）大正一五年三月二二日幣原外相発杉村在パリ国際連盟帝国事務局次長宛第三八号及第三九号、戦前期外務省記録「財政経済仮委員会／国際経済会議準備委員会　第一巻」（2.4.2.9.3_001）、外務省外交史料館。Terada, *op. cit.*, pp. 184-185.

（309）大正一五年五月一八日杉村国際連盟帝国事務局次長発幣原外相宛連第二六〇号、戦前期外務省記録（2.4.2.9.3_001）。Terada, *op. cit.*, pp. 185-187.

（310）大正一五年八月一八日在シドニー徳川総領事発幣原外相宛第九四号、戦前期外務省記録（2.4.2.9.3_001）。

（311）大正一五年一一月一九日幣原外相発宇佐美国際連盟帝国事務局長宛第七七号、戦前期外務省記録「財政経済仮委員会／国際経済会議準備委員会　第三巻」（2.4.2.9.3_003）、外務省外交史料館。

（312）大正一五年一二月二日「国際経済会議準備委員会第二回会議経過報告　人口問題（佐藤書記官起草）」、戦前期外務省記録（2.4.2.9.3_003）。

(313) "Final report of the Trade Barriers Committee of the International Chamber of Commerce" (International Economic Conference Documentation, C.E.I.5.(1)) (Geneva: League of Nations, 1927). 国際商業会議所による外国人待遇条約案の作成においてリードルが果たした役割について、以下論文を参照。Madeleine Dungy, "International Commerce in the Wake of Empire: Central European Economic Integration between National and Imperial Sovereignty" In: Peter Becker and Natasha Wheatley (eds.) *Remaking Central Europe: The League of Nations and the Former Habsburg Lands* (Oxford: Oxford University Press, 2020). 同論文は、リードルが外国人待遇条約案の作成を主導した背景として、リードルが独墺合邦（アンシュルス）の支持者だったことを指摘している。

(314) 昭和二年五月七日佐藤国際連盟帝国事務局長発田中外相宛第九七号、『日外』昭Ｉ－２－２、文書１３７。League of Nations, *Report and Proceeding of the World Economic Conference Vol. 1* (Geneva, Dec. 1927) (C.356.M.129.1927.II), pp. 79–81, 戦前期外務省記録「国際連盟経済会議関係一件 第四巻」(B.9.7.0.12_004)、外務省外交史料館。

(315) League of Nations, *Report and Proceeding of the World Economic Conference Vol. 1*, p. 237. Terada, *op. cit.*, pp. 195–198.

(316) League of Nations, *Report and Proceeding of the World Economic Conference Vol. 2* (Geneva, Dec. 1927) (C.356.M.129.1927.II), p. 40, 戦前期外務省記録 (B.9.7.0.12_004)。

(317) "REPORT OF THE CONFERENCE (adopted on May 23rd, 1927)" In: League of Nations, *Report and Proceeding of The World Economic Conference Vol. 1*, pp. 35–6.

(318) 昭和二年五月二三日佐藤国際連盟帝国事務局長発田中外相宛第一二〇号、『日外』昭Ｉ－２－２、文書１４５。League of Nations, *Report and Proceeding of The World Economic Conference Vol. 1*, pp. 161–2.

(319) "PRELIMINARY DRAFT CONVENTION ON THE TREATMENT OF FOREIGNERS (submitted by M. Serruys and M. Riedl)" (E.363(1)), 戦前期外務省記録「国際連盟外国人ノ待遇ニ関スル国際会議関係一件　第一巻」(B.9.7.0.1_001)、外務省外交史料館。

(320) 国際連盟経済委員会の第二三回会議と第二四回会議には、国際連盟帝国事務局の伊藤述史が委員として出席し、外国人待遇条約案の逐条審議に加わっている。「第二十四回経済委員会に於ける外国人待遇に関する条約案審査要領（門脇官補起草）」(昭和三年三月)(昭和三年五月二一日佐藤国際連盟事務局長発田中外相宛普通連本公第三四八号別添)、戦前期外務省記録 (B.9.7.0.1_001)。

(321) *LNOJ* vol. 9, pp. 377–9.

(322) "Draft Convention on the Treatment of Foreigners (Geneva, April 17th, 1928) (C. 174. M. 53. 1928. II)", 戦前期外務省記録 (B.9.

7.0.1_001）。

(323) 昭和三年一〇月八日田中外相発佐藤国際連盟帝国事務局長宛第一三一号、戦前期外務省記録（B.9.7.0.1_001）。

(324) 日本商工会議所「外国人ノ待遇ニ関スル国際条約案ニ対スル意見」（昭和四年五月一六日藤田謙一日本商工会議所会頭発川久保商工省訟務局長宛日商発第四三号）、戦前期外務省記録「国際連盟外国人ノ待遇ニ関スル国際会議関係一件　第二巻」（B.9.7.0.1_002）。これに加え同意見書は、条約が中華民国との間で進められている条約改正交渉に悪影響を与えないよう配慮することを求めていた。

(325) 「外国人待遇ニ関スル国際会議ニ対スル方針案」（日付なし）、戦前期外務省記録（B.9.7.0.1_002）。ファイルには一〇月一一日付の第一版、同一五日付の第二版、日付なし（一〇月一五日以降か）の第三版が収録されている。ここでは第三版を参照した。

(326) 昭和四年一一月一日幣原外相発佐藤国際連盟帝国事務局長宛第一四八号、戦前期外務省記録（B.9.7.0.1_002）。

(327) 昭和四年一二月二日伊藤国際連盟帝国事務局長代理発幣原外相宛第一五八号、戦前期外務省記録「国際連盟外国人ノ待遇ニ関スル国際会議関係一件　第三巻」（B.9.7.0.1_003）。

(328) 昭和四年一二月五日伊藤国際連盟帝国事務局長代理発幣原外相宛第一六二号、戦前期外務省記録（B.9.7.0.1_003）。

【第四章　国際人道法の形成と日本外交】

(329) 赤十字創設から一九四九年のジュネーブ四条約に至るまでの国際人道法の形成過程については、以下に詳しい。井上忠男『戦争と国際人道法――その歴史と赤十字のあゆみ』（東信堂、二〇一五年）。本章においては、第二次世界大戦以前において戦時国際法と呼称されていたもののうち、一九四九年のジュネーブ四条約のように現在において国際人道法と呼ばれるものの前身となった諸条約についても、国際人道法と呼称することにする。

(330) 小菅信子「捕虜問題の基礎的検討――連合軍捕虜の死亡率と虐待の背景」『季刊戦争責任研究』第三号、一九九四年、一八―二五頁。もっとも、日本軍が捕獲した連合軍捕虜の死亡率については、史料によりばらつきがある。黒沢文貴『二つの「開国」と日本』（東京大学出版会、二〇一三年）、第七章、注2。

(331) 第二次世界大戦における日本軍による捕虜の酷使及び虐待の実情とその背景については、上記注の研究に加え、最も網羅的に研究した成果として、以下のものがある。内海愛子『日本軍の捕虜政策』（青木書店、二〇〇五年）。その他の先行研究については、以下論文を参照。立川京一「旧軍における捕虜の取扱い――太平洋戦争の状況を中心に」『防衛研究所紀要』第一〇巻第一号、二〇〇七年、九九―一四二頁。

(332) 内海、前掲書、七二―一〇九頁。もっとも、第一次世界大戦以前においても日清戦争における旅順虐殺に見られるように日本軍による捕虜への残虐行為はなかったわけではないということに留意する必要がある。小菅信子「太平洋戦争下日本軍による捕虜虐待の史的背景に関する一考察――日本における赤十字思想の展開と凋落」『上智史学』第三七号、一九九二年、七九―一〇〇頁。

(333) チェックランド、前掲書。飯森明子、前掲論文。増田由貴、前掲論文。Suzuki, *op. cit.*, Chapter 2. このうち飯森論文は第一五回国際赤十字会議と捕虜条約との関係にも言及しており、本章にとって特に重要な先行研究の一つである（本章との関係については更に後述）。

(334) 細谷雄一『戦後史の解放Ⅰ　歴史認識とは何か――日露戦争からアジア太平洋戦争まで』（新潮社、二〇一五年）、二一三―二一五頁。

(335) 日本政府が捕虜条約を批准しなかった経緯については内海愛子の研究に若干の言及があるが、簡単な記述にとどまっている。内海、前掲書、一三〇―一三二頁。また、小菅信子は第一次世界大戦後に捕虜への待遇に対する意識が変化した契機としてシベリア出兵の影響を挙げているが、捕虜条約加盟をめぐる過程については言及していない。小菅、前掲「捕虜問題の基礎的検討」、八九頁。

(336) 藤田、前掲「戦争法から人道法へ」。本章で用いられる戦前期外務省記録所収の資料は同論文でも用いられており、本章の内容は同論文と重なるところも大きい。しかし、藤田論文は日本側の外交文書のみに史料を依拠しているため、日本政府の対応の全容を把握するには至っておらず、史料の典拠に関する情報を十分に記述していない点も問題である。また、藤田論文は一九二九年に開かれた赤十字条約改正と捕虜条約起草のための外交会議のことを「万国赤十字会議」と呼称しているが、通例としてこの名称は赤十字国際会議（赤十字条約加盟国の政府代表に加え、赤十字国際委員会、赤十字社連盟、各国赤十字社の代表が参加するもの）を指すものであり、外交会議とは区別して用いるべき名称である。

(337) 戦間期におけるイギリスと国際赤十字運動との関係に言及している先行研究として、以下のものがある。James Crossland, *Britain and the International Committee of the Red Cross, 1939–1945* (Basingstoke: Palgrave Macmillan, 2014). 同書はイギリスと国際赤十字運動との関係をその始まりから幅広く論じているが、第二次世界大戦中の赤十字国際委員会の活動とイギリスとの関係を主題としているため、捕虜条約起草の過程とイギリスとの関わりについては限定的な言及にとどまっている。

(338) 国際赤十字運動及び日本赤十字社の創設の経緯については、井上忠男、前掲書の他、以下を参照。桝居孝・森正尚『世界と日本の

赤十字――世界最大の人道支援機関の活動　第二版』（東信堂、二〇一八年）、第一章～第五章。

(339) 大正一二年三月三一日条約局第二課調「第十一回万国赤十字会議開催ニ付参考」、戦前期外務省記録「万国赤十字社会議一件／赤十字社例会 第二巻」(2.9.9.4-1_002)、外務省外交史料館。

(340) 'Résolution et vœux de la Xme Conférénce internationale de la Croix-Rouge (30 mars – 7 avril 1921)'，戦前期外務省記録（2.9.9.4-1_002）。

(341)「「ジュネーヴ」条約調印国政府へ（千九百二十一年四月十五日）」、戦前期外務省記録（2.9.9.4-1_002）。

(342) 大正一〇年七月二九日内田外相発陸軍大臣及海軍大臣宛普合第一二八五号、戦前期外務省記録（2.9.9.4-1_002）。

(343) 'Aux États signataires de la Convention de Genève (26 juin 1922)'（大正一一年七月三日有吉駐スイス公使発内田外相宛公第五一号別添）、戦前期外務省記録（2.9.9.4-1_002）。

(344) 大正一一年一〇月三日内田外相発有吉駐スイス公使宛暗第二〇号、戦前期外務省記録（2.9.9.4-1_002）。

(345) ワシントン会議における戦時国際法に関する議論や戦時法規改正法律家委員会の設置の経緯については、高橋力也の研究が詳しく論じている。高橋力也、前掲書、第一章。

(346) 大正一一年一一月一四日グラエフ駐日オランダ公使発内田外相宛第一三三四号、戦前期外務省記録（2.9.9.4-1_002）。同資料には、第一〇回赤十字国際会議にオランダが公式の政府代表を参加させなかったことが記されている。オランダ政府が赤十字国際委員会を中心とする捕虜条約起草の議論に反対した背景には、かつて自らが開催国となったハーグ万国平和会議において捕虜の待遇を定めたハーグ陸戦条約（一九〇七年）が締結されたにも関わらず、自らが与り知らぬ場で捕虜の待遇に関する新たな条約案が議論されたことへの不満があったとも推量される。

(347) 大正一一年一二月四日内田外相発駐日オランダ代理公使宛機第九五号、戦前期外務省記録（2.9.9.4-1_002）。

(348)「歩兵中佐渋谷伊之彦及三等軍医中村競ニ与フル訓令案（大正一一年六月二〇日陸軍省）」、戦前期外務省記録（2.9.9.4-1_002）。

(349)「陸軍歩兵中佐園部和一郎ニ與フル訓令（大正一四年八月一〇日津野陸軍次官発出淵外務次官宛第三〇七〇号別添）」、陸軍省大日記「永存書類乙集第1類　大正十五年　第十二回萬国赤十字会議に帝国政府代表者派遣方招請の件」（陸軍省-大日記乙輯-S1-1-12）、防衛省防衛研究所。

(350)「陸軍砲兵中佐下村定及一等軍医松田彰ニ與フル訓令（昭和三年九月一日阿部信行陸軍次官発吉田茂外務次官宛陸普第四〇五一号

別添)」、戦前期外務省記録「赤十字国際会議関係一件　第一巻」(I.5.3.0.3_001)、外務省外交史料館。

(351) "Committee of Imperial Defence: Report of Sub-Committee to Consider the Report of Lord Justice Younger's Committee relating to Prisoner of War" (C.I.D. Paper 440–B), CAB 16/65, TNA.

(352) "Committee of Imperial Defence: Report of Sub-Committee on the proposed (a.) Revision of the Geneva Red Cross Convention, (b.) Preparation of an International Convention for the Treatment of Prisoners of War, (c.) Preparation of an International Convention dealing with Civil Populations who fall into the Hands of the Enemy" (C.I.D. Paper 648–B), CAB 16/64, TNA.

(353) "Committee of Imperial Defence: Report of Sub-Committee on the Amendments suggested by Various Countries to the Proposed (a.) Revision of the Geneva Red Cross Convention, (b.) Preparation of an International Convention for the Treatment of Prisoners of War" (C.I.D. Paper 946–B), CAB 16/64, TNA.

(354) C.I.D. Paper 440–B, C.I.D. Paper 648–B, C.I.D. Paper 946–B.

(355) C.I.D. Paper 946–B, Appendix A & B. もっとも、ハースト分科会の作業の土台となった赤十字国際委員会からの通知において逐条修正案を提出していなかった国は大国の中でもいくつか存在した。例えば、中国、イタリア、オランダは、改正赤十字条約案と捕虜条約案のいずれについても逐条修正案を提出していなかった。また、アメリカは改正赤十字条約案については逐条修正案を提出していたが、捕虜条約案については逐条修正案を提出していなかった。

(356) 大正一四年二月二三日駐日スイス代理公使発幣原外相宛普受第一二号、戦前期外務省記録「万国赤十字会議関係一件／赤十字条約改正並俘虜法典編纂ニ関スル寿府会議（一九二九年）関係　第一巻」(B.10.11.0.7.1_001)、外務省外交史料館。

(357) 大正一四年七月一〇日津野陸軍次官発出淵外務次官宛陸普第二六七九号、戦前期外務省記録(B.10.11.0.7.1_001)。

(358) 昭和三年一一月二二日駐日スイス公使発田中外相宛第XIII22号、戦前期外務省記録(B.10.11.0.7.1_001)。

(359) 昭和四年一月一八日山梨海軍次官発吉田外務次官宛官房機密第七二号、戦前期外務省記録(B.10.11.0.7.1_001)。

(360) 昭和四年三月二日阿部陸軍次官発吉田外務次官宛陸普第八五三号、戦前期外務省記録(B.10.11.0.7.1_001)。

(361) 昭和四年三月一八日田中外相発吉田駐日スイス公使宛条二第七号、『日外』昭I―二―二、文書４６４。

(362) 昭和四年六月二七日田中外相発吉田駐スイス公使宛電第九号、『日外』昭I―二―二、文書４６５。

(363) 下村定「赤十字及俘虜条約会議に関する報告　第一号（昭和四年七月五日）」、陸軍省大日記「陸軍省雑文書　陸軍省雑　大正　自

大正14年乃 至昭和9年 国際会議関係書類 俘虜に関する法典制定を目的とする会議の件 戦地軍隊に於ける傷病者の状態改善に関する件」（陸軍省-雑-T14-1-38）、防衛省防衛研究所。

(364) 昭和四年六月二九日田中外相発吉田駐スイス公使宛第一二号、『日外』昭I—二—二、文書４６６。この訓令を送るに当たっては外務、陸軍、海軍の担当者に日本赤十字社の担当者を加えた協議会が開かれており、蜷川新（法学博士、日本赤十字社常議員）の手による改正赤十字条約案と捕虜条約案に対する意見書が提出されていた。「日本赤十字社トシテ赤十字条約改正案ニ対スル意見（昭和四年六月一七日）」、「赤十字条約改正案ニ付テ（昭和四年六月二五日）」、「俘虜ノ取扱ニ関スル条約案ニ付テ」、戦前期外務省記録（B.10.11.0.7.1_001）。

(365) "CONFÉRENCE DIPLOMATIQUE DEUXIÈME COMMISSION（Code des prisonniers de guerre）PREMIÈRE SÉANCE（2 juillet 1929）", 陸軍省大日記（陸軍省-雑-T14-1-38）、防衛省防衛研究所。

(366) Ibid.

(367) "Report by the United Kingdom Delegate to the Red Cross Conference, July 1929, covering a Convention for the Treatment of Prisoners of War"（C.I.D. Paper 980-B）（hereafter, "Report by the United Kingdom Delegate（C.I.D. 980-B）"）, CAB 16/64, TNA, p. 4.

(368) 昭和四年七月七日在ジュネーヴ会議委員発幣原外相宛電第三号、『日外』昭I—二—二、文書４６８。

(369) 昭和四年七月一五日幣原外相発在ジュネーヴ会議委員宛電第四号、『日外』昭I—二—二、文書４７５。

(370) 「赤十字条約及俘虜条約会議報告書」（昭和四年八月五日吉田伊三郎駐瑞西公使発幣原外相宛機第二〇九号別添）、戦前期外務省記録「万国赤十字会議関係一件／赤十字条約改正並俘虜法典編纂ニ関スル寿府会議（一九二九年）関係 第三巻」（B.10.11.0.7.1_003）、外務省外交史料館。"Report by the United Kingdom Delegate（C.I.D. 980-B）", p. 4.

(371) 昭和四年七月一五日幣原外相発在ジュネーヴ会議委員宛第三号、『日外』昭I—二—二、文書４７４。俘虜取扱規則については、以下を参照。「俘虜取扱規則（明治三十七年陸軍達第二十二号）」、陸軍省大日記「明治37年 陸達綴」（陸軍省-陸軍省達書-M37-2-2）、防衛省防衛研究所。

(372) "Report by the United Kingdom Delegate（C.I.D. 980-B）", p. 6.

(373) 昭和四年七月九日在ジュネーヴ会議委員発幣原外相宛電第四号、『日外』昭I—二—二、文書４６９。

(374) 昭和四年七月一二日在ジュネーヴ会議委員発幣原外相宛電第五号、『日外』昭I—二—二、文書４７０。

(375) "Report by the United Kingdom Delegate (C.I.D. 980-B)", p. 8.

(376) 昭和四年七月一七日在ジュネーヴ会議委員発幣原外相宛電第九号、『日外』昭Ｉ—二—二、文書４７７。

(377) "Report by the United Kingdom Delegate (C.I.D. 980-B)", pp. 8-10.

(378) 昭和四年七月二六日在ジュネーヴ会議委員発幣原外相宛電第一四号、『日外』昭Ｉ—二—二、文書４７８。

(379) 昭和四年七月二七日在ジュネーヴ会議委員発幣原外相宛電第一五号、『日外』昭Ｉ—二—二、文書４７９。

(380) 前掲、「赤十字条約及俘虜条約会議報告書」、戦前期外務省記録（B.10.11.0.7.1_003）。

(381) 昭和四年一二月二〇日松平駐英大使発幣原外相宛電第四九三号、『日外』昭Ｉ—二—二、文書４８０。

(382) 昭和四年一二月二八日幣原外相発吉田駐スイス公使宛電第二三三号、『日外』昭Ｉ—二—二、文書４８１。

(383) 昭和五年一月八日幣原外相発吉田駐スイス公使宛電第一号、『日外』昭Ｉ—二—二、文書４８２。

(384) 昭和五年一月一一日吉田駐スイス公使発幣原外相宛機密第九号、『日外』昭Ｉ—二—二、文書４８３。

(385) 「赤十字条約、俘虜条約調印の為の外務、陸軍、海軍省協議会」『日外』昭Ｉ—二—二、文書４８１付記。

(386) 一九二六年の国際衛生会議を経て改正された国際衛生条約のこと。日本は一九三五年に同条約を批准した。同条約と東アジアとの関わりについては、福士由紀の先行研究がある。福士由紀「１９２０年代東アジアにおける国際衛生事業と上海——「国際衛生条約（１９１２年）」改正をめぐる動きへの反応を中心に」『社会経済史学』第七五巻第三号、二〇〇九年、二六九—二八九頁。

(387) 一九三〇年にハーグ賠償委員会で採択された、第一次世界大戦におけるオーストリア、ハンガリー、ブルガリアとの賠償に関する計画。

(388) 条約局第二課「覚」（昭和六年九月九日）、戦前期外務省記録「万国赤十字会議関係一件　赤十字条約改正並俘虜法典編纂ニ関スル寿府会議（一九二九年）関係　条約批准及加入関係　第一巻」（B.10.11.0.7.1-2_001）、外務省外交史料館。

(389) 第一五回赤十字国際会議の東京開催にむけた招致活動については、飯森、前掲論文を参照。

(390) 昭和九年八月九日重光外務次官発橋本陸軍次官及長谷川海軍次官宛条一機密合第三〇九一号、『日外』昭Ｉ—二—二、文書４８４付記一。

(391) 昭和九年九月六日橋本陸軍次官発重光外務次官宛陸密第五二一号、『日外』昭Ｉ—二—二、文書４８４付記二。

(392) 「赤十字国際会議ニ関スル打合」（昭和九年九月一四日）、海軍省公文備考「昭和９年　Ｄ　外事　巻４　条２機密合第３８２８号

8・11・11　第十五回赤十字国際会議に外国政府側代表委員派遣方勧誘に関する件」（海軍省-公文備考-S9-48-4689）、防衛省防衛研究所。

(393)「第十五回赤十字国際会議仮議事日程」、海軍省公文備考「第十五回赤十字国際会議に外国政府側代表委員派遣方勧誘に関する件」（海軍省-公文備考-S9-48-4689）。

(394)「於外務省　打合会（第二回）」（昭和九年一〇月九日）、海軍省公文備考「第十五回赤十字国際会議に外国政府側代表委員派遣方勧誘に関する件」（海軍省-公文備考-S9-48-4689）。

(395) 前掲「於外務省　打合会（第二回）」（昭和九年一〇月九日）。飯森の前掲論文も同資料に言及しているが、同論文は敵地における非軍人の保護に関する条約案に関する議論の記述を捕虜条約に関する議論の記述と誤認していると思われる。なお、敵地における非軍人の保護に関する条約案は第一五回赤十字国際会議で唐突に提案されたわけではない。同様の条約案は一九二三年の第一一回会議と一九二五年の第一二回会議において既に提案され、第一一回会議で条約起草のための外交会議の開催を求める決議8が採択されるとともに、第一二回会議では敵地における非軍人の保護に関する一般原則を提示し、それに対する各加盟国政府の審査を求める決議が採択されていた。日本赤十字社（編）『日本赤十字社社史稿　第五巻』（日本赤十字社、一九六九年）、五八—五九、六一—六二、六八—六九、七三—七四頁。

(396)「第十五回赤十字国際会議議事概要」海軍省公文備考「昭和9年　D　外事　巻4　第4017号9・9・12　赤十字国際会議に於ける帝国政府会代表委員中海軍側委員に関する件」（海軍省-公文備考-S9-48-4689）、防衛省防衛研究所。Suzuki, *op. cit.* pp. 63-6.

(397)「戦地軍隊ニ於ケル傷者及病者ノ状態改善ニ関スル千九百二十九年七月二十七日ノ「ジュネーヴ」条約御批准ノ件」（昭和九年一〇月二四日結城事務官記）、『日外』昭I—二—二、文書484付記七。

(398) 昭和九年一一月一五日長谷川海軍次官発重光外務次官宛官房機密第一九八四号ノ三、『日外』昭I—二—二、文書484付記三。

(399) 昭和一一年四月一五日駐日スイス公使発有田外相宛第Ⅳ3号（昭和一一年七月三一日堀内外務次官発湯沢内務次官、梅津陸軍次官、長谷川海軍次官宛条二普通合第二九三二号別添）、戦前期外務省記録「赤十字国際会議関係一件　第六巻」（I.5.3.0.3_006）、外務省外交史料館。

(400) 昭和一一年九月二日梅津陸軍次官発堀内外務次官宛陸普第五三七一号、戦前期外務省記録（I.5.3.0.3_006）。

(401) 昭和一一年九月一〇日長谷川海軍次官発外務次官宛官房第四二八号の二、戦前期外務省記録（I.5.3.0.3_006）。

(402)「昭和十三年六月倫敦に於て開催せらるべき第十六回国際赤十字会議に参列すべき本邦委員に対する訓令」（昭和一三年五月二五日広田外相発吉田駐英大使宛条二機第八六号別添）、戦前期外務省記録（I.5.3.0.3_006）。この訓令を準備するに当たっては、外務省、陸軍省、海軍省、日本赤十字社の担当者による協議が行われたようである。昭和一三年五月一八日堀内外務次官発日本赤十字社社長、陸軍次官、海軍次官宛条二普通合第一三七九号、戦前期外務省記録（I.5.3.0.3_006）。

(403) 作成者不明（陸軍用箋）「日本赤十字社ノ支那民衆ニ対スル救恤ニ就テ」日本赤十字社史料（日本赤十字豊田看護大学図書館蔵）「第十六回赤十字国際会議　自昭和十三年　至同十四年　共二ノ二」（ＭＦ番号92―１４１）、三七〇コマ目。陸軍省医務局衛生課「今次事変ニ於ケル支那軍ノ謀略ニ就テ」日本赤十字社史料（ＭＦ番号92―１４１）、三七五―六コマ目。当史料の閲覧に当たり、日本赤十字豊田看護大学図書館課の池上健二氏のご尽力を得た。この場にて謝意を表したい。

(404) 秦郁彦『日本人捕虜――白村江からシベリア抑留まで　上』（原書房、一九九八年）、第二章。

(405) 立川、前掲論文。

【終　章　日本の多国間外交の可能性と限界】

(406) もっとも、アメリカは国際司法裁判所規程の選択条項を受諾していないように、あらゆる国際機構に対して支持を表明しているわけではないという点には、注意が必要である。

(407) 第二次世界大戦後の国際連合における人権保護のための取り組みに対する日本外交の対応について概説した先行研究として、以下のものがある。初川満「戦後日本外交と人権」国際法学会（編）『日本と国際法の１００年　４　人権』（三省堂、二〇〇一年）、三六―六七頁。また、第二次世界大戦後の日本国内における外国人の人権問題について、以下を参照。申惠丰「外国人の人権」、前掲『日本と国際法の１００年　４　人権』、一五四―一八〇頁。

(408)「外務省組織規程（外務省令第二十七号）」、『官報』号外第一〇二号（昭和二七年一二月一日）。

(409) 篠原初枝「国際連盟の遺産と戦後日本」『アジア太平洋討究』第二〇号、八九―九六頁。

(410) 矢嶋、前掲論文。樋口、前掲書、二三一―二四七頁。西村熊雄は国際連盟帝国事務局や国際会議帝国事務局に勤務したことはないが、在仏大使館勤務の後に条約局課長を経て条約局長に就任したという経歴を踏まえれば、「連盟派」に近いキャリアパスを歩んだ人物と考えることもできる。神山晃令「西村熊雄」外務省外交史料館日本外交史辞典編纂委員会（編）『新版　日本外交史辞典』（山川出版社、一九九二年）、六七八頁。

(411)　例えば、国際連盟事務局員として新渡戸稲造と杉村陽太郎という二人の事務次長の秘書官を務めた原田健は、戦中期の駐バチカン公使を経て敗戦・講和後には駐伊大使を務め、後に宮内庁式部長官となった。また、一九二四年から一九二九年まで原田とともに国際連盟事務局員として勤務した古垣鉄郎は、朝日新聞記者を経て敗戦後に日本放送協会会長、駐仏大使を務めた他、佐藤尚武の跡を継いで日本ユニセフ協会の会長を務めるなど、国際連合を支える活動に長らく携わることになった。また、一九二三年から一九三五年まで国際労働機関事務局に勤務した鮎沢巌は、敗戦後に中央労働委員会事務局長を務めた他、先述の一九四九年のジュネーブ四条約起草のための外交会議に、日本政府代表の代わりに出席した占領当局代表の随員という形で出席していた。これら国際連盟期の日本人国際公務員の活動を扱った論文として、以下の論文がある。番定賢治「国際連盟事務局における日本人事務局員――国際機構の「グローバル化」への模索」『国際政治』第一九八号、一一一―一二六頁、二〇二〇年。

参考史料・文献

未刊行史料

国立公文書館
御署名原本
外務省外交史料館
戦前期外務省記録
「人種差別撤廃」（2.4.2.2）
「財政経済仮委員会／経済部会議」（2.4.2.9.2）
「財政経済仮委員会／国際経済会議準備委員会」（2.4.2.9.3）
「国際連盟総会／第三回総会」（2.4.2.20-3）
「帝国諸外国間仲裁裁判条約締結雑件」（2.8.1.14）
「日、瑞西間司法的解決条約締結一件（仲裁裁判条約）」（2.8.1.30）
「国際移民会議一件」（2.9.3.27）
「万国赤十字社会議一件／赤十字社例会」（2.9.9.4-1）
「帝国外務省官制雑件」（6.1.2.13）
「外務省参事官会議一件／議事要録」（6.1.2.75-1）
「日、蘭間仲裁裁判条約関係一件」（B.5.0.0.J/N1）
「日、米間仲裁裁判条約関係一件」（B.5.0.0.J/U1）

「国際連盟総会関係一件　第九回総会関係」（B.9.1.0.2.9）
「常設国際司法裁判所関係一件　米国加入問題　規則改定並米国加盟ニ関スル議定書関係」（B.9.1.0.3-1-1）
「常設国際司法裁判所関係一件　裁判所規程署名議定書関係　裁判所規程選択条項関係」（B.9.1.0.3.4）
「帝国政府ノ国際連盟脱退関係一件／国際連盟諸機関トノ協力終止関係」（B.9.1.0.8-2）
「国際連盟仲裁条約締結普及方関係一件」（B.9.3.0.3）
「国際連盟安全保障問題一件」（B.9.4.0.6）
「国際連盟外国人ノ待遇ニ関スル国際会議関係一件」（B.9.7.0.1）
「国際紛争平和的処理条約関係一件」（B.10.3.0.3）
「万国赤十字会議関係一件　赤十字条約改正並俘虜法典編纂ニ関スル寿府会議（一九二九年）関係」（B.10.11.0.7.1）
「万国赤十字会議関係一件　赤十字条約改正並俘虜法典編纂ニ関スル寿府会議（一九二九年）関係条約批准及加入関係」
（B.10.11.0.7.1-2）
「赤十字国際会議関係一件」（I.5.3.0.3）
「外務省官制及内規関係雑件（制度改正ニ関スル参考書報）」（M.1.2.0.2）
外務省茗荷谷研修所旧蔵記録
「常設国際司法裁判所関係一件　第二巻」（B173）
東京大学社会科学研究所
山川端夫関係文書
日本赤十字豊田看護大学図書館
日本赤十字社史料
「第十六回赤十字国際会議　自昭和十三年　至同十四年　共二ノ二」（ＭＦ番号92―１４１）
防衛省防衛研究所
陸軍省大日記

「永存書類乙集第1類　大正十五年　第十二回萬国赤十字会議に帝国政府代表者派遣方招請の件」（陸軍省-大日記乙輯-S1-1-12）

「明治三七年　陸達綴」（陸軍省-陸軍省達書-M37-2-2）

陸軍省雑文書

「陸軍省雑文書　陸軍省雑　大正　自大正十四年乃　至昭和九年　国際会議関係書類　俘虜に関する法典制定を目的とする会議の件　戦地軍隊に於ける傷病者の状態改善に関する件」（陸軍省-雑-T14-1-38）

海軍省公文備考

「昭和九年　D　外事　巻4　条2機密合第3828号　8・11・11　第十五回赤十字国際会議に外国政府側代表委員派遣方勧誘に関する件」（海軍省-公文備考-S9-48-4689）

「昭和九年　D　外事　巻4　第4017号9・9・12　赤十字国際会議に於ける帝国政府会代表委員中海軍側委員に関する件」（海軍省-公文備考-S9-48-4689）

The National Archives（Kew, London, United Kingdom）

CAB 16/64

CAB 16/65

FO 371/9929

FO 371/10572

League of Nations Archives（Geneva, Switzerland）

League of Nations Official Documents

File 765317

公刊史料

『外国条約集』

第一輯第二巻

『官報』
『職員録』
『日本外交文書』
第四十一巻第二冊
大正九年第三冊上巻
大正十年第三冊上巻
大正十年第三冊下巻
大正十一年第三冊
大正十二年第三冊
大正十三年第二冊
大正十四年第一冊
昭和期Ⅰ第2部第1巻
昭和期Ⅰ第2部第2巻
昭和期Ⅱ第2部第2巻
昭和期Ⅱ第2部第4巻
日中戦争第三巻
外務省（編）『日本外交年表並主要文書 上巻』（原書房、一九六五年）
外務省（編）『日本外交年表並主要文書 下巻』（原書房、一九六六年）
ポール・クローデル（奈良道子訳）『孤独な帝国 日本の一九二〇年代——ポール・クローデル外交書簡 一九二一—二七』（草思社、二〇一八年）
日本赤十字社（編）『日本赤十字社社史稿 第五巻』（日本赤十字社、一九六九年）
British Documents on Foreign Affairs

Part 2, Series J, Volume 3
Part 2, Series J, Volume 9
League of Nations Official Journal
vol. 4
vol. 6
vol. 9
League of Nations Official Journal special supplement
vol. 23
vol. 24
Papers Relating to the Foreign Relations of the United States
1923 vol. 1
1926 vol. 1
Dizionario Biografico degli Italiani

新　聞

『時事新報』
『東京朝日新聞』

雑誌（同時代史料）

神川彦松「不戦条約の価値批判」『外交時報』第五七二号、昭和三年一〇月一日
神川彦松「米仏仲裁々判条約と我國の対策」『外交時報』第五六〇号、昭和三年四月一日
神川彦松「国際司法裁判所任意条項を受諾せよ」『外交時報』第五九六号、一九二九年一〇月一日

清沢洌「日米不戦条約に対する一提案」『外交時報』第五五七号、昭和三年二月一五日
杉村陽太郎「寿府平和議定書と「ロカルノ」協定」『国際法外交雑誌』第二五巻九号、大正一五年一一月一日
立作太郎「国際連盟の目的」『国際法外交雑誌』第二一巻十号、大正一一年一二月一五日
立作太郎「ロカルノ条約と国際連盟」『外交時報』第五〇六号、大正一五年一月一日
森島守人「米国と常設司法裁判所加入問題」『外交時報』第五〇一号—第五〇五号、大正一四年一〇月一五日〜一二月一五日。
横田喜三郎「常設国際司法裁判所合衆国参加論の歴史的背景」『外交時報』第四六五—第四六六号、大正一三年四月一五日〜五月一日
横田喜三郎「国際強制裁判の展望」『国際知識』昭和四年一一月号
「国際連盟の内国際仲裁裁判条約に関する重要なる瑞西国政府の定義」『国際法外交雑誌』第一九巻一号、一九二〇年
「常設国際司法裁判所規程第三十六条受諾に附したる各国の留保」『国際法外交雑誌』第二九巻八号、昭和五年一〇月一日

図　書

「二〇世紀と日本」研究会（編）『もうひとつの戦後史——第一次世界大戦後の日本・アジア・太平洋』（千倉書房、二〇一九年）
麻田貞雄『両大戦間の日米関係』（東京大学出版会、一九九三年）
伊香俊哉『近代日本と戦争違法化体制——第一次世界大戦から日中戦争へ』（吉川弘文館、二〇〇二年）
石井菊次郎『外交余録』（岩波書店、一九三〇年）
井上忠男『戦争と国際人道法——その歴史と赤十字のあゆみ』（東信堂、二〇一五年）
井上寿一『危機のなかの協調外交——日中戦争に至る対外政策の形成と展開』（山川出版社、一九九四年）
入江昭『極東新秩序の模索』（原書房、一九六八年）
植田隆子『地域的安全保障の史的研究——国際連盟時代における地域的安全保障制度の発達』（山川出版社、一九八九年）
内海愛子『日本軍の捕虜政策』（青木書店、二〇〇五年）
海野芳郎『国際連盟と日本』（原書房、一九七二年）

大芝亮（編）『日本の外交　第5巻　対外政策　課題編』（岩波書店、二〇一三年）
大沼保昭（編）『国際法、国際連合と日本』（弘文堂、一九八七年）
小田滋『国際司法裁判所』（日本評論社、一九八七年）
帯谷俊輔『国際連盟——国際機構の普遍性と地域性』（東京大学出版会、二〇一九年）
外務省（編）『外務省の百年』（原書房、一九六九年）
外務省外交史料館日本外交史辞典編纂委員会（編）『新版　日本外交史辞典』（山川出版社、一九九二年）
籠谷直人『アジア国際通商秩序と近代日本』（名古屋大学出版会、二〇〇〇年）
鹿島平和研究所（編）『日本外交史14　国際連盟における日本』（鹿島研究所出版会、一九七二年）
北岡伸一『国連の政治力学——日本はどこにいるのか』（中央公論新社、二〇〇七年）
北岡伸一『門戸開放政策と日本』（東京大学出版会、二〇一五年）
桐山孝信、杉島正秋、船尾章子（編）『転換期国際法の構造と機能——石本泰雄先生古稀記念論文集』（国際書院、二〇〇〇年）
黒沢文貴『二つの「開国」と日本』（東京大学出版会、二〇一三年）
高坂正堯『古典外交の成熟と崩壊』（中央公論社、一九七八年）
小風秀雅、季武嘉也（編）『グローバル化のなかの近代日本——基軸と展開』有志舎、二〇一五年
国際法学会（編）『国際関係法辞典　第2版』（三省堂、二〇〇五年）
国際法学会（編）『日本と国際法の100年　4　人権』（三省堂、二〇〇一年）
国際法学会（編）『日本と国際法の100年　9　紛争の解決』（三省堂、二〇〇一年）
国際法学会（編）『日本と国際法の100年　10　安全保障』（三省堂、二〇〇一年）
後藤春美『上海をめぐる日英関係　1925—1932年——日英同盟後の協調と対抗』（東京大学出版会、二〇〇六年）
後藤春美『国際主義との格闘——日本、国際連盟、イギリス帝国』（中央公論新社、二〇一六年）
酒井一臣『近代日本外交とアジア太平洋秩序』（昭和堂、二〇〇九年）
酒井哲哉『大正デモクラシー体制の崩壊——内政と外交』（東京大学出版会、一九九二年）

佐藤尚武『回顧八十年』（時事通信社、一九六三年）
幣原喜重郎『外交五十年』（中央公論新社、改版二〇〇七年）
篠原初枝『国際連盟――世界平和への夢と挫折』（中央公論新社、二〇一〇年）
関野昭一『国際司法制度形成史論序説――我が国の外交文書から見たハーグ国際司法裁判所の創設と日本の投影』（国際書院、二〇〇〇年）
クリストファー・ソーン（市川洋一訳）『満州事変とは何だったのか――国際連盟と外交政策の限界』（上下巻）（草思社、一九九四年）
高橋力也『国際法を編む――国際連盟の法典化事業と日本』（名古屋大学出版会、二〇二三年）
高光佳絵『アメリカと戦間期の東アジア――アジア・太平洋国際秩序形成と「グローバリゼーション」』（青弓社、二〇〇八年）
種稲秀司『近代日本外交と「死活的利益」――第二次幣原外交と太平洋戦争への序曲』（芙蓉書房出版、二〇一四年）
オリーヴ・チェックランド『天皇と赤十字――日本の人道主義１００年』（法政大学出版局、二〇〇二年）
千葉功『旧外交の形成――日本外交一九〇〇～一九一九』（勁草書房、二〇〇八年）
寺崎英成、マリコ・テラサキ・ミラー（編著）『昭和天皇独白録　寺崎英成・御用掛日記』（文藝春秋、一九九一年）
等松春夫『日本帝国と委任統治――南洋群島をめぐる国際政治　１９１４―１９４７』（名古屋大学出版会、二〇一一年）
戸部良一『外務省革新派――世界新秩序の幻影』（中央公論新社、二〇一〇年）
中谷直司『強いアメリカと弱いアメリカの狭間で――第一次世界大戦後の東アジア秩序をめぐる日米英関係』（千倉書房、二〇一六年）
西平等『法と力――戦間期国際秩序思想の系譜』（名古屋大学出版会、二〇一八年）
秦郁彦『日本人捕虜――白村江からシベリア抑留まで　上』（原書房、一九九八年）
服部龍二『東アジア国際環境の変動と日本外交　１９１８―１９３１』（有斐閣、二〇〇一年）
春名展生『人口・資源・領土――近代日本の外交思想と国際政治学』（千倉書房、二〇一五年）
潘亮『日本の国連外交――戦前から現代まで』（名古屋大学出版会、二〇二四年）

樋口真魚『国際連盟と日本外交――集団安全保障の「再発見」』（東京大学出版会、二〇二一年）
藤瀬浩司（編）『世界大不況と国際連盟』（名古屋大学出版会、一九九四年）
細谷千博『両大戦間の日本外交――１９１４―１９４５』（岩波書店、一九八八年）
細谷雄一『戦後史の解放Ⅰ　歴史認識とは何か――日露戦争からアジア太平洋戦争まで』（新潮選書、二〇一五年）
牧野雅彦『ロカルノ条約――シュトレーゼマンとヨーロッパの再建』（中央公論新社、二〇一二年）
牧野雅彦『不戦条約――戦後日本の原点』（東京大学出版会、二〇二〇年）
桝居孝・森正尚『世界と日本の赤十字――世界最大の人道支援機関の活動　第二版』（東信堂、二〇一八年）
マーク・マゾワー『国際協調の先駆者たち――理想と現実の二〇〇年』（ＮＴＴ出版、二〇一五年）
三谷太一郎『ウォール・ストリートと極東――政治における国際金融資本』（東京大学出版会、二〇〇九年）
蓑原俊洋『排日移民法と日米関係――「埴原書簡」の真相とその「重大なる結果」』（岩波書店、二〇〇二年）
矢嶋光『芦田均と日本外交――連盟外交から日米同盟へ』（吉川弘文館、二〇一九年）
安田佳代『国際政治のなかの国際保健事業――国際連盟保健機関から世界保健機関、ユニセフへ』（ミネルヴァ書房、二〇一四年）
矢内原忠雄『矢内原忠雄全集　第一巻』（岩波書店、一九六三年）
柳原正治、篠原初枝（編）『安達峰一郎――日本の外交官から世界の裁判官へ』（東京大学出版会、二〇一七年）
柳原正治（編）『世界万国の平和を期して――安達峰一郎著作選』（東京大学出版会、二〇一九年）
柳原正治『帝国日本と不戦条約――外交官が見た国際法の限界と希望』（ＮＨＫ出版、二〇二二年）
山崎正和『大停滞の時代を超えて』（中央公論新社、二〇一三年）
湯川勇人『外務省と日本外交の１９３０年代――東アジア新秩序構想の模索と挫折』（千倉書房、二〇二二年）
横田喜三郎『国際法論集Ｉ』（有斐閣、一九七六年）
吉見義明『毒ガス戦と日本軍』（岩波書店、二〇〇四年）
デーヴィッド・ロング／ピーター・ウィルソン（編著）、宮本盛太郎／関静雄監訳『危機の二〇年と思想家たち――戦間期理想主義の再評価』（ミネルヴァ書房、二〇〇二年）

渡邉公太『石井菊次郎——戦争の時代を駆け抜けた外交官の生涯』（吉田書店、二〇二三年）

Abbenhuis, Maartje, *The Hague Conferences and International Politics, 1898-1915* (London: Bloomsbury Academic, 2018)

Abbenhuis, Maartje, Christopher Ernest Barber, Annalise R. Higgins (eds.), *War, Peace and International Order?: The Legacies of the Hague Conferences of 1899 and 1907* (London: Routledge, 2017)

Becker, Peter and Natasha Wheatley (eds.) *Remaking Central Europe: The League of Nations and the Former Habsburg Lands* (Oxford: Oxford University Press, 2020)

Burkman, Thomas W., *Japan and the League of Nations: Empire and World Order, 1914-1938* (Honolulu: University of Hawaii Press, 2008)

Cassels, Alan, *Italian Foreign Policy 1918-1945: A Guide to Research and Research Materials* (Wilmington, Del; Scholarly Resources, Inc., 1981)

Clavin, Patricia, *Securing the World Economy: The Reinvention of the League of Nations, 1920-1946* (Oxford: Oxford University Press, 2013)

Crossland, James, *Britain and the International Committee of the Red Cross, 1939-1945* (Basingstoke: Palgrave Macmillan, 2014)

Hirobe, Izumi *Japanese Pride, American Prejudice: Modifying the Exclusion Clause of the 1924 Immigration Act* (Stanford, Calif.; Stanford University Press, 2001)

Kaiga, Sakiko, *Britain and the Intellectual Origins of The League of Nations, 1914-1919* (Cambridge: Cambridge University Press, 2021)

Lorna Lloyd, *Peace through Law: Britain and the International Court in the 1920s* (Woodbridge, Suffolk: Boydell Press for the Royal Historical Society, 1997)

Mackie, Colin (ed.), *A Directory of British Diplomats* (Foreign & Commonwealth Office, 2014)

McCorquodale, Robert & Jean-Pierre Gauti (eds.) *British Influence on International Law, 1915-2015* (Brill Nijhoff, 2016)

Nakano, Ryoko, *Beyond the Western liberal order: Yanaihara Tadao and Empire as Society* (New York: Palgrave Macmillan, 2013)
Nish, Ian, *Japan's Struggle with Internationalism: Japan, China, and the League of Nations, 1931-3* (London: K. Paul International, 1993)
Pedersen, Susan, *the Guardians: The League of Nations and the Crisis of Empire* (Oxford: Oxford University Press, 2015)
Shimazu, Naoko, *Japan, Race, and Equality: The Racial Equality Proposal of 1919* (London: Routledge, 1998)
Suzuki, Michiko, *Humanitarian Internationalism Under Empire: The Global Evolution of the Japanese Red Cross Movement, 1877-1945* (New York: Columbia University Press, 2024).
Terada, Kuniyuki, *Actors of International Cooperation in Prewar Japan: The Discourse on International Migration and the League of Nations Association of Japan* (Baden-Baden: Nomos, 2018)
Tilley, Sir John and Stephen Gaselee, *The Foreign Office* (London, New York; Putnam's Son, 1933)
Tollardo, Elisabetta, *Fascist Italy and the League of Nations, 1922-1935* (London: Palgrave Macmillan, 2016)
Walters, Francis P., *A History of the League of Nations* (London: Oxford University Press, 1952)

Centre national de la recherche scientifique (ed.), *Les Affaires étrangères et le corps diplomatique français tome 2. 1870-1980* (Paris: Centre national de la recherche scientifique, 1984)
Pellegrini, Vincenzo (ed.), *Il Ministero degli affari esteri* (*Organizzazione e funzionamento della pubblica amministrazione, 20; L'Amministrazione centrale dall'Unità alla Repubblica: le strutture e i dirigenti* (*a cura di Guido Melis*), *1*) (Bologna: Il Mulino, 1992)

雑誌論文

明石欽司「立作太郎の国際法理論とその現実的意義――日本における国際法受容の一断面」『法学研究』第八五巻第二号、二〇一二年、一―三四頁飯野正子「日英通商航海条約とカナダの日本人移民問題――日本・カナダ関係の史的展開」『国際政治』第七九号、一九八五年、一―一八頁
飯森明子「赤十字国際会議と東京招致問題」『常磐国際紀要』第六号、二〇〇二年、五一―七一頁
大窪有太「日本陸軍と対国際連盟政策――ジュネーブ一般軍縮会議・満州事変への対応を中心に」『史学雑誌』第一三〇巻一〇号、二〇二一年、一―三三頁
太田聡一郎「戦時国際法と「警察」概念――戦間期日本における催涙性ガス使用の事例から」『史学雑誌』第一二九巻一一号、三七―六〇頁
小野坂元「戦間期上海租界労働問題におけるＹＷＣＡとＩＬＯの活動――自己変革の思索とその実践」『国際政治』第一九五号、二〇一九年、一二三―一三六頁
小野坂元「日中戦争、第二次世界大戦中の国際労働機関、国際労働組合、キリスト教社会主義運動――連合国の戦争目的としての「生活水準の向上」を支えた国際的な連帯」『国際関係論研究』第三六号、二〇二二年、一―二四頁。
神山晃令「日本の国際連盟脱退と常設国際司法裁判所との関係について」『外交史料館報』第六号、一九九三年、一六―四〇頁
神山晃令「昭和一三年一〇月一二日付澤田廉三宛長岡春一書簡――常設国際司法裁判所との協力終止に関して」『外交史料館報』第二八号、二〇一六年、八一―八八頁
北岡伸一「古くかつ新しい原則」『外交フォーラム』一九九三年一〇月号、二二―三〇頁
熊本史雄「外務省外交史料館所蔵・外務省参事官会議関係史料――会議の設置・運用・廃止の局面を中心に」『駒沢史学』第七一号、二〇〇八年、七〇―八九頁
熊本史雄「戦間期日本外務省における対中外交の組織的対応――亜細亜局設置の外交史的意義」『国際政治』第一六八号、二〇一二年、一―一五頁
小菅信子「太平洋戦争下日本軍による捕虜虐待の史的背景に関する一考察――日本における赤十字思想の展開と凋落」『上智史学』第三七号、一九九二年、七九―一〇〇頁
小菅信子「捕虜問題の基礎的検討――連合軍捕虜の死亡率と虐待の背景」『季刊戦争責任研究』第三号、一九九四年、一八―二五頁

篠原初枝「国際連盟の遺産と戦後日本」『アジア太平洋討究』第二〇号、八九―九六頁
立川京一「旧軍における捕虜の取扱い――太平洋戦争の状況を中心に」『防衛研究所紀要』第一〇巻第一号、二〇〇七年、九九―一四二頁
種稲秀司「戦前期日本外務省における人事構造の変容――人事、派閥研究再考の手がかりとして」『国史学』第二四〇号、二〇二三年、八七―一二四頁
原田明利沙「第一次世界大戦前の戦時法整備と万国国際法学会（IDI）――ハーグ平和会議との関連で」『国際関係論研究』第三九号、二〇二四年、四五―七四頁
番定賢治「国際連盟事務局における日本人事務局員――国際機構の「グローバル化」への模索」『国際政治』第一九八号、二〇二〇年、一一一―一二六頁
福士由紀「1920年代東アジアにおける国際衛生事業と上海――「国際衛生条約（1912年）」改正をめぐる動きへの反応を中心に」『社会経済史学』第七五巻第三号、二〇〇九年、二六九―二八九頁
村瀬信也「トワイライトの向こうに――悲劇の国際法学者トーマス・ベイティ（一）（二）（三）」『外交フォーラム』二〇〇三年四月号（七〇―七七頁）、五月号（七二―七九頁）、六月号（七八―八五頁）
矢嶋光「外務省連盟派とその政策――戦前外交官のキャリアパスと「機関哲学」の形成と継承」『名城法学』第六八巻一号、二〇一八年、一〇二―一八〇頁
柳原正治「近代日本と国際裁判――「裁判嫌い」は神話なのか？」『国際法外交雑誌』第一一三巻三号、二〇一四年、一―二四頁
山田宙子「第一回国際移民会議」『外交史料館報』第四号、一九九一年、五九―七三頁
渡邉公太「外務省「連盟派」と第一次世界大戦後のヨーロッパ安全保障――ダンツィヒ自由市問題を事例として」『帝京大学文学部紀要　日本文化学』第五二号、二〇二一年、一―二五頁
渡邉公太「日本外務省における新秩序と国際連盟――集団安全保障と国際裁判への認識を中心に」『東アジア近代史』第二七号、二〇二三年、二五―三九頁。

Burks, David, "United States and the Geneva Protocol of 1924: "A New Holy Alliance"?" *American Historical Review*, vol. 64 No. 4, 1959, pp. 891–905

Murase, Shinya, "Thomas Baty in Japan: Seeing Through the Twilight" *British Yearbook of International Law*, vol. 73, Issue 1, 2002, pp. 315–342

Pedersen, Susan, "Back to the League of Nations" *The American Historical Review*, vol. 112, Issue 4, 2007, pp. 1091–1117

Wertheim, Stephen, "The League That Wasn't: American Designs for a Legalist-Sanctionist League of Nations and the Intellectual Origins of International Organization, 1914–1920" *Diplomatic History*, vol. 35, No. 5, November 2011, pp. 797–836

Wertheim, Stephen, "The League of Nations: a retreat from international law?" *Journal of Global History*, vol. 7, No. 2, July 2012, pp. 210–232

Vaïsse, Maurice, 'L'adaptation du Quai d'Orsay aux nouvelles conditions diplomatiques（1919–1939）', *Revue d'histoire moderne et contemporaine*, tome 32 N°1, Janvier-mars 1985, pp. 145-162

学位論文

櫛田明日夢「日本陸軍における防空と国際法——戦間期国際場裡における方針転換とその意味」（防衛大学校総合安全保障研究科二〇一一年度修士論文）

増田由貴「一九三四年赤十字国際会議東京開催をめぐる日本赤十字社と政府」（東京大学文学部歴史文化学科日本史学専修課程二〇一五年度卒業論文）

あとがき

戦間期と言われる時代の日本の歴史に興味を持つようになったのは、いつからだっただろうか。今あらためて自分の過去を振り返るとき思い出すのは、東京大学に入学した二〇〇六年八月一五日に安田講堂で開催された「8月15日と南原繁を語る会」というシンポジウムを父と聴きに行ったときのことである。当時の私は南原繁が敗戦後初の東京帝国大学総長を務めるまでの来歴はおろか南原の名前すら知らなかったが、父から誘いを受けて足を運んだのだった。立花隆さんをはじめ錚々たる面々が登壇したシンポジウムの中で、戦前・戦中から占領期にかけて南原が直面した様々な苦難と、それでも学問の意義を学生に説き続けた南原の思想と行動を学び、感銘を受けたことは勿論である。しかし特に印象に残ったのは、一九四五年八月一五日、大学の一学生として安田講堂で終戦の詔（玉音放送）を聞いた石坂公成先生が当時の思い出を語ったことだった。石坂先生の語りは淡々としたものだったが、歴史の転換点に居合わせた人間ならではの言葉の力強さがあった。当時の私はまだ大学で日本外交史を研究しようと決めていたわけではなかったが、それから今に至るまで研究を続けているのは、このとき耳にした声が心の中で響き続けていたからかもしれない。

本書は、東京大学大学院総合文化研究科に提出した博士学位請求論文「戦間期日本外交と国際機構——国際裁判、外国人待遇問題、国際人道法への対応」（二〇二三年二月学位授与）をもとに、加筆修正を経てまとめたものである。本書の内容の一部は既に以下の形式で発表されているが、初出から大幅な加筆修正を施している。

第一章　書き下ろし。ただし同内容について、「戦間期の日本外務省における組織改革と国際機構――人事構造と「連盟派」の再検討」（東アジア近代史学会二〇二三年度研究大会自由論題報告、二〇二三年七月一日）として報告済み。
第二章「戦間期における国際司法制度の形成と日本外交――常設国際司法裁判所の応訴義務と仲裁裁判条約を巡って」『国際関係論研究』第三一号、二〇一五年三月、三三―五六頁。
第三章「多国間関係のなかの移民問題と日本外交――外国人労働者待遇問題への関与と「安達修正」」『アメリカ太平洋研究』第一七号、二〇一七年四月、五九―七五頁。
第四章　書き下ろし。ただし同内容について、「国際人道法の形成と日本外交――戦間期における国際赤十字運動への関与と捕虜条約（1929年）批准の挫折」（日本国際政治学会二〇二一年度研究大会分科会B―1、二〇二一年一〇月三〇日）として報告済み。

研究の開始から本書の完成までには、あまりにも長い時間を要した。研究の方向性や動機づけを見失い、研究を続けることを諦めようと思ったこともあった。それでも研究を続け、本書を完成させることができたのは、その過程で多くの方々にめぐり逢い、研究を支え、応援していただいたからに他ならない。

東京大学大学院総合文化研究科国際社会科学専攻においては、酒井哲哉先生から、修士課程と博士後期課程を合わせて一〇年以上にもわたる長い大学院生時代の間、指導教員としてご指導を賜った。大学学部時代に酒井先生の著書『近代日本の国際秩序論』（岩波書店、二〇〇七年）を読み、いきなり「ケルゼン＝マルクス＝シュミットのトリアーデ」という不思議な言葉に遭遇したときには驚いたが、同時に先生の研究の面白さに強烈に引き寄せられ、先生のもとで研究を進めたいと願うようになった。大学院修士課程入学後、指導教官を引き受けていただけるよう酒井先生の研究室を訪れた際には、先生は大学院で研究を続けることをミュージシャンを目指すことに喩えられ、研究を続けるうえで待ち受ける非常に険しい道のりを示された。それでも博士学位請求論文を提出し、本著を刊行することができたのは、私の研究が遅々として進まなかった間も酒井先生が辛抱強く私を励まし続けてくださり、かつ私の研究の意義を誰よりも深く理解してくださったからに他ならない。また、私が日本外交史の分厚い研究史の中でどのような点で知的貢献を果たすことができるかを考え、自らの研究の意義を見つけることができたのは、酒井先生が大学院の授業の中で幅広い分野の興味深い研究をご紹介してくださり、また研究指導のための個別面談において、研究史の広く深い理解に基づいて私の研究の進むべき方向性を示されたからである。酒井先生のご指導なくして本書の刊行は実現しなかったことは間違いない。先生からのご学恩に心から最大限の感謝を申し上げたい。

東京大学大学院においては、後藤春美先生からも、大学院の授業に加え、そして大学院における博士論文審査委員会（シーシス・コミッティー）の一員として、また各種学会・研究会の場で、ご指導を賜った。後藤先生は博士論文予備審査（コロキアム）のたびに丁寧に私の研究を読み込んでくださり、詳細な内容の部分まで踏み込み、かつ論文全体の議論に資するような質問を投げかけてくださった。後藤先生は戦間期のイギリス外交史を専門としつつも、戦間期の日本外交と国際連盟に関しても幅広い知見を持っており、何より本書にとって最も重要な先行研究の一つである『国際主義との格闘――日本、国際連盟、イギリス帝国』（中央公論新社、二〇一六年）の著者でもあった。本書においてしばしばイギリスの国際機構に対する政策に言及したことは間違いなく後藤先生からの影響によるものであり、かつ本書に示した研究は後藤先生の研究成果と真剣に対峙することで鍛え上げられたものである。これからもこのご学恩に報いるべく、研究に取り組んでいきたい。

東京大学大学院では、川島真先生にも、大学院の授業とシーシス・コミッティーにおいてご学恩を賜った。中国（清・中華民国・中華人民共和国）の外交档案を読むという川島先生の大学院の授業では、一字一句たりとも意味を取り逃がさないという史料に対する厳格な向き合い方を学び、史料を徹底的に正確に読むための心構えを身につけることができた。また、川島先生の授業には世界各地の留学生など実に多彩な人達が集まっており、川島先生の授業に参加したことは日本においてさながら留学を経験するような感覚であった。多数の大学院生を指導しながら私のように直接的な指導関係にない学生を含めて大切にしてくださった先生の深い人情には、感謝する他ない。

博士学位請求論文提出後の審査においては、篠原初枝先生と加藤陽子先生にも審査に加わっていただいた。元来私が本書にまとめた研究は、篠原先生の著書『国際連盟——世界平和への夢と挫折』（中央公論新社、二〇一〇年）と『戦争の法から平和の法へ——戦間期のアメリカ国際法学者』（東京大学出版会、二〇〇三年）に大いに触発され、先生のご研究をより日本外交に引き付けた形で発展させられないかと考えたことがきっかけで生まれたものだった。自分の研究の着想のきっかけとなった先行研究の著者に自分の論文を審査していただいたことは、まさに幸運という他ない。また、加藤先生には大学院人文社会系研究科の授業でもご学恩を賜った。授業では加藤先生の歴史研究に対する真摯な姿勢や学生に対する細やかな心遣いに触れ、身が引き締まる思いを感じた。本書において両先生方に示していただいたご指摘をすべて反映させることができたかどうかには不安が残るが、本書の刊行を通して少しでも多く先生方のご学恩に報いることができれば幸いである。

五百旗頭薫先生には、大学院法学政治学研究科の授業でご学恩を賜っただけでなく、博士号授与後の研究会において博士論文の内容をまとめた研究発表を行った際、討論者を引き受けていただいた。五百旗頭先生の大学院の授業でイギリスの外交文書を輪読したことは、私が国外の史料を自分の研究に用いるうえで大きな手助けとなった。また、五百旗頭先生が東京大学社会科学研究所から東京大学大学院法学政治学研究科に転属された後も、私が東京大学法学部卒業後に大学院修士課程から所属を変えて「外様」となった身分であるにもかかわらず、先生は私にも分け隔てなく接してくださった。先述の博士号授与後の研究会では、先生は私の論文の論理構成と私の性格の甘さを見抜くコメントをくださり、はっとさせられた。本書においてそのような甘さが幾ばくか改善されたと信じたいが、これからも先生の温かいお人柄と厳格な姿勢を肝に銘じて研究を続けていきたい。

本書にまとめた研究が、大学院で賜った多くのご学恩だけでなく、大学学部時代に賜った多くのご学恩の賜物でもあることは論を俟たない。特に感謝を申し上げたい方は、東京大学法学部においてご学恩を賜った北岡伸一先生である。私が日本外交史の研究を志すことになったきっかけは、東京大学法学部における北岡伸一先生の日本政治外交史の講義であり、北岡先生の演習に一年半にわたり参加させていただいたことであった。北岡先生の演習の合宿において吉野作造の国際政治思想について研究発表を行った際、何かと掟破りかつ拙い発表だったにもかかわらず、北岡先生から研究発表に至るまでの努力を労うご講評をいただいたことは、研究することの楽しさを実感した最初の機会だった。また北岡先生には、大学院入学後、先生の東京大学ご退職前における最後の大学院授業においてもご学恩を賜った。北岡先生が大学をご退職されて既に一〇年以上もの年月が過ぎたと思うと、隔世の感がある。本書の刊行によりようやく先生のご学恩に報いることができることを心からありがたく思う。

この他、大学学部時代には、木庭顕先生、久保文明先生、加藤淳子先生、谷内正太郎先生の演習に参加し、ご学恩を賜った。また、大学院では先述の先生方に加え、西崎文子先生、石田淳先生、小川浩之先生の授業でご学恩を賜り、苅部直先生には大学学部時代の演習と大学院の授業の双方でご学恩を賜った。これらの先生方のもとで学んだ経験の全てが、本書の刊行を実現するための力になっている。心から感謝を申し上げたい。

また、東京大学及び同大学院においてお世話になった先生方に加え、特にお世話になった先生として、柳原正治先生の名前を挙げないわけにはいかない。私が本書第二章の原型となる雑誌論文を発表しようとしていた最中、柳原先生がまさに同じ問題に切り込んだご論文「近代日本と国際裁判――「裁判嫌い」は神話なのか?」(『国際法外交雑誌』第一一三巻三号、二〇一四年)をご発表された際には、大変な衝撃を受けたことを覚えている。幸運なことに、柳原先生が国際法学会で研究発表を行った際の討論者が酒井哲哉先生だった縁で、先生は一大学院生にすぎなかった私の研究を認識し、丁寧なご講評をくださった。また、柳原先生が『世界万国の平和を期して――安達峰一郎著作選』(東京大学出版会、二〇一九年)をご編纂された際には、同書所収の文書を文字起こしする作業をお手伝いする機会をくださり、これに当たって公益財団法人安達峰一郎記念財団からも多くのご支援を賜った。柳原先生にとって競合する研究者である私がここまで多くのご学恩を賜ることができたのは、ひとえに柳原先生のどこまでも寛大なお人柄によるものである。ただ感謝する他ない。

本書の刊行に至るまでには、上記の先生方からのご学恩だけでなく、多くの先輩、同輩、後輩の皆様からの指導と励ましをいただいた。特に、大学院における研究室の先輩である帯谷俊輔先生には、あまりにも多くの指導と励ましを賜った。大学院の同じ研究室に国際連盟研究の次世代を担う先輩がいらっしゃったことは、本書にまとめた研究課題を進めるうえで何より幸運なことだった。私が研究計画について相談するたび、帯谷さんは関連する史料の所在状況を含めて実に詳細なご助言をくださり、帯谷さんはさながら大学院における第二の指導教員と呼ぶべき存在であった。また、大学院生時代に帯谷さんは国際連盟研究会という研究会を主催してくださり、本書所収の研究成果を報告する機会を度々くださった。本書が帯谷さんからの計り知れない多大なご学恩にふさわしい内容のものであることを願っている。また、大学院の研究室においては、平野達志さん、小野坂元さんをはじめ、多くの先輩、同輩、後輩の皆様から多くの励ましを賜った。心から感謝を申し上げたい。

樋口真魚先生には、大学院人文社会系研究科での加藤陽子先生の授業でお会いして以来、先述の国際連盟研究会を含め多くの機会に私の研究発表をお聞きいただき、そのたびに詳細かつ丁寧なご助言をいただいた。日本外交と国際連盟の関係というまさに本書と重なる研究課題を扱っていた樋口さんは、本書の研究を続けるうえで一貫して追いかけるべき背中であり、かつ乗り越えるべき壁であった。また、高橋力也先生は、当時他大学大学院に所属する先輩でありながら度々研究に関する助言をくださっただけでなく、まだ発表されたばかりだった私の雑誌掲載論文をご自身のご研究に積極的に引用してくださった。戦間期の国際法典編纂事業と日本外交の関係をご研究されていた高橋さんは、常に本書の研究における最大のライバルと呼ぶべき存在だった。三牧聖子先生、齋川貴嗣先生からは、戦間期の国際法や国際機構を研究する近い世代の先輩として、多くのご助言をいただいた。この他、鈴木啓之先生、中村長史先生、赤川尚平先生をはじめ、日本国際政治学会院生・若手研究会の運営にともに携わった多くの大学院生・若手研究者の皆様からは、同じ研究に勤しむ仲間として、多くの励ましをいただいた。同研究会の活動として多くの分野の大学院生を集めた研究発表会を企画したことは、大学院入学から今に至るまでの研究生活の中で最も楽しかった思い出のひとつである。皆様からのご助言と励ましに心から感謝申し上げたい。

本書の内容については、日本国際連合学会、日本政治学会、日本国際政治学会東アジア近代史学会の各学会の他、世界政治研究会、国連史コロキアムといった研究会、国際シンポジウム等において研究発表を行った。各学会においては、望月康恵先生、国吉知樹先生、熊本史雄先生、川口智恵先生、小林綾子先生の各先生に討論者をお引き受けいただき、ご講評をいただいた。世界政治研究会の主催者である石田憲先生、国連史コロキアムの主催者である半澤朝彦先生からは、各研究会における研究発表の機会をいただいた。また、本書の原型となる前掲二篇の雑誌掲載論文を発表した際には、匿名の査読者の方々から詳細なご講評をいただいた。心から感謝申し上げたい。

本書の研究を進めるに当たっては、多くの文書館において史料閲覧の手助けをいただくことが不可欠であった。特に、国立公文書館アジア歴史資料センターにおいて戦前期外務省記録をはじめとする多くの公文書がデジタル公開されていたことは、研究を進めるに当たって大きな助けになった。また、アジア歴史資料センターでは、二〇一七年から二〇二四年の七年余りにわたり、調査員として勤務する機会をいただいた。同センターの同僚の皆様には、思うように研究が進まなかった大学院博士課程後半の特に辛い時期において、心の支えとなる励ましを幾度となくいただいた。センター長の波多野澄雄先生をはじめ、同センター職員の皆様に心から感謝を申し上げたい。この他、本書の研究においては、英国国立公文書館、国際連盟文書室（スイス・ジュネーブ）、東京大学社会科学研究所、日本赤十字豊田看護大学の皆様に資料提供のうえで多大なご協力をいただいた。心から感謝申し上げたい。

本書は、二〇一三年度東京大学大学院総合文化研究科国際社会科学専攻「卓越した大学院拠点形成支援補助金」、平成二七年度・二八年度日本学術振興会科学研究費補助金（特別研究奨励費）、二〇一七年度松下幸之助記念財団研究助成による研究支援の成果の一部である。また、本書の出版にあたっては、公益財団法人日本証券奨学財団（Japan Securities

Scholarship Foundation）二〇二四年度研究出版助成金の給付をいただいた。記して感謝申し上げたい。

本書は東京大学出版会の山田秀樹さんのご尽力なくしては刊行することができなかった。山田さんは私の博士学位請求論文を入念にお読みくださり、同論文の内容を多くの読者にとって読みやすいものにできるよう的確なご助言をくださっただけでなく、出版助成への応募や入稿後の校正に至るまで、懇切丁寧にご指導をくださった。初めての著書を山田さんの徹底した仕事ぶりのもとで刊行することができたことは、何よりありがたいことである。

最後になるが、大学院入学から現在に至るまで長年にわたり私の研究を励ましてくれた家族に、心から感謝したい。あまりにも長く先も見えなかった大学院生時代から現在に至るまで、母・悦子は一貫して自分を励まし続けてくれた。兄・善寛は私が日本の近代や国際関係に興味を持つきっかけとなり、常に最も身近な議論の相手でいてくれた。亡き祖母・鈴木美喜は、私の研究の進展を誰よりも願い、心から喜んでくれた。本書の刊行はこれら家族のおかげである。

そして、思い出すのは父のことである。私が大学院で研究を続けることは、父にとって思いもよらないことだったかもしれない。しかし、私がこうして研究を続けることになったのは、かつて父とともに八月一五日の安田講堂に足を踏み入れたが故のことだったのではないかとも思う。本書の刊行を父にも見届けてほしかったが、長い大学院生時代の最中、父は二〇一六年にこの世を去った。それからもう八年もの月日が経つ。亡き父が本書の刊行を喜んでくれることを願いたい。

二〇二四年一二月　ジュネーブ平和議定書採択一〇〇周年の年　師走の駒場にて

番定賢治

索　引

あ　行

か　行

た 行

ま　行

や・ら・わ　行

著者略歴
1986 年　神奈川県生まれ
2011 年　東京大学法学部第三類（政治コース）卒業
2023 年　東京大学大学院総合文化研究科国際社会科学専攻
　　　　博士課程修了
日本学術振興会特別研究員（DC）、国立公文書館アジア歴史資料センター調査員、東京大学大学院総合文化研究科学術研究員を経て
現　在　東京大学大学院総合文化研究科国際社会科学専攻
　　　　助教

主要業績
「国際連盟事務局における日本人事務局員——国際機構の「グローバル化」への模索」（『国際政治』第 198 号、2020 年）

戦間期日本外交と国際機構
多国間外交の可能性と限界

2025 年 2 月 20 日　初　版

［検印廃止］

著　者　番定賢治《ばんじょうけんじ》

発行所　一般財団法人　東京大学出版会
代表者　中島隆博
153-0041 東京都目黒区駒場4-5-29
https://www.utp.or.jp/
電話 03-6407-1069　Fax 03-6407-1991
振替 00160-6-59964

組　版　有限会社プログレス
印刷所　株式会社ヒライ
製本所　牧製本印刷株式会社

ISBN 978-4-13-036295-5　Printed in Japan